比较语言学丛书
Studies in Comparative Linguistics

潘悟云 主编

藻敏瑶语语音研究

龙国贻 著

中西书局

　　本书出版得到国家社科基金重大项目"基于严格语音对应的汉语与民族语关系字研究"（项目批准号 13&ZD132）

　　和国家社科基金青年项目"藻敏瑶语汉借词的历史层次及其在瑶语历史研究中的作用研究"（项目批准号 13CYY083）的资助

序

　　2007 年,黄行与照那斯图先生带龙国贻君来上海见我,希望我们帮助他们做一套八思巴文的输入法,国贻君负责做八思巴字体。在我的印象里,那时的她只不过是一个蹦蹦跳跳的小姑娘,不像是学问的有缘人。以致之后她来电提出要报考我的博士生,被我婉言谢绝。

　　2009 年,她在导师覃小航教授的指导下,准备做藻敏瑶语,前来向我讨教。不可思议的是,她不仅从未做过调查,甚至连 s 和 z 都听辨困难。若在往常,我会劝她先进行系统的记音训练再考虑田野调查。恰逢我领导的上海高校比较语言学 E-研究院准备开展大规模的语言田野调查,在资金和调查人紧缺的情况下,只能借助计算机之力。我的博士生李龙君为我做了 TFW 系统,正需要有人通过实际的田野调查,测试该系统的可行性并提出改进方案。中山大学的金健君,当时正在我处做博士后,她和她的博导施其生教授、同门黄婷婷君利用 TFW 系统完成了潮汕地区 14 个方言点的调查,不仅节省了大量经费,而且为完善这个系统提供了大量宝贵意见。但是调查经验丰富的人毕竟不多,如果毫无经验的人也能用这个系统去调查方言,甚至是难度更大的少数民族语言,那才能证明机器辅助调查的可行性。龙国贻君正是理想的实验者。于是我给了她一笔经费、一套设备,教会她使用 TFW 的方法,教了教国际音标的发音,郑张尚芳先生给她简单讲了记音方法。当时我并不指望她能准确记录藻敏瑶语,只是想知道没有田野调查经验的人使用 TFW 会碰到些什么问题,以便知道该系统能否降低专业门槛,从而解决调查人手紧缺的困难。不久,我应侯小英君之邀到嘉应学院作学术访问,回沪前接到龙国贻君的电话,说她在南岗瑶语中发现了内爆音和清鼻音,很希望我去鉴定一下。我没有接触过瑶语,只是读过毛宗武先生的《瑶族语言简志》,瑶(勉)语中没有内爆音的记录,其中的藻敏方言没有清鼻音。我听到国贻君的话,顿时很感兴趣,转道去了连南。

田野中的她完全是个村姑,经山水洗涤过的衣裤土黄土黄,和07年初识的小姑娘判若两人。她的发音人房伟东君,是连南三排镇文化站站长,一家人就住在文化站。文化站在瑶山上,国贻君借住的办公室,实际上是用来堆放资料、器具的杂物间。墙角铺一张小床,床脚还有小虫在爬。我纳闷当地没有公交车,她是怎么上山的,发音人说她是夜里坐私人摩托进山。我顿时心里一沉。如果我去调查,肯定把发音人请到县城宾馆住宿。一个女孩子家这样冒险,如果出了问题,我怎么向她的导师交代。她显然是为我节省调查经费,我不禁暗生敬意。仔细核对她的记音,大大出乎我的意料,藻敏瑶语中果然存在内爆音和清鼻音。她说还有一个近音 j 的变体,不知道怎么记,我听了听,估计是一个前腭部位的闪音,国际音标表失收。

她的敬业精神与颖悟,真的让我刮目相看。2012 年我便邀请她到上海师大作博士后。这本著作是她的导师覃小航教授辛勤栽培的结果,在历史层次分析与历史比较方面,显然也不乏我对她的学术影响。此书不仅填补了藻敏瑶语研究的空白,在语音探索、音系分析、历史研究方面,都卓有建树。那几年她连续在《中国语文》《民族语文》《方言》Journal of Chinese Linguistics 等权威刊物上发文,先后获得国家哲社青年基金、李方桂田野调查奖、博士后基金、博士后特别资助,在语言研究的殿堂中开始登堂入室。需要特别提及的是,她的研究在一定程度上也影响到我的学术见解。

过去我把主要兴趣放在汉语内部演变所产生的历史层次,分为主体层、超前层与滞后层。虽然我也注意到语言借用所产生的历史层次,但只是笼统地把它们叫做外借层。国贻君主张把外借层分为主借层与非主借层,分别考证它们的借源与借入时间。这些观点我觉得很好,便借鉴用于我自己的研究,以及对研究生的指导。

我经常对身边的青年学子谈起国贻君的求学历程。今天,国贻君持文向我求序,我正好借此告诉年轻的朋友,做学问一定要敬业,不要自我菲薄。只要孜孜不倦,丑小鸭都会变成白天鹅。

潘悟云

2016 年春于上海

目　录

第一章　藻敏瑶语概况

一、藻敏瑶人的分布

藻敏瑶语系瑶族的一支"八排瑶"所说的语言,"藻敏"是这一支瑶人的自称,"八排"为他称,"排"为村寨之意,这一支系早年最大的村寨有八个,故称为"八排",八排瑶族简称"排瑶"。有些学者在研究时也称作"深山瑶"(胡耐安 1966)。使用藻敏瑶语的人口大约为 9 万,绝大部分集中居住在广东省清远市连南瑶族自治县,少部分散布于广东省清远市阳山县秤架区太平洞村、湖南省宜章县莽山乡黄家塝村、广东省清远市连山壮族瑶族自治县、广东省韶关市乳源瑶族自治县东坪镇龙溪村、广东省阳江市阳春县。下为"排瑶分布示意图"(练铭志 马建钊李筱文 1992)(见下页):

广东省连南瑶族自治县是排瑶最集中的主要分布区域。连南县位于广东省西北部,东北与连州市交界、东南与阳山县相连、南接广西怀集、西临连山壮族瑶族自治县,总面积 1 305 平方公里,总人口 161 304 人,排瑶人口 8 万多,约占全县总人口的 48.5%,占当地瑶族的绝大多数,主要聚居于大麦山、三排、涡水、大坪、香坪五镇和三江镇。其语言主要可以分为 13 种小土语(括号内为使用人口):油岭瑶语(3 214 人)、南岗瑶语(4 176)、横坑瑶语(5 541)、九寨瑶语(5 845)、白芒瑶语(12 186)、连水东芒瑶语(3 420)、三排瑶语(5 405)、金坑瑶语(6 696)、军寮瑶语(6 175)、大坪瑶语(3 680)、

— 1 —

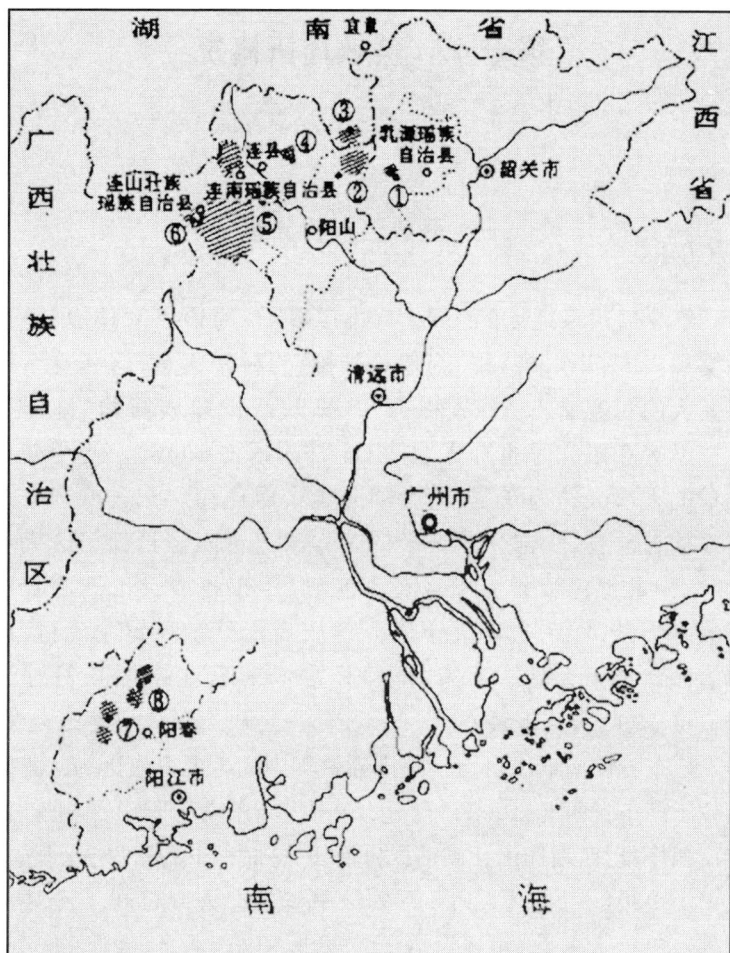

说明：1. ▨▨▨ 表示排瑶聚居区；

2. ① 龙南、② 秤架、③ 莽山、④ 龙坪、⑤ 九陂、⑥ 三水、⑦ 永宁、⑧ 圭岗。

3. 本图人口分布为 1989 年数据。行政区划为 1990 年底情况。

大掌瑶语(3 304)、香坪瑶语(4 344)、盘石瑶语(6 686)(以上数据,由连南民族宗教事务局办公室提供,为 2009 年统计值)。各土语之间,虽略有差异,但皆能通话。其中油岭是存古较多的语言点,巢宗祺和黄锡凌等先生调查藻敏瑶语都是以油岭瑶语为研究对象,油岭从文化和习俗等方面也是连南八排瑶的代表点,我们主要以油岭瑶语为整个藻敏瑶语的代表点做深入研究。南岗、横坑、三排瑶语差异较小,我们调查描写了其中的南岗瑶语。大坪瑶语与油岭瑶语差异较大,存古程度不及油岭,在中国社会科学院民族学与人类学研究所的早期调查中作为藻敏瑶语的代表点,该点被毛宗武等先生做过详细的调查描写,大掌瑶语与大坪瑶语差异较小。军寮瑶语的存古现象比大坪还少,白芒、连水东芒、九寨、金坑等地瑶语与它都相似。盘石、香坪两地瑶语较为接近,它们受连山壮语影响,和连南其他各点差异较大。连南地区语言面貌复杂,有汉语客家话(三种不同土话)、汉语粤方言、瑶语勉方言分布,接近连山的盘石和香坪还有连山壮语分布。

　　排瑶人几乎都为双语人,藻敏瑶语是其母语,大约 10 岁左右的孩子已经能说流利的汉语客家话,成年人多少都会说一些汉语粤方言,尤其是政府的工作人员及外出务工人员能说流利的粤方言,靠近连山壮族瑶族自治县的盘石等地排瑶很多都会一点壮语基本词。排瑶并非粤北土著,其先民基本上是在不同时期由江西、湖南等地迁徙而来,入粤的上限可能在唐宋之间的五代或稍早。从那时直到明初四百多年间,排瑶迁徙情况史籍无载,世人对其分布状况茫无所知。传说八排始祖入粤后即居于连南县涡水乡黄家坤附近(宋代),明初之前多数排瑶已经抵达粤北,并大体形成"八排四十二冲"的局面,下为清康熙至道光年间连南八排瑶民迁徙示意图(练铭志 马建钊 李筱文 1992,李默 房先清 1995):

内田

金坑

马箭

三排

大掌

军寮

连水

大古坳

里八洞

火烧坪

油岭

香坪

必坑

南岗

蜈公田

横坑

黄家冲

百斤洞

瑶龙

九寨

白芒

盘石

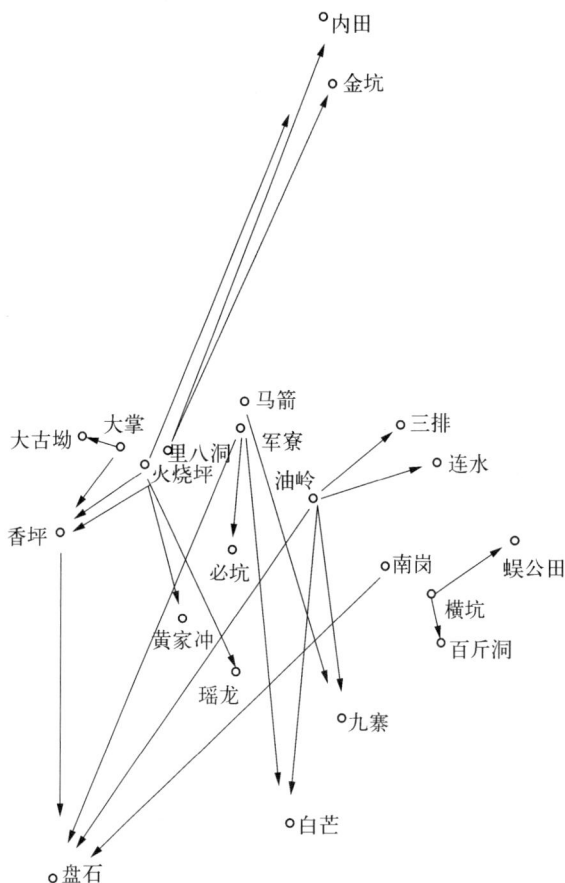

清康熙至道光年间连南八排瑶族迁徙示意图

　　在排瑶迁入的主要地区中,阳山县位于广东省西北部,南岭山脉南麓,连江中游,东邻英德、乳源,西靠连南,南接怀集、广宁、清新,北与连州、湖南省宜章县接壤,总面积 3 418 平方公里,总人口 53 万人,辖区内只有秤架乡为瑶族乡。这些排瑶最早是由今天的武汉市江夏区迁入福建和平县,后辗转江西永丰县,又迁入广西怀集县,最近一次迁徙是在洪武年间自怀集县迁入阳山秤架太平洞。太平洞村位于阳山和广东乳源、湖南莽山交界处,是广东省海拔最高的村庄。太平洞,又称太平五洞,即太平洞、南木洞、卢田洞、横水洞、黄山坑洞(郭锡全 苏桂 2006)。当地排瑶人除了会说排瑶话,还会说客家话,经常外出的人会说一点粤语。

湖南宜章县位于湖南省东南部,邻接广东省,东接汝城县、资兴市,南邻广东省乐昌市、连州市、乳源瑶族自治县、阳山县,西连临武县,北靠郴州市。莽山瑶族乡位于宜章县境南部,距县城 48 公里,海拔 653 米。2003 年人口 0.7 万,其中瑶族占 60%,目前莽山只有黄家塝一个村有排瑶分布。据 1988 年统计数据,黄家塝共有 89 户,531 人,多为明正德年间(1506~1521)从今天的阳山秤架区太平洞村自秤架路迁入(宜章县志编纂委员会,1995)。由于这里的排瑶在历史上遭受过多次武力镇压,故而本民族语言基本失传,2009 年 4 月笔者前去调查时,村里只有少数几个老人会说藻敏瑶语的基本词,只有一位 62 岁的老人还能流利使用藻敏瑶语。该发音人的父辈从阳山秤架迁入莽山定居的时间还很短,阳山秤架太平洞村和莽山黄家塝村是同一座山的两面,距离非常近,他所说的藻敏瑶语和阳山秤架基本一致,故而我们将阳山秤架和宜章莽山合并做一个语言点,以该发音人的发音为准。莽山黄家塝村的排瑶除了几个人会说一点藻敏瑶语外,他们日常交流都使用一种当地叫做"ŋai²⁴ti²²"的汉语客家方言。莽山有一部分过山瑶,因此排瑶人也能听懂一些瑶语勉方言,但基本不能用勉方言交流。

乳源瑶族自治县位于广东省北部、韶关市区西 30 多公里,东邻武江区,西连阳山县,南毗英德市,北与乐昌市接壤,西北角与湖南宜章县相依。全县总面积 2 227 平方公里,总人口 20.69 万人(2006 年末统计数据),瑶族人口 2.5 万,占全县总人口的 12.2%

— 5 —

(李少梅 2008)。广东乳源东坪镇,位于乳源中西部,该镇只有龙溪村委会瑶族村有排瑶分布,总共一百二十多人,这支瑶人系1960 年代初期从阳山县秤架区太平洞村迁入。该地的排瑶除了会说藻敏瑶语外还会说瑶语勉方言、汉语客家话、普通话,有些干部和外出务工人员还会说汉语粤方言,与乳源其他地区的瑶族交流用瑶语勉方言。由于迁入时间很短,他们的藻敏瑶语语言面貌和湖南宜章的莽山瑶语相对比较接近,与连南各点差异较大。

连山壮族瑶族自治县位于广东省西北隅,南岭山脉西南麓,粤、湘、桂三省(区)结合部。西邻广西贺县,北与湖南江华瑶族县接壤。全县总面积 1 265 平方公里,总人口 11.6 万人,其中壮语人数占比 43%,瑶族占 6%(连山壮族瑶族自治县志编纂委员会,1997)。连山藻敏瑶语和连南香坪镇瑶语的语音面貌一样,我们以连南盘石瑶语发音人的发音为准,作为代表点。连南香坪镇下辖的盘石村、七星村、龙水村、塘其儿村、排肚村的八排瑶族都说藻敏瑶语,该地的排瑶人除了会说母语外,还会说连山李姓使用的一种"连山话",此外一些政府工作人员和外出务工人员也能说白话和客家话。

广东省阳春市位于广东省西南部,漠阳江中上游。全市总面积 4 054.7 平方公里,是广东省面积第二大的县级行政单位,总人口 109.25 万,辖 15 个镇和一个街道办事处。据载,阳春市有藻敏瑶语分布(练铭志 马建钊 李筱文 1992),当地通行一种叫做"乃话"的客家话,笔者到当地调查发现该点已经消失。

二、藻敏瑶语的系属和分类

藻敏瑶语是苗瑶语中瑶语支最小的方言。苗瑶语的系属问题学界存在争议，有几种不同观点：孟高棉语系说(H. R. Davies 1909)、独立语系说(马伯乐 1929)、台语系说(施密特 1926)、澳亚语系说(奥德里古尔 1948)、白保罗假说(1943)、汉藏语系说(李方桂 1937，赵元任 1943，董同龢 1953，罗常培 傅懋勣 1954，雅洪托夫 1964)和华澳语系说(潘悟云 1995)。目前国内学者一般都把苗瑶语作为汉藏语系中与汉语、藏缅语族、侗台语族并列的语族(李云兵 2009)。还有一些学者在此基础上把整个东亚、东南亚语言合称为华澳系。我们通过复旦大学绘制的东亚人群基因图谱，能看到苗瑶的大体分布(李辉等 2003)：

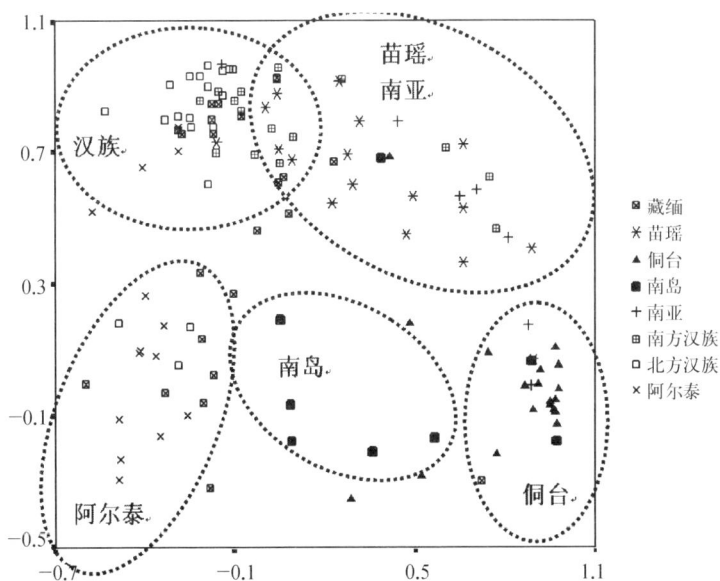

苗瑶语族内部又分苗语支和瑶语支，瑶语支只有瑶语一种语言，其他苗瑶语全部归入苗语支。瑶语内部的系属划分也有争议：中国科学院少数民族语言研究所(1959)把瑶语分为勉、藻敏、标敏三个方言。毛宗武、蒙朝吉、郑宗泽(1982)和陈其光

(1991)把瑶语分为勉-金方言、标-交方言和藻敏方言。盘承乾(1988)把瑶语分为勉、金门、标敏、邀敏四个方言。毛宗武(2004)的划分和盘承乾(1988)一样,只是把"邀敏"写作"藻敏"。瑶语分勉、金门、标敏、藻敏四大方言,其中勉方言分布最广、人数最多,藻敏方言最小。学界普遍认为,藻敏瑶语差异较小,不分土语。笔者在调查中发现,连南、连山、乳源的藻敏各语言点互相之间可以通话,呈现很强的一致性。阳山、宜章、乳源的藻敏瑶语相对一致,这一支藻敏瑶语和连南、连山、乳源的藻敏瑶语基本不能通话,不管是从音系结构还是从词汇方面,差异都比较明显。因此,我们认为藻敏瑶语内部可以分为两个土语群,即:连南土语群和莽山土语群。以下是整个瑶语分布图(中国社会科学院 澳大利亚人文科学院 1987)和藻敏瑶语在汉藏语系中的谱系示意图:

```
汉藏语系
├─ 汉语
│  ├─ 藏缅语族
│  └─ 侗台语族
└─ 苗瑶语族
   ├─ 苗语支
   │  ├─ 苗语
   │  │  ├─ 湘西方言
   │  │  │  ├─ 东部土语
   │  │  │  └─ 西部土语
   │  │  ├─ 黔东方言
   │  │  │  ├─ 东部土语
   │  │  │  ├─ 南部土语
   │  │  │  ├─ 西部土语
   │  │  │  └─ 北部土语
   │  │  └─ 川黔滇方言
   │  │     ├─ 川黔滇
   │  │     ├─ 滇东北
   │  │     ├─ 贵阳
   │  │     ├─ 惠水
   │  │     ├─ 麻山
   │  │     ├─ 罗泊河
   │  │     ├─ 重安江
   │  │     └─ 平塘
   │  ├─ 布努语
   │  │  ├─ 布努
   │  │  ├─ 包瑙
   │  │  └─ 努茂
   │  ├─ 巴哼语
   │  │  ├─ 北部方言
   │  │  └─ 南部方言
   │  ├─ 唔奈语
   │  ├─ 优诺语
   │  │  ├─ 柳田
   │  │  └─ 金江
   │  ├─ 炯奈语
   │  ├─ 坝那语
   │  │  ├─ 长垌
   │  │  └─ 六巷
   │  └─ 畲语
   │     ├─ 莲花
   │     └─ 罗浮
   └─ 瑶语支 ── 勉语
      ├─ 勉方言
      │  ├─ 广滇
      │  ├─ 湘南
      │  ├─ 罗香
      │  └─ 长坪
      ├─ 金门方言
      │  ├─ 滇桂
      │  └─ 防海
      ├─ 标敏方言
      │  ├─ 东山
      │  ├─ 石口
      │  └─ 牛尾寨
      └─ 藻敏方言
         ├─ 连南
         └─ 莽山
```

藻敏瑶语系属分类图

— 9 —

三、藻敏瑶语的音系

藻敏瑶语各方言点内部比较一致,略有一些差异,其中莽山土语群(宜章莽山、阳山秤架、乳源龙溪)与连南各点的差异最大,连南 5 个点中,盘石受壮语影响略微异于其他各点;油岭和南岗存古较多,比较接近;大坪和军寮受周边语言影响演变较快。为避免篇幅繁复,本书只详细描写连南土语群的油岭瑶语音系和莽山土语群的莽山瑶语音系。

(一)油岭瑶语

油岭瑶语共有 20 个声母,其中塞音 7 个、擦音 4 个、塞擦音 1 个、边音 1 个、鼻音 6 个(包括 2 个清化鼻音)、近音 1 个,下为声母表:

p	t		k	ʔ
	ts			
ɓ	ɗ		ɠ	
m	n	ȵ	ŋ	
m̥	n̥			
f	s			h
v	l	j		

声母说明:

1. 有 p/ɓ、t/ɗ、k/ɠ 三组清浊对立的塞音。余伟文、巢宗祺(1984),巢宗祺、余伟文(1989)和巢宗祺(1990)音系中的浊爆音 b、d、g 应为内爆音 ɓ、ɗ、ɠ,语图举例如下:

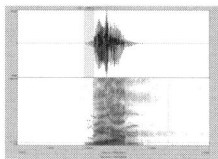
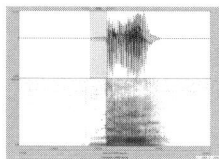
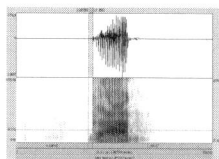

ɓiaŋ⁵¹(自己)藏   ɗa⁴⁴ 拃   ɠam²⁴ 碰

上图中塞音声母除阻前均有一道浊音杠,说明是浊音,VOT的时长很长、振幅较大,且波形图渐次增大,证明这三类声母是内爆音。

2. 以往的藻敏瑶语音系报告(巢宗祺 余伟文 1989、巢宗祺 1990)都写明藻敏瑶语中没有送气声母,其实不然。油岭瑶语清塞音 p、t、k 和塞擦音 ts 均有送气的变体 tʰ、tsʰ,如:

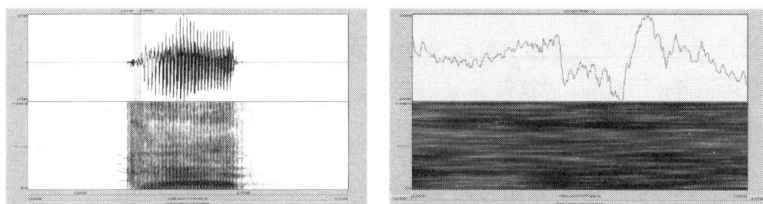

kɛt⁴(用棍子)锤打

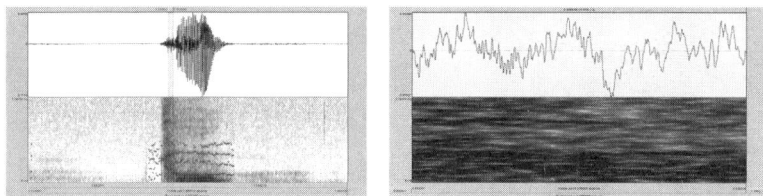

tsu²⁴铸

以上两例中,左边是该词条的语图,右边是该声母送气段放大的语图,右图的波形图上有不平滑的毛边,表示此段有送气的成分。成对的送气与不送气声母互为自由变体。

3. t、ɗ 的发音部位略微靠后一些,如腭位图所示,其实际发音部位为龈后:

4. ts、s 声母,巢宗祺(1990)认为一般发成舌尖音 ts、s,在后随高元音 i 时,常发成舌叶音 tʃ、ʃ。实际这两类声母发音部位比较靠后,主被动器官接触面积特别宽,约为汉语普通话中 ts、s 的两倍以

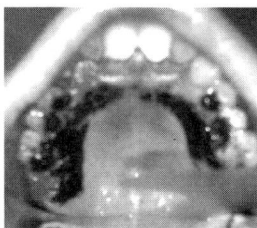 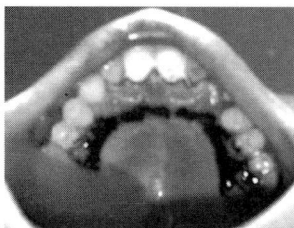

ta⁵¹ 榨   ɗa⁴⁴ 拃

上,在后随高元音 i 时,其发音部位更靠后。听感上介于 ts、s 和 tɕ、ɕ 之间,国际音标表中 ts、s 的主动器官为舌尖,被动器官为龈;tɕ、ɕ 的主动器官为舌叶,被动器官为龈后;油岭瑶语中该音主动器官为舌叶,被动器官为龈,实际音值为 ʂ。(朱晓农 2010)。

5. 声母 h 在后接元音 i 时,发音部位靠前,会发成硬腭擦音 ç。

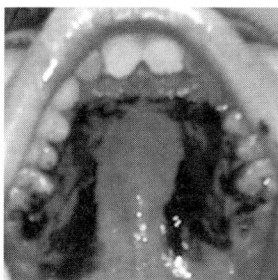

6. j 声母有三个变体:一般都发成龈腭近音 j,巢宗祺(1990)认为有些人发成龈腭浊擦音 ʑ,他还提到的龈腭塞擦音变体 dʑ,其实是 j 的闪音自由变体(后有一节专门讨论 j 声母的几个变体)。

7. 鼻音声母 m、n 都有其相应的清鼻音 m̥ 和 n̥,但只在极少数词里出现。它们只出现在自成音节的同部位鼻音韵

jau²⁴² 瑶

母前,不跟元音韵母结合。"自成音节"这个术语不准确,清鼻音的所谓自成音节鼻音,不是整个音节,而是韵母。所以,本书根据英文的 syllabic,把它改成"音节性"。

8. 声母 p 在 u 前有变体 pʙ,ɓ 在 u 前有变体 ɓʙ。因为发 p 或 ɓ 时,嘴巴先完全闭合,后除阻强气流突然从口腔冲出,当后接 u 时,嘴唇的缝隙比较小,强气流从嘴唇间的小缝隙中冲出,由于伯努利效应发生颤动。下图中左图是"手 pu⁴⁴"的语图,右图是声母 p 部分的放

大图。图中可以看到声母段的波形上很不平滑，而且叠加着乱纹。

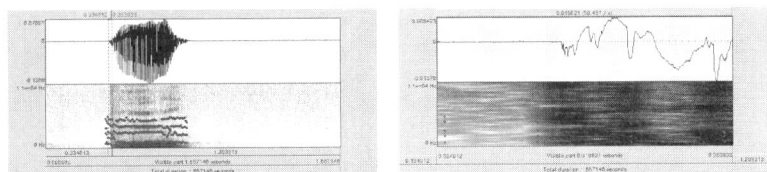

pu^{11} 手

9. ɔn、ɔp、ɔt 这些韵母在发 ɔ 之前有一个比较轻微的过渡滑音 u，巢宗祺认为这些元音前的声母是唇化的，其实不然。唇化的听感即是轻微的过渡滑音 u 所致。如：

tɔi^{22}一"袋"米　　　　　jɔn^{51} 私章

10. 同 h 相似，声母 k、g'、ŋ 在 i 前发音部位略为靠前，其实际音值分别为 c、ɟ、ɲ。

11. ʋ 有变体 ʋ。我们以"爪"ʋa^{24} 和"涂改"va^{22} 的语图为例，可以看到：左图声母段有共振峰且清晰稳定，说明其辅音具有元音性，是个近音 ʋ；右图声母段没有共振峰，是擦音 v。

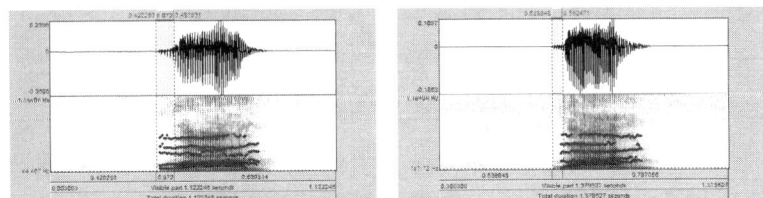

"爪"ʋa^{24}　　　　　　"涂改"va^{22}

— 13 —

声母举例：

p	pu⁴⁴（手）、pia⁵¹（五）、piu²⁴（屋）、paŋ⁵¹（想"到"）、ɓa⁴⁴ pɔ⁵¹（伯母）
ts	tsam⁴⁴（烫）、tsui⁵¹（最）、tsɔn²⁴（走得"快"）pan⁵¹ tsɛi⁴⁴（拌药）
ʔ	ʔai²⁴（做）、ʔa⁴⁴ lau²⁴（竹子）ʔiu⁵¹（"砸"石头）、ʔu⁵¹（"壅"种子）
ɗ	ɗɔi²⁴²（甜）、ɗɛn⁴⁴（嬉闹）ɗui²² ɗi⁴⁴（尾）、ɗau²⁴（砍）、hei⁵¹ ɗu²⁴（细长）
m	mɛn²⁴²（人）、mai⁵¹（再）、mɛu⁴⁴（亩）、ʔa²⁴² mɔŋ⁴⁴（饭蝇）、mui²⁴²（你）
ȵ	ȵɔŋ²⁴（笨）、ȵiu²⁴²（稀烂）、ȵɛi⁵¹（推搡）、ȵi²²（二）ȵan²²（压）
m̩	vɔn²⁴² m̩m̩²² m̩m̩²⁴（潮气）、ʔa²² lɛm²² m̩m̩⁴⁴（故意）
ŋ̩	ŋ̩ŋ̩²⁴²（牛）、ŋ̩ŋ̩³¹ tiŋ⁵¹（窝火）、siaŋ²⁴² ŋ̩ŋ̩²²（时间）、ni⁴⁴ kɛn⁴⁴（现在）
s	siap²（十）、su⁴⁴（字）、sɛi⁴⁴（跃）、san²⁴（相信）sɛm²⁴（土气）
v	va²⁴（爪）、vɔn⁵¹（云）、vin⁴⁴ pɛ²⁴（摇头）、vɛn⁴⁴（悬）、vian²⁴（碗）
j	jaŋ²⁴²（走）、jut⁴（啄）、jɔŋ⁴⁴（寨子）、jian²⁴²（寅）jau⁴⁴ mɛn²⁴²（瑶人）
t	tiŋ⁴⁴（猪）、tui²²（坠子）、tau³¹ ɗi⁵¹（足迹）tɔŋ²⁴²（幢）、ti⁵¹（嗅）
k	kap⁴ kan⁴⁴（腋窝）、kɔn²²（住）、kup²（砸）、kɛ⁴⁴（诱）、kaŋ²⁴（叶柄）
ɓ	ɓiu⁴⁴（鱼）ɓa⁴⁴（遮）、ɓɛu²⁴²（游）、ɓan⁵¹（雪）、ɓɔŋ²⁴（仰）
ɠ	ɠai⁴⁴（"开"门）、ɠɛŋ²⁴²（粥"稠"）ɠut²（鱼"滑"）、ɠɛm²⁴²（嫌）
n	nɛn²⁴（奶）、na²²（捉）、nɛ²⁴（重）、num⁴⁴（种子）、nɔi²²（问）
ŋ	ŋa⁴⁴ liu²⁴²（瓦窑）、ŋau⁴⁴（痒）、ŋɔ²²（摇）、ŋia²⁴²（牙）、ŋau⁴⁴（蚊子"咬"）
f	fu³¹ lan⁴⁴（挺直）、fai⁴⁴（晒）、jiu⁴⁴ fia⁴⁴（蚂蚁窝）、fɔn⁴⁴（呕吐）、fɛu⁴⁴（抛）
h	hɛu²⁴（闹）、hɔi²²（赖）、ɓa⁴⁴ hap² ʔɛ⁴⁴（荤菜）、hi⁵¹ pɛ⁴⁴（刮毛）、ham⁵¹（埂）
l	lai⁴⁴（腰）、lɛt²（追）、lɔi⁴⁴（拽）、liŋ⁴⁴（两）、la²²（泻）、lɛu⁴⁴（完）

油岭瑶语一共有47个韵母,其中单元音韵母7个,复元音韵母40个,带塞音韵尾韵母12个,音节性辅音韵母2个：

a	ai	am	an	aŋ	ap	at	au
ia		iam	ian	iaŋ	iap	iat	iau
ɔ	ɔi	ɔm	ɔn	ɔŋ	ɔp	ɔt	ɔu
ɛ	ɛi	ɛm	ɛn	ɛŋ	ɛp	ɛt	ɛu
i		im	in	iŋ	ip	it	iu
u	ui	um	un	uŋ	up	ut	
m̩							
ŋ̍							

韵母说明：

1. 单韵母 i 的音值是 i；复韵母 ia、iam、ian、iaŋ、iap、iat、ip 等的 i 发成 ɪ，巢宗祺(1990)描写说它们的有些读音会近乎 e，其实是 ɪ。

2. 韵母 ɛ 类即巢宗祺(1990)油岭音系中的 e 类，单韵母 ɛ 的实际音值就是 ɛ。复韵母 ɛi 有变体 æi。如：跃 sɛi⁴⁴ 实际为 sæi⁴⁴。我们对比一下"跃"sæi⁴⁴ 和"他"vɛi⁴⁴ 的语图：左图主元音段的第一共振峰约为 760 Hz，右图的第一共振峰约为 580 Hz，第一共振峰越高，舌位越低，可见左图"跃"sæi⁴⁴ 的主元音舌位比右边明显偏低。

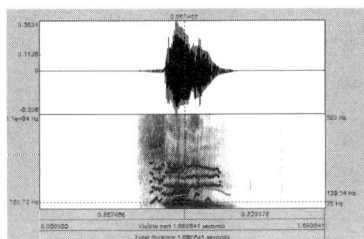 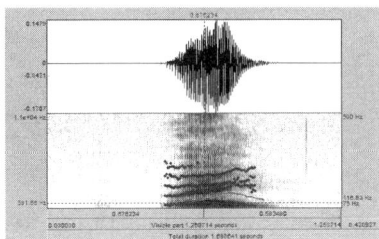

sæi⁴⁴ 跃   "他"vɛi⁴⁴

3. 单韵母 a 的实际音值近乎 ᴀ，复韵母 ai、au、am、an、aŋ、ap、at、iau 中的 a，在多数情况下都接近于 ɐ。

4. 单韵母 u 的圆唇程度,近乎展唇。ui、um、un、uŋ、ut 中的 u,一般都发 ʊ。

5. 韵母 ɔ 类即巢宗祺(1990)油岭音系中的 o 类,复韵母 ɔi、ɔu、ɔm、ɔŋ、ɔp、ɔt 中的 ɔ 实际音值就是 ɔ,单韵母 ɔ 的实际音值比 ɔ 略高一点点,但舌位远没有 o 那么高。

6. 韵母 ɛi、ui 中的 i 实际音值为 ɪ。ai、ɔi 中的 i 的舌位更低,接近于 e。

7. ian、iam、iap 实际音值接近于 iɛn、iɛm、iɛp,尤其是 iat,因为 i 的发音部位靠前且高,t 的发音部位也靠前且高,置于两者中间的 a 的动程很短,发音还没有到位就马上发前高的 t,所以 a 的实际音值就成了 ɛ。以下是三个变体 ʌ、ɐ、ɛ 的语图

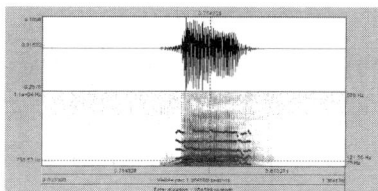 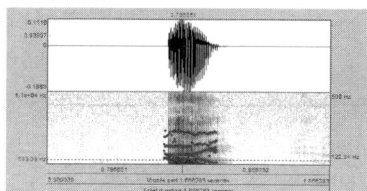

ɓa²² 遮(F1＝796 hz、F2＝1 226 hz)　　ʔai⁵¹ 做(F1＝689 hz、F2＝1 441 hz)

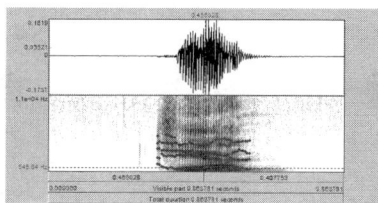

tsian⁴⁴ 真(F1＝545 hz、F2＝1 942 hz)

上面三图第一共振峰依次由高到低,说明舌位从低到高,第二共振峰也由低到高,说明舌位由后向前,说明三个音依次是 ʌ、ɐ、ɛ。

8. 在 ɔn、ɔp、ɔt 中,因为后接的韵尾 n、p、t 的舌位都比 ɔ 高,所

以从ɔ到较高舌位的韵尾间会有一个动程,ɔ后会带轻微的比ɔ舌位略高的后滑音ø。同样的道理,un、uŋ、ut后面有时会带有滑音ə,un有时候u后的滑音不是ə,而是ɐ。

9. ən、əŋ、ət之前往往有一个很短的滑音u,如ət的实际音值为 ᵘtɔᵖt。

韵母举例:

a	ta⁵¹(榨)、na²²(捉)、va²⁴(爪)、ʔa⁴⁴(一)、ha⁴⁴(吓唬)、ka²²(卡)
am	tsam⁴⁴(天"热")、ham²⁴(稀饭)、lam²⁴²(篮子)、tam²⁴(砍剁)、kam²⁴(肯)
aŋ	ŋaŋ²⁴(硬)、jaŋ²⁴²(走)、paŋ⁴⁴(瓮)、ɗaŋ⁵¹(线"断")、kaŋ²⁴(杆)、tsaŋ²²(争)
at	kat⁴(擦)、ŋat²(轧)、mat²(袜子)、pat²(见)、fat⁴("罚"款)、ŋat²(擀)
ia	sia²⁴(写)、kia⁴⁴ tan⁴⁴(准备)、jia²⁴² ku²⁴(野狗)、ŋia²⁴²(牙)、pia⁵¹(五)
iam	siam⁴⁴(深)、jiam²⁴(血)、ɓɛŋ⁴⁴ ʔiam²⁴(山窝)、ʔiam⁴⁴("苦"味)tsiam⁴⁴(折)
iaŋ	ɗiaŋ⁴⁴ ɗip⁴(树皮)、viaŋ⁴⁴(光)、tsiaŋ⁵¹(坐"正")、ɓiaŋ⁴⁴(兵)、kiaŋ²⁴(宽阔)
ɔ	ʔɔ⁴⁴(胜利)、ɗɔ²⁴²(扎)、ŋɔ²²(摇)、hɔ²²(学)、ɓɔ²²(囊)、kɔ⁴⁴(哥)
ɔm	tɔm²⁴(淡)、kɔm⁴⁴(馊)、hɔm⁴⁴(老三)、ɗɔm⁴⁴(担)、nɔm⁵¹ mɛ²⁴(粮食)
ɔŋ	tɔŋ⁵¹(葬)、nɔŋ²⁴(笨)、tsɔŋ²⁴²(账)、kan³¹ kɔŋ⁴⁴(挑食)、mɔŋ⁴⁴(蝇子)
ɔt	ɠɔt⁴(渴)、tɔɓ⁴(有)、sɔt⁴(出)、lɔt²(抚摸)、kɔt² ka⁴⁴(国家)、ti²⁴² jɔt⁴(第一)
ɛ	nɛ²⁴(重)、tɛ⁴⁴(债)、kɛ⁴⁴(诱)、pɛ⁴⁴ viaŋ⁴⁴(秃子)、ʔɛ⁴⁴ sɔi²⁴(莴笋)
ɛm	ɠɛm²⁴²(嫌)、sɛm²⁴(上气)、ʔɛm²⁴(凹)、ɗɛm⁵¹(螯)、kɛm²²(劝)
ɛŋ	mɛŋ⁴⁴(青)、hɛŋ²⁴(邀请)、ɠɛŋ²⁴²(粥"稠")、lɛŋ²⁴² tsi²⁴(撕纸)、ɗɛŋ⁴⁴(臊臭)

ɛt	ɓɛt^4（八）、lɛt^2（追）、vɛt^4（抠）、tɛt^2（瞪）、sɛt^{4}ti^{22}（一溜烟）、kɛt^4（"打"人）
ian	mian^{24}（妖怪）、tsian^{44}（真）、ɓian^{44}（搬）、kian^{44}（汉族）、vian^{24}（饭碗）
iat	miat^2（篾）、siat^4（扎实）、fiat^4（"削"竹子）、ɲiat^4（阳光）、ɗiat^4（跌）
iŋ	hiŋ^{51}（赠送）、jiŋ^{242}（阴）、tsiŋ^{44}（山歌）、ɗiŋ^{44}（整齐）、ɓɛu^{44}ɓiŋ^{242}（果仁）
ut	tut^4（笑）、jut^4（啄）、gʼut^2（鱼"滑"）、ɓut^4（屁）、hut^4（七）、ɗut^{2}lɔu^{24}（堵塞）
it	fit^4（茧）、tsit^4（直）、tit^4（吭）、jit^4（亿）、kit^2（急）、pit^2（逼）、ɓit^4（笔）
u	ɗu^{242}（皱）、su^{44}（字）、tsu^{24}（铸）、ʔu^{44}（捂）、ɓu^{242}（煨）、lu^{44}（"烫"菜）
um	hum^{44}（心里）、num^{44}（种子）、kum^{24}（缺）、tsum^{44}（勤劳）、ɗum^{24}（"铲"菜）
uŋ	tsuŋ^{44}（钟）、kuŋ^{22}（也）、nuŋ^{22}（要）、suŋ^{24}（熊）、tuŋ^{44}（坑）、huŋ^{44}（松）
m̩	mm̩^{24}（水）、mm̩^{51}（肿大）、mm̩^{44}（一"把"米）、ʔa^{22}lɛm^{22}mm̩^{44}（故意）
ai	ʔai^{51}（做）、mai^{44}（衣"软"）、tai^{24}（小姑）、ɓai^{44}（响）、kai^{44}ɓɔ^{22}（胃）
an	ɓan^{51}（雪）、ɗan^{44}（子）、van^{22}（万）、kan^{242}（台阶）、man^{24}（痛）
ap	ʔap^4（鸭）、map^4（软）、jap^2（捧）、kap^4（甲）、lap^2（酱）、ŋap^2（"念"咒）
au	tau^{24}（腿）、jau^{242}（瑶）、ŋau^{44}（痒）、kau^{44}（像）、hau^{44}（敲）
iap	siap^2（十）、ɲiap^{2}ɲiap^2（"蹑手蹑脚"走）、ʔiam^{51}ɗiap^2（淹没）、tiap^{2}tsu^{24}（筑路）
iau	liau^{51}（看）、hiau^{44}（陷）、miau^{24}（秒）、ɓiau^{22}（票）、kiau^{24}（缴）
ɔi	ɗɔi^{51}（左）、kɔi^{24}（罩）、nɔi^{22}（问）、gʼɔi^{44}（晒"枯"）、ʑɛ^{44}sɔi^{24}（灰布）
ɔn	vɔn^{51}（云）、jɔn^{44}（醉）、kɔn^{22}（住）、hɔn^{44}（旱）、lɔn^{242}（乱）、tsɔn^{24}（快）
ɔp	kɔp^4（涩）、hɔp^2（壳）、ɗɔp^4（披）、pɔp^2（大"泡"）、sɔp^2（"缩"小）
ou	ɗou^{24}（洗）、kou^{44}（远）、lou^{44}（大）、sou^{24}（"扫"地）、ʔou^{22}tou^{44}（肮脏）
ɛi	tsɛi^{44}（药）、sɛi^{44}（飞）、hɛi^{51}（小）、kɛi^{22}（瘦地）、vɛi^{44}（他）、ɓɛi^{51}（梦）
ɛn	mɛn^{242}（人）、fɛn^{24}（溢）、pɛn^{44}（眼睛"花"）、vɛn^{44}（悬）、kɛn^{51}（习惯）

ɛp	hɛp² (窄)、lɛp² (丸)、tɛp⁴ (接)、ŋɛp² ŋɛp² (钳子)、ʔa²⁴² pɛp² (蚱蜢)
ɛu	ɓɛu²⁴² (游)、ɗɛu⁴⁴ (跳)、lɛu⁴⁴ (完)、nɛu⁵¹ (取)、fɛu⁴⁴ (抛)、gɛu⁵¹ (救)
i	tsi²⁴ (指)、hi⁵¹ (消息)、ti⁵¹ (嗅)、ɗi⁵¹ (蹄子)、si⁴⁴ (酸)、ʔi⁵¹ (嗜好)
im	him⁴⁴ ɗiaŋ⁵¹ (杉树)、him²² ɗiaŋ⁵¹ ɗip⁴ (杉木皮)、him⁴⁴ ki⁴⁴ jiam²⁴ (杉针)
in	sin²⁴² (写"信")、kin⁴⁴ (肾)、lin²⁴ (拧)、tin²² (胖)、ʔin⁵¹ (嫩)
ip	ɗip⁴ (皮)、kip⁴ (吸附)、tsiap⁴ ("哑"嘴)、hɛŋ⁵¹ (性子)、nn̩⁴⁴ ɗip⁴ (腹部)
iu	ɓiu⁴⁴ (鱼)、tsiu⁴⁴ (州)、ʔiu⁵¹ (掷)、jiu⁴⁴ (西)、niu²⁴² (稀烂)、kiu²² (掏)
ui	kui⁵¹ (野)、tsui⁵¹ (最)、ɗui⁵¹ (在)、hui⁵¹ (蜕)、tui⁵¹ (闪)、mui²² (潜)
un	tun⁴⁴ (羞)、ɗun⁵¹ (撞)、hun⁴⁴ ("握"手)、ɓun⁵¹ (土"肥")、mun²² (面粉"细")
up	kup⁴ (砸)、tsup⁴ (小气)、tup² (豆)、hup⁴ (暗)、vaŋ⁴⁴ gup⁴ (天下)
n̩	nn̩⁵¹ (坛子)、nn̩⁴⁴ mi²² (牛油)、nn̩⁴⁴ pɛŋ²⁴² (崎岖)、məŋ²² nn̩²² ʔau²⁴² (牧童)

油岭瑶语一共有 7 个声调,其中 5 个舒声调,2 个促声调,其中的⁴⁴调分别来自古苗瑶语的 1、4 调类(下文举例时,只标现代油岭瑶语的调值,不再标记古苗瑶语的调类):

古苗瑶语调类	现代油岭瑶语调值	古苗瑶语调类	现代油岭瑶语调值
1	44	5	51
2	242	6	22
3	24	7	4
4	44	8	2

声调说明:

1. 基本的调形有 5 类,促声调总共有 2 个,但是每个促调都有

变体,变体的调形会与舒声调的调形趋同,即:第 7 类低促调有 3
个变体,其调形分别与 22、242、31 三个舒声调值基本一致。第 8 类
高促调有 4 个变体,调形分别与调值为 44(45)、24 和 51 的舒声调
一致。巢宗祺(1990)音系中第 7、8 调调值分别与第 1、6 调的调值
相仿,现在各舒声调的调值已经分别代入这两个促调,已经不仅是
与平调相仿。巢宗祺(1990)音系中除高降调外,其余各调均有一
个促调与之对应,总共 4 个促调,其中调值为 24 的促调的词基本都
是拟声词,仅有一个实词"吞(饭)"实际调值和舒声调值 53 对应的
促调相同,均为高促调。

　　2. 第 2 类巢宗祺、余伟文都记成高降调 53,但在巢宗祺
(1990)中提到有人发成曲折调 453。考虑到与第 5 调相区别,且该
调绝大部分词都是读作曲折调,我们还是将之处理为一个曲折调,
调值记为 242,该调类有一个上升段比较短促、下降段较长的变体。
下图为这个声调的两个变体,左图上升段长、下降段短,右图上升
段短、下降段长。右图这种变体听感上和第 5 调有点相似,调查人
不仔细时容易混淆:

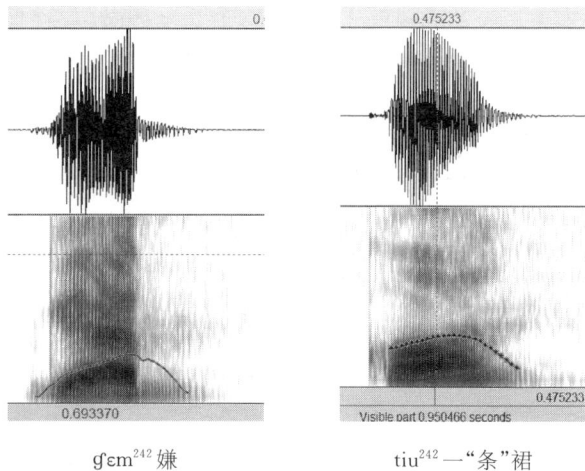

gˀɛm²⁴² 嫌　　　　　　　　tiu²⁴² 一"条"裙

　　另：该点另一发音人此调的实际调值却是 45,在该发音人听来,242 和 45 没有区别。由此看来,这个声调区别意义的特征到底是什么,尚难定论,须做进一步的感知实验。

　　3. 第 3 类的调值 24 有 214 的变体。下图为两个变体的示例,左图为 24,基本呈现平缓上升态势。右图为 214,声调曲线上有较为明显的拐点,先降后升:

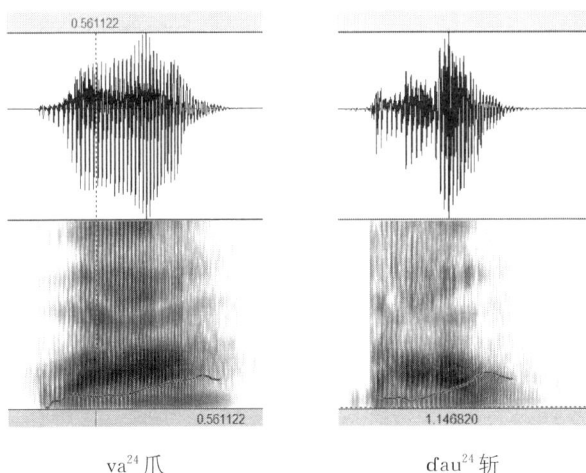

va²⁴ 爪　　　　　　　　ɗau²⁴ 斩

　　4. 第 5 类的调值 22 有 33 的变体。以下两图都属于第 5 类,但是我们从语图上可以看到,同一个人发音,左图的基频值约为 700 Hz,右图的基频高于 1 200 Hz,大大高于左图。

　　5. 第 3 类 24 中的少部分词,发音人读成 31,如:写 sia²⁴、凹 ʔɛm²⁴、摆 ɓai²⁴。这些词数量很少,在被调查的 5 000 个词条中,一共只有 14 个单音节词条读成 31。我们调查中还发现,有的发音人全部都读成第 3 调(24),有的读成 31 的调值。巢宗祺的调查材料中这些词的调值也不一致,大多数是 24 调,少数记成其他调值,如“写 sia³¹”。另外,这些词在藻敏瑶语的其他语言点中出现不同

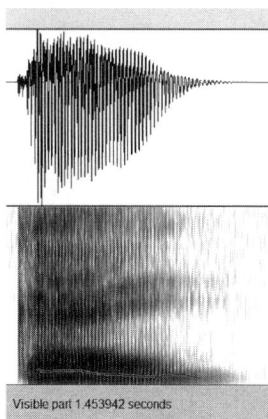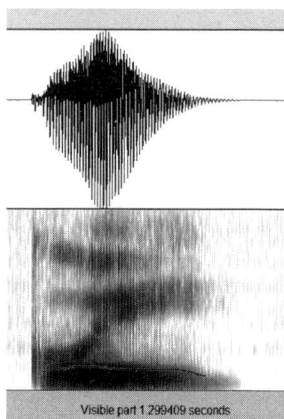

kɛi²² 肉"瘦"　　　　　　　　kui²² 一"箱"书

发音人发出不同的调值,如大坪的调查中,一对发音人是夫妇,男发音人这些单音节词都读成 31,女发音人这些词都读成 24,但是在连读中,该类词的调值都为 31。

声调举例:

44	jaŋ⁴⁴(准)、ɗu⁴⁴(皱)、tɔŋ⁴⁴(幢)、sei⁴⁴(跃)、vui⁴⁴(围)、hun⁴⁴(握)
242	jaŋ²⁴²(走)、ɗɔ²⁴²(扎)、ŋia²⁴²(牙)、ɠɛm²⁴²(嫌)、ȵɛn²⁴²(贴)
24	nɛ²⁴(重)、tsu²⁴(铸)、va²⁴(爪)、ham²⁴(粥"稀")、ŋaŋ²⁴(硬)
44	ɗan⁴⁴(子)、jɔn⁴⁴(醉)、tiŋ⁴⁴(丈)、tsiam⁴⁴(折)、ɓiu⁴⁴(鱼)、kɛ⁴⁴(诱)
51	ʔai⁵¹(做)、ɗɔi⁵¹(左)、tiŋ⁵¹(胀)、ʔɔ⁵¹(用嘴"喂")、vɔn⁵¹(云)、kui⁵¹(野)
22	ŋɔ²²(饿)、ka²²(噎)、tin²²(猪"肥")、ɓa²²(遮)、vai²²(心"毒")
4	ʔap⁴(鸭)、kup⁴("砸"石头)、fat⁴(瞎"摸")、vet⁴(抠)、tit⁴(吸收)、ɓut⁴(屁)
2	ʔap²("压"下来)、sup²hɛi²⁴²(缩小)、sut²(拾)、miat²(簸)、lɛp²(粒)

以下是油岭瑶语的声韵配合表：

	ɓ	ɗ	f	gʲ	h	j	k	l	m	m̥	n	n̥	n̤	ŋ	p	s	t	ts	v	ʔ
a	+	+	+	+	+	+	+	+	+		+			+	+	+	+	+	+	+
ai	+	+	+	+	+	+	+	+			+				+	+			+	+
am		+		+	+	+	+	+			+			+	+		+	+		+
an	+	+	+	+	+	+	+	+			+			+	+	+	+	+	+	+
aŋ	+	+	+	+	+	+	+	+			+			+	+	+	+	+	+	+
ap				+	+	+	+	+			+			+			+	+		+
at		+	+		+	+		+			+			+			+	+		+
au	+							+			+			+						+
ɔ	+	+	+		+			+	+	+		+		+	+	+	+	+	+	+
ɔi		+		+	+		+				+			+	+	+				+
ɔm		+			+		+	+			+						+			
ɔn		+	+	+	+	+	+	+						+	+	+	+	+	+	+
ɔŋ	+												+		+	+	+			+
ɔp	+	+												+	+	+	+			+
ɔt	+	+			+		+	+				+			+			+		
ɔu		+					+	+							+	+				+
ɛ	+	+		+	+	+	+	+	+		+			+	+	+	+	+	+	+
ɛi	+			+	+	+					+	+			+		+	+	+	+
ɛm		+		+	+		+								+	+				
ɛn	+	+	+	+	+		+	+	+		+		+		+	+	+	+	+	+
ɛŋ	+	+		+	+									+	+	+				+
ɛp		+		+	+	+	+							+		+				
ɛt	+			+		+	+	+			+				+	+	+	+	+	+

	ɓ	ɗ	f	ɠ	h	j	k	l	m	m̥	n	n̥	n̠	ŋ	p	s	t	ts	v	ʔ
εu	+	+	+	+	+		+	+	+		+			+			+			+
i	+	+	+	+	+	+	+	+	+		+	+	+		+	+	+	+	+	+
ia	+		+			+	+	+	+				+	+	+	+			+	+
iam	+	+			+	+			+		+			+		+	+	+		+
ian	+		+		+	+	+	+	+		+			+	+	+	+	+	+	
iaŋ	+	+	+		+	+	+	+	+		+			+	+	+	+	+		+
iap						+					+				+	+	+			+
iat	+	+	+								+			+			+		+	+
iau	+				+	+	+	+	+						+	+				+
im					+															
in	+	+			+	+	+	+	+		+				+	+	+	+	+	+
iŋ	+	+			+	+	+	+						+	+	+	+	+		
ip		+			+															
it	+		+	+	+	+	+	+							+	+	+			+
iu	+	+			+	+	+	+	+		+		+		+	+	+	+		+
m̩									+	+										
n̩											+	+								
u	+	+	+		+	+	+	+	+		+				+	+	+	+	+	+
ui	+	+	+	+	+	+	+	+	+		+				+	+	+	+	+	
um		+			+	+	+				+						+	+		
un	+	+	+		+	+	+	+	+		+				+	+	+	+	+	+
uŋ	+	+	+	+	+	+	+	+			+		+		+	+	+	+		+
up		+			+	+	+	+							+	+	+			
ut	+	+			+	+	+	+							+	+	+			

为了描写藻敏瑶语的音节类型,我们先了解东亚语言的音节结构,本书音节结构的划分是采用潘悟云先生的看法(潘悟云,2006):

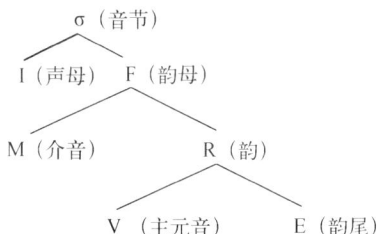

```
              σ（音节）
           ┌──────┴──────┐
        I（声母）    F（韵母）
                    ┌────┴────┐
                 M（介音）   R（韵）
                         ┌────┴────┐
                      V（主元音）  E（韵尾）
```

依据这一音节描写方法,我们对油岭瑶语的音节类型进行归类,得出油岭瑶语的音节类型表如下:

音节类型	元/辅音	音节例子
IV	CV	ɓa\pɔ\tɛ\mɯ
IVE	CVC\CVV	ɓai\tan\ɗaŋ\kap
IMV	CVV	ɓia\ɗiu\kia\pia
IMVE	CVVC\CVVV	liaŋ\siam\niəŋ

藻敏瑶语 7 个土话中,连南土语群的几个点(油岭、大坪、盘石、军寮、南岗)音系基本相同,所以其余几个点音系不再赘述。盘石瑶语有个别晚近的汉语借词有-k韵尾存在,如:熟悉 sɔk² si²⁴、国家 kɔk² ka²²、目的 muk² tit²,这应是受强势的汉语粤方言影响。

(二)莽山音系

莽山瑶语共有声母 19 个,其中塞音 7 个,塞擦音 2 个,鼻音 4 个,擦音 4 个,边音 1 个,近音 1 个。

p	t			k	ʔ
pʰ	tʰ			kʰ	
	ts				
	tsʰ				
m	n		ȵ	ŋ	
f	s				h
v	l		j		

声母说明:

1. 有五组塞音和塞擦音的对立,与其他藻敏瑶语点不同,不是清浊的对立,而是送气清塞音塞擦音与不送气清塞音/塞擦音的对立:p/pʰ,t/tʰ,k/kʰ,ts/tsʰ。

2. 不送气清塞音有内爆音的变体,但几乎都是在语流中出现,如:p 有变体 ɓ,"银牌"的"牌"原为 pai,但"银牌"读作 nyn⁵¹ ɓai⁵¹;又如,t 有变体 ɗ,"桌子"的"桌"为 tai,但"小桌子"为 lin⁴⁴ ɗai⁵¹ mai²²。

3. t 的发音部位很靠后,接近于 ʈ。

4. h 的实际发音部位比 h 要靠前,甚至偶尔有摩擦成分,近乎 χ。h 在 i 前发音部位更加靠前、摩擦更明显,实际音值为 ç。

5. 因为单韵母 u 的圆唇化程度比其他藻敏点稍微高一些,所以强气流冲出时,气流通道不是一道很细的窄缝,故而声母 p/pʰ 没有颤唇的变体。

6. ts、tsʰ 都有变体 tɕ、tɕʰ。

7. 软腭音后接带韵首 u 的韵母时,实际为唇化声母。

8. uɔi、uɐ 的 u 是个没有音位价值的滑音,是可以读成自由变体 ɔi、ɐ。

9. uan、uat 的 a 舌位靠后,带有圆唇成分,且有自由变体 ɔ,u

没有音位价值。

　　10. ui、un、ut 的 u 后有一个滑音 ə。

　　11. 与 h 类似,k、kʰ、ŋ 在 i 前舌位靠前,实际音值为 c、cʰ、ɲ。

　　12. v 有变体 ʋ。

　　13. 与连南的藻敏瑶语点不同,莽山既没有浊阻音也没有清鼻音。

　　声母例字:

声母	例　　词
f	骨头 fuŋ³¹、漆 fut⁴、墙 fiəŋ⁵¹、锁 fəu²¹³、书信 fin³¹
h	河 hɛn⁴⁴、洞 hut⁴、陷 han³¹、学 hɔʔ⁴、枯 hɛu⁵¹
j	腰 jau⁴⁴、呕吐 jəu²¹³、影子 jaŋ²¹³、玉米壳 maʔⁱji⁴⁴、捞 jia⁴⁴
k	肩 kin⁴⁴、屎 kai²⁴、痒 kiʔ⁴、官 kun⁴⁴、角 kɔ²
tʰ	血 tʰin²¹³、肉 tʰui⁵¹、扫 tʰəu³¹、掐 tʰɛu⁴⁴、布 tʰɛi⁴⁴
l	儿子 lan⁴⁴、霜 ləu³¹、石缝 saⁱla³¹、铁 lia²、女婿 ʔa²²ləŋ⁵¹
m	人 min²⁴²、雾 mu⁵¹、煤 mɔi⁵¹、马 ma⁴⁴、米 mɛi²¹³
n	额 niaʔ²、乳房 nɛn²¹³、咳嗽 nuʔ⁴、脓 nuŋ³¹、太阳 nai⁴⁴
ŋ	蛇 ŋɔŋ⁴⁴、爱 ŋai²¹³、藕 ŋɛu³¹、一"月"ŋat⁴、鹅 ŋɔu²⁴²
p	头 pɛi²¹³、手 pəu⁴⁴、背 pui³¹、兵 pin⁴⁴、白布 paʔⁱtʰɛi⁴⁴
pʰ	耳朵 pʰiu⁵¹、舌 pʰiⁱ、冰 pʰan³¹、竹笋 pʰɛi³¹、包 pʰɔⁱ
s	胃 sɛi⁴⁴、胡须 fu⁵¹sy⁴⁴、叔父 ʔa²²suʔ²、灰烬 sɔi²¹³、稻谷 siʔ⁴
t	死 tai⁵¹、胀 tuŋ³¹、疮 tuʔ⁴、地 tiʔ¹、蹄 tɛ²⁴²
tʰ	淡 tʰan²⁴²、木炭 tʰɔn³¹、翅膀 tʰɔt²、水獭 tʰat²、猴子 tʰiu⁴⁴
ts	髻 tsiu¹¹、筋 tsan⁴⁴、痣 tsi³¹、荒山 tsuŋ²⁴²、路 tsəu²¹³
tsʰ	嘴 tsʰiⁱ²⁴²、虱子 tsʰɛi²¹³、蚂蚁 tsʰəu²¹³、刷子 tsʰat²、撞 tsʰɔŋ³¹
v	尿 via⁴⁴、话 vau³¹、糠 viaʔ²、木板 vɛn²¹³、罐子 vəu⁴⁴
ʔ	肿 ʔuŋ³¹、水 ʔɔi²¹³、"握"手 ʔɔt²、水牛"叫"ʔɛu²⁴、哑 ʔa²¹³
ɳ	惹 ɳia⁴⁴、哭 ɳin²¹³、年 ɳaŋ³¹、排列"二"ɳi³¹、浓 ɳuŋ²⁴²

莽山瑶语一共 49 个韵母,其中单元音韵母 9 个,复元音韵母 40 个,音节性辅音韵母 2 个,塞音尾韵母 12 个:

a	ai	an	aŋ	at	au	aʔ
ia		ian	iaŋ	iat	iau	iaʔ
ua		uan				
ɔ	ɔi	ɔn	ɔŋ	ɔt	ɔu	ɔʔ
iɔ			iɔŋ		iɔu	
ɛ	ɛi	ɛn	ɛŋ	ɛt	ɛu	ɛʔ
i		in	iŋ	it	iu	iʔ
u	ui	un	uŋ	ut		uʔ
y		yn				
ɿ						
m̩						
ŋ̍						

韵母说明:

1. u 在唇音后有变体 ou。

2. uŋ 的实际音值是 oŋ。

3. k 尾和 m 尾失落,有 ʔ 尾。

4. ɔ 类韵母的 ɔ 前往往带有一个 u 滑音,且在该滑音的异化下 ɔ 的圆唇度降低。如 ɔn 实际音值为 ᵘɔ°n。

5. un、ut、ui 都带有后滑音 ə。ut 的韵尾是 ɬ,所以在韵尾前的滑音 ə 成了 i。

6. 在复韵母中 a 的开口度略小,为 ɐ。

7. ɛu、ɛi 中的 ɛ 因为在高元音前舌位提高,为 e。

8. 单元音 ɛ 的开口度很大,近乎 æ。

韵母例字：

韵母	例　　词
a	疤 pa^{44}、沙子 sa^{44}、玉米 $ma?^4$、果核 $ha?^4$、茶 ta^{51}
ai	屎 kai^{213}、死 tai^{51}、太阳 nai^{44}、鞋子 hai^{242}、卖 mai^{31}
an	筋 $tsan^{44}$、痛 man^{44}、儿子 lan^{44}、雲"散"san^{31}、杯子 tan^{213}、圆 van^{242}
aŋ	天 $vaŋ^{242}$、影子 $jaŋ^{213}$、虫 $tsaŋ^{44}$、楼 $paŋ^{242}$、凳子 $laŋ^{31}$
at	水獭 t^hat^2、鸭子 $?at^2$、袜子 mat^2、树木"发"芽 vat^2、"套"笔 lat^2
au	腰 jau^{44}、泡儿 p^hau^{31}、话 vau^{44}、爪子 tau^{213}、茅草 mau^{242}
ɔ	鸽子 $kɔ^{44}$、"踩"泥巴 $tɔ^{242}$、"不要"去 $mɔ^{242}$、捎 $lɔ^{22}$、祖母 $?a^{51}pɔ^{51}$
ɔi	灰烬 $sɔi^{213}$、海 $hɔi^{213}$、煤 $mɔi^{242}$、要 $?ɔi^{31}$、"干"衣 $t^hɔi^{44}$
ɔn	一"封"信 vun^{44}、一"块"田 $vɔn^{213}$、汗 $hɔn^{31}$、白说 $pa?^4kɔn^{31}$、水沟 $?ɔŋ^{213}tsɔn^{31}$
ɔŋ	颈 $kɔŋ^{44}$、肝 $fɔŋ^{31}$、胆 $nɔŋ^{213}$、媳妇 $pɔŋ^{44}$、水 $?ɔŋ^{213}$
ɔt	"握"手 $?ɔt^2$、夺 $t^hɔt^4$、渴 $hɔt^2$、角落 $nɔt^2$、"流"汗 $sɔt^2$
ɔu	手 $pɔu^{44}$、皮肤 $t^hɔu^{44}$、呕吐 $jɔu^{213}$、歌 $kɔu^{44}$、平辈 $pɛn^{51}pui^{31}t^hɔu^{44}$
ɛ	一"抱"柴 $lɛ^{242}$、打结 $la^{31}kɛ^{51}$、一"叠"$t^hɛ^{242}$、核桃 $hɛ^{22}t^hɔu^{24}$、或者 $fɛ^{51}tsa^{31}$
ɛi	头 $pɛi^{213}$、胃 $sɛi^{44}$、泥 $nɛi^{44}$、蹄 $tɛi^{51}$、虱子 $ts^hɛi^{213}$
ɛn	乳房 $nɛn^{213}$、脚 $t^hɛn^{31}$、星 $sɛn^{44}$、河 $hɛn^{44}$、平 $pɛn^{242}$
ɛt	刀"插"鞘 $fɛt^2$、踏 $t^hɛt^4$、撕 $mɛt^2$、压 $?ɛt^2$、北 $vɛt^2$
ɛu	木槽 $tɛu^{44}$、剪刀 $t^hɛu^{213}$、搜 $sɛu^{44}$、黄牛"叫"$?ɛu^{24}$、亩 $mɛu^{22}$
i	嘴 ts^hi^{242}、大老婆 $lɔu^{44}ni^{22}$、螺蛳 ki^{44}、痣 tsi^{31}、闻 p^hi^{213}
ia	额头 $nia^{31}t^hɔu^{51}$、尿 via^{44}、草 mia^{213}、牙齿 nia^{242}、怕 ts^hia^{31}
iaŋ	花 $piaŋ^{242}$、镜子 $kiaŋ^{31}$、绳子 $liaŋ^{44}$、黄 $viaŋ^{242}$、蠓蚊 $miaŋ^{44}$
iau	瞄 $miau^{242}$、唷 $tsiau^{24}$、巧 t^hiau^{213}、糟糕 $kɔi^{22}siau^{44}$、表哥 $piau^{31}kɔu^{44}$

韵母	例　　词
iɔ	黑色 kiɔ^{31}、"削"竹子 siɔ^{31}、"哂"嘴 tsiɔ^{31}、大铁锹 tsʰiɔ^{44} pa^{44}
iɔŋ	梯田 liɔŋ^{242}、象 siɔŋ^{213}、树 tʰiɔŋ^{31}、墙 fiɔŋ^{242}、渔网 miɔŋ^{213}
iɔu	铁锹(瑶族常用,汉族现在少见)lia^{22} tsʰiɔu^{44}、靴 siɔu^{44}
ian	搬 lian^{44}、箭 tsian^{31}、蘸 kian^{213}、严 nian^{242}、"编"故事 pian^{44}
iat	"爬"坡 kiat^{4}、粥"稠"kʰiat^{4}、设备 siat^{4} pi^{31}、副业 fu^{31} niat^{4}、第八 taŋ^{51} jiat^{4}
in	面 min^{44}、肾 sin^{31}、血 kʰin^{213}、人 min^{51}、雨 pʰin^{242}
iŋ	"避"雨 miŋ^{31}、"苦"味 jiŋ^{44}、"端"碗 kiŋ^{242}、胜利 siŋ^{242}、定 tiŋ^{31}
it	十 sit^{4}、"挨"打 kʰit^{2}、"咽"饭 jit^{2}、逼 pit^{2}、钵 vit^{2}
iu	髻 tsiu^{44}、鱼 pʰiu^{44}、猴子 tʰiu^{44}、酒 liu^{213}、房子 piu^{213}
m̩	水碾 m̩m̩^{44} kan^{51}
n̩	牛 nn̩^{242}、不 nn̩^{44}、午 nn̩^{31}、初五 tʰɛn^{51} nn̩^{22}、臼 nn̩^{51} suŋ^{44}
ɿ	狮子 sɿ^{44}、子 tsɿ^{213}、尸水 sɿ^{44} ʔɔŋ^{31}、"自"古以来 tsʰɿ^{31}、已 tsʰɿ^{213}
u	火 tu^{44}、湖 fu^{242}、桥 ku^{242}、雾 mu^{51}、斧头 vu^{213}
ua	垮 tʰua^{44}、剐 kua^{31}、菜瓜 ʔɐi^{51} kua^{44}、鳏夫 kua^{31} kuŋ^{44}、"夸"媳妇 kʰua^{44}
uan	软蛋 ȵuan^{22} hɔ^{2} tsɔu^{31}、软弱 ȵuan^{22} ȵɔ^{4}、柔软 juŋ^{51} ȵuan^{22}、衣"软"ȵuan^{22}
ui	背 pui^{31}、肺 fui^{31}、鸡 kui^{44}、黄蜂 mui^{44}、围 vui^{242}
un	孙子 fun^{44}、官 kun^{44}、云 vun^{31}、裙子 kun^{242}、坛子 tsun^{44}
uŋ	骨头 fuŋ^{31}、脓 nuŋ^{31}、肿 ʔuŋ^{31}、胀 tuŋ^{31}、妻子 puŋ^{44}
ut	洞 hut^{4}、漆 fut^{4}、拾 sut^{4}、有 vut^{2}、塞子 tsut^{2}
y	煮 tsy^{213}、站 sy^{213}、娶 tsʰy^{213}、蘑芋 mɔu^{51} jy^{31}、"煮"肉 tsy^{31}
yn	银 nyn^{51}、"熏"眼睛 syn^{44}、忍 nyn^{22}、驯服 syn^{31} fɔu^{44}、允许 nyn^{44} sy^{31}

韵母	例　　词
ɛŋ	丁 tɛŋ⁴⁴、初一 tʰɛŋ⁵¹ jɔt²、命运 mɛŋ³¹ jyn³¹、四方井 pe³¹ fɔŋ⁴⁴ tɛŋ³¹
aʔ	咬 taʔ¹、隔 kaʔ²、吓 haʔ¹、腊肉 laʔ¹、"认"干爹 tsaʔ²、玉米 maʔ¹
iaʔ	糠 viaʔ²、尺子 siaʔ²、额 n̦iaʔ¹、铁 liaʔ²、"烤"火 tsiaʔ²、薄 piaʔ¹
ɔʔ	踩 tɔʔ⁴、"包"糖 pʰɔʔ²、角 kɔʔ²、剥 vɔʔ²、浑 nɔʔ²
ɛʔ	急 kɛʔ²、一"边"肉 kʰɛʔ²、"插"秧 tʰɛʔ²、叠 tʰɛʔ¹、住 hɛʔ¹
iʔ	痒 kiʔ²、篾条 tsʰiʔ¹、谷粒 siʔ²、稻谷 siʔ¹、笔 viʔ²、舌 pʰiʔ¹
uʔ	暗 tʰuʔ²、抓 tuʔ²、走的"快"tsuʔ²、咳嗽 nuʔ¹、凿子 fuʔ¹

莽山瑶语共有 7 个声调,其中舒声调 5 个,促声调 2 个:

古苗瑶语调类	莽山瑶语调值	古苗瑶语调类	莽山瑶语调值
1	44、24	5	31
2	242	6	51
3	213	7	2
4	44	8	4

声调说明:

1. 基本的调形有 5 类,促声调总共有 2 个,但是每个调都有变体,每个变体的调形会与舒声调的调形趋同。

2. 第 1 调在莽山瑶语主要读作平调 44,但还有一小批词读作上升调 24。其中读作 24 的,又有 214 的变体。

3. 第 2 调 242 有一个上升段略短的变体。

4. 第 3 调有两个变体,示例如下图,左图的曲折程度比较明显,有清楚的拐点,相对而言上升段较长,且上升幅度较大。右图曲折幅度不明显,上升段较短,而且幅度非常小:

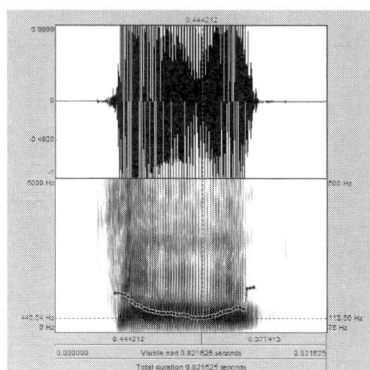 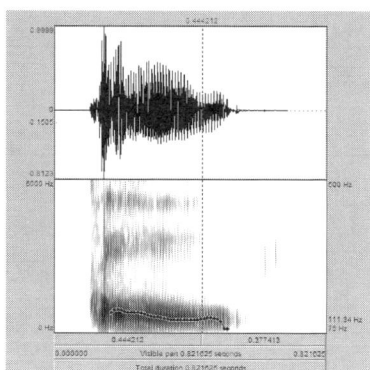

tsɔu²¹³ 路 　　　　　　　　kɔu²¹³ 狗

5. 促调的实际调值都比连南土语群的促调调值略高一些。

6. 莽山瑶语的声调历史层次较为复杂。

声调例字：

44	髻 tsiu⁴⁴、面 min⁴⁴、颈 kɔŋ⁴⁴、手 pou⁴⁴、毛 pɛi⁴⁴
24	背 pa²⁴、蹲 ku²⁴、唉 sou²⁴、啃 tɕiau²⁴、割 kei²⁴
242	耳朵 pʰiu²⁴²、嘴 tɕhi²⁴²、痰 tʰan²⁴²、拳 tʰin²⁴²、人 min²⁴²
213	头 pɛi²¹³、胆 nɔŋ²¹³、水 ʔɔŋ²¹³、灰烬 sɔi²¹³、呕吐 jɔu²¹³
31	硬 hɛŋ³¹、脚 kʰɛn³¹、骨头 fuŋ³¹、伞 tsʰaŋ³¹、世 sɛi³¹
51	死 tai⁵¹、瘦 tsɛi⁵¹、染 ȵin⁵¹、筷子 tu⁵¹、雾 mu⁵¹
4	墨 maʔ⁴、舌 pʰiʔ⁴、玉米 maʔ⁴、豆子 tup⁴、夺 tʰot⁴
2	翅膀 tʰot²、鸭子 ʔat²、压 ʔɛt²、一 jit²、搭 tat²

以下是莽山瑶语的声韵配合表：

	ȵ	p	pʰ	m	f	v	t	tʰ	n	l	ts	tsʰ	s	j	k	kʰ	ŋ	ʔ	h
a		+	+	+	+	+	+	+	+	+	+	+	+	+	+	+	+	+	+
ai		+	+	+	+		+	+	+	+	+	+	+		+	+	+	+	+

	ȵ	p	pʰ	m	f	v	t	tʰ	n	l	ts	tsʰ	s	j	k	kʰ	ŋ	ʔ	h
an		+	+	+	+	+	+	+	+	+	+	+	+			+			+
aŋ	+	+	+	+	+	+	+	+	+	+	+	+	+	+			+	+	+
at		+	+	+	+	+	+	+			+	+	+		+			+	
au	+	+	+	+		+		+	+	+	+	+	+	+	+	+			+
aʔ		+	+	+			+		+	+	+	+		+		+			+
ɔ	+	+	+	+			+	+	+	+									
ɔi		+		+	+		+	+	+	+			+					+	+
ɔn				+			+	+			+	+	+					+	+
ɔŋ	+	+			+													+	+
ɔt		+			+			+	+		+			+	+	+		+	+
ɔu		+	+	+	+	+	+	+	+	+	+	+	+						
ɔʔ	+	+	+	+			+	+	+	+			+					+	+
ε			+	+	+	+	+	+	+	+			+	+	+	+		+	+
εi			+	+	+	+	+	+	+	+	+	+	+						
εn	+	+	+	+		+	+	+	+	+								+	+
εŋ		+	+	+			+	+	+	+			+	+	+			+	+
εt			+				+	+			+	+	+						
εu			+	+	+			+	+			+	+	+	+	+			+
εʔ								+					+					+	+
i	+	+	+	+	+	+	+	+	+	+	+	+	+	+	+	+		+	+
ia	+	+	+	+	+	+	+	+	+	+	+	+	+	+	+	+			
ian		+	+	+		+		+	+	+	+	+	+		+	+			+
iaŋ		+	+	+		+		+	+	+	+	+	+		+	+			
iat	+		+				+	+			+	+	+	+	+	+			

	ŋ̥	p	pʰ	m	f	v	t	tʰ	n	l	ts	tsʰ	s	j	k	kʰ	ŋ	ʔ	h
iau		+	+	+			+	+	+	+	+		+		+	+			
iaʔ	+	+				+			+	+			+	+					
iɔ									+			+	+		+				
iɔŋ	+			+	+				+	+	+	+	+	+		+			
iɔu													+						
in	+	+	+	+	+	+	+	+	+	+	+	+	+	+	+	+			
iŋ	+	+	+				+	+		+	+	+	+	+	+	+			
it		+	+		+	+			+		+	+	+	+	+	+	+		
iu		+	+	+	+	+	+	+	+	+	+	+	+	+	+	+			
iʔ	+		+			+			+	+			+	+	+		+	+	
m̩			+																
n̩						+													
ɿ											+	+	+						
u		+	+	+	+	+	+	+	+	+	+	+	+		+	+			+
ua															+	+			
uan	+																		
ui		+	+	+	+	+	+	+	+	+	+	+	+	+	+	+			+
un		+	+	+	+	+	+	+	+	+	+	+	+		+	+	+		+
uŋ	+	+	+	+	+	+	+	+	+	+	+	+	+	+	+	+		+	+
up						+	+			+			+	+					
ut			+		+	+	+			+			+						+
uʔ				+		+	+	+	+				+		+	+			+
y						+	+	+	+	+	+	+	+					+	
yn	+								+				+	+	+	+			

附：本书藻敏瑶语主要发音人和实验者信息

莽山瑶语发音人及实验被试：

黄族刚,男,1948 年 11 月 24 日生于湖南省宜章县莽山瑶族乡黄家塝村,高小毕业,务农,除母语藻敏瑶语外,客家话表达很流利,会说当地瑶语勉方言。

南岗瑶语发音人及实验被试：

房伟东,男,1962 年 11 月 22 日生于广东省连南县三排镇南岗岭村,中专文化水平,系连南县三排镇文化站站长,除母语藻敏瑶语外,还会说客家话和粤语。

盘石瑶语发音人及实验被试：

唐四妹,女,1965 年 7 月 22 日生于广东省连南县香坪镇盘石村新一组,中专学校毕业,系连南县香坪镇盘石村新一组村委委员、妇女主任,世居该村,祖上自油岭迁入。除母语藻敏瑶语外,粤语和客家话完全能随意通话,能听懂连山县壮语的个别基本词。

李翠英,女,1971 年 11 月 27 日生于广东省连南县香坪镇塘其儿村,大专学历,在连南县政府任职,除了母语藻敏瑶语外,还会说客家话和粤语。

大坪瑶语发音人及实验被试：

房伟华,男,1948 年 6 月 11 日生于广东省连南县大坪镇大坪村,连州师范中专毕业后,一直在连南县大坪镇学校教书,直至退休。除母语藻敏瑶语外,会说大坪瑶语和客家话。

军寮瑶语发音人及实验被试：

房瑶冷一,男,1969 年 1 月 3 日生于广东省连南县大坪镇军寮村,中专毕业后在商场做技术员,除母语藻敏瑶语外,熟练掌握连山壮语和粤语,客家话会说基本词。

油岭瑶语发音人及实验被试：

1. 唐大不,男,1953 年 10 月 3 日生于广东省连南县三排镇油岭村,中专毕业,银行职员,除母语藻敏瑶语外,能用客家话交流,但发音不准。会说一点粤语。

2. 唐红英,女,1963 年 3 月 20 日生于广东省连南县三排镇油岭村,广东省民族学院本科毕业,时任广东连南民族宗教事务局办公室主任,除母语藻敏瑶语外,还能流利使用客家话和粤语。

大坪瑶语实验被试:房银鑫,生于 1982 年 12 月 11 日,男,大坪五村,医院职工。

盘石瑶语实验被试:李生三,生于 1975 年 10 月 11 日,男,盘石里八山村,务农。

以上所有发音人都能用普通话交流。

笔者对本书的所有发音人和被试的辛苦工作、连南县民族宗教事务局和宜章县民族宗教事务局的积极配合,尤其是唐红英女士的大力支持表示衷心感谢!

第二章　藻敏瑶语的语音特点

一、藻敏瑶语语音特点及声学参数

与瑶语其他方言相比,藻敏瑶语的主要特点有:

1. 有-p、-t、-k、-ʔ、-m、-n、-ŋ 辅音韵尾。

2. 大多数瑶语不存在清鼻音,但南岗、油岭、大坪等点有明显的清鼻音存在,且其清鼻音分两类,其中大坪、军寮瑶语的清鼻音为特殊类型。

3. 浊塞音为内爆音,还有两个特殊内爆音:ɓʙ(唇颤内爆音)和 ɗʐ(龈腭塞擦内爆音)。

4. 近音闪音化,声母 j 有特殊的龈腭闪音变体。

5. 除莽山和龙南瑶语外,没有送气的清塞音声母音位,但是清塞音声母有送气与不送气两个变体。

6. 古苗瑶语韵尾-k 在藻敏瑶语失落。盘石的-k 是晚近从其他语言借入。

7. 连读变调复杂。

8. 除了内爆音,浊阻音都清化。

9. 齿龈音的接触面宽,且靠后。

10. 没有复辅音音位。

11. 没有卷舌音音位。

藻敏瑶语两个土语群的语音差异在于:

1. 连南土语群有清鼻音,莽山土语群无。

2. 连南土语群有浊阻音音位,荇山土语群无。

3. 连南土语群近音闪音化,荇山土语群无。

4. 连南土语群清塞音、塞擦音无送气与不送气的对立,荇山土语群有。

5. 连南土语 u 圆唇度比荇山土语群略低,有颤唇现象,荇山土语群无。

6. 连南土语群有 p 和 m 韵尾,荇山土语群无。

本书以代表点油岭瑶语为例,绘制藻敏瑶语元音声学图和声调曲线图。

描写元音的参数主要有三个:舌位高低、舌位前后、唇形圆展。传统的语言学研究主要是通过生理图描写元音的三个参数。元音摆放位置的上下对应舌位高低,高元音在上,低元音在下;元音摆放位置的左右反映舌位的前后,前元音在左,后元音在右;同一舌位音的圆展是在确定了其舌位高低前后的位置之后,也通过元音摆放位置的左右来反映,展唇元音在前,圆唇元音在后。藻敏瑶语的主元音有 a、e(ε)、i、u、ɔ、ɯ̩、ŋ̍ 7 个,除去两个音节性的鼻元音 ɯ̩、ŋ̍,口元音有 5 个,依据上述原则得出藻敏瑶语的元音舌位生理图:

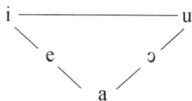

图中可以看出,藻敏瑶语为典型的五元音系统。

除了生理图之外,还可以通过元音声学图来反应语言中各元音的性质及其相互关系。元音的声学性质主要由共振峰决定。前两个共振峰,即 F1 和 F2,对于元音辨识最为重要。简单说来,F1 和 F2 频率的不同能大致对应不同的元音,F1 反映舌位高低,F2 反映舌位前后,所以传统的按照舌位高低前后安排的元音生理舌位图与共振峰的声学图有大致的对应关系。使用 F1 和 F2 的值,可以画出元音声学图。

由于元音 F1 和 F2 的值可以相对较为精准地进行测量和统计,利用元音的声学性质来描写元音是个操作更有效更方便的方法。我们以油岭瑶语为代表,将其 5 个舌面元音各选一些样本,选择样本的时候,确保声母为塞音(每个元音 20 个):

a	ɔ	e(ɛ)	i	u
遮 ɓa²²	扎 ɗɔ²⁴²	一"批"货 pɛ⁴⁴	嗜好 ʔi⁵¹	一"个"瓶子 tu²⁴²
咋 ɗa⁴⁴	一"匣"火柴 ɓɔ²⁴	秋"密"ɗɛ²²	腻 ʔi⁵¹	一"段"绳子 tu²²
榨 ta⁵¹	一"口"痰 pɔ²²	头儿 pɛ²⁴	"爱"国 ʔi⁵¹	捂 ʔu⁴⁴
一"抱"柴 ɓa²⁴	一"盒"粉笔 ɓɔ²²	唢呐 tɛ²²	嗅 ti⁵¹	煨 ɓu²⁴²
噎 ka²²	一"股"线 pɔ²²	四 pɛ⁵¹	区 ki⁴⁴	天气"闷"ʔu⁵¹
驮 ka⁴⁴	一"朵"云 pɔ²²	骗 kɛ⁴⁴	切 ki⁵¹	衰老 ku⁵¹
梭子 ta⁴⁴	一"叠"钱 pɔ²²	一"批"pɛ⁴⁴	掐 ti⁴⁴	燃 ɓu²⁴
裂 ɗa⁴⁴	一"撮"毛 pɔ²²	能 ɗɛ⁴⁴	旗 ki²⁴²	桥 ku²⁴²
架 ka⁵¹	窑 tɔ⁵¹	那个 tɛ⁵¹	骑 ki²⁴²	两"手"油 pu⁴⁴
加 ka⁴⁴	拖 tɔ⁴⁴	密集 ɗɛ²²	霉 ti⁵¹	九 ku²⁴
挤 ta⁵¹	婆婆 pɔ²⁴²	哄(欺骗)kɛ⁴⁴	麻木 ɓi⁵¹	够 ku⁵¹
瓜 ka⁴⁴	囊 ɓɔ²²	过 kɛ⁵¹	发霉 ti⁵¹	狗 ku²⁴
钉子"挂"衣 ka²⁴	捆 ɗɔ²⁴²	拐骗 kɛ⁴⁴	地 ti²²	钩子 ku⁴⁴
"登"山 ɓa²⁴	绑 ɗɔ²⁴²	渡 kɛ⁵¹	臭 ti⁵¹	沟 ku⁴⁴
搽 ta²⁴²	"扎"扫帚 ɗɔ²⁴²	布"密"ɗɛ²²	比 ɓi²²	孵 pu²²
白 pa²²	"拖"声唱 tɔ²²	布 ɗɛ⁴⁴	"提"意见 ti²⁴	蹲 ku⁴⁴
"下"马 gʰa²²	"拉"车 tɔ²²	"抹"石灰 pɛ⁴⁴	"爱"姑娘 ʔi⁵¹	草"毒"tu²²
"耙"田 pa²⁴²	"捆"柴 ɗɔ²⁴²	"滤"饭 kɛ⁵¹	"憋"不住 ɗi²⁴	"雍"种子 ʔu⁵¹
"隔"山 gʰa²²	"敷"药 ɓɔ²²	"过"日子 kɛ⁵¹	"寄"信 ki²⁴²	"都"是 tu²⁴²
"打"鼓 ɗa²⁴	"倒"米 ɗɔ⁵¹	"串"寨子 kɛ⁵¹	"忍"住笑 ɗi²⁴	湖 ʔu²⁴²

　　用 Praat 软件测量各样本的 F1 和 F2 的值,在此基础上分别求得每个元音 20 个样本的 F1 均值和 F2 均值如下(单位为 Hz):

	F1	F2
a	839.19	1 305.88
ɔ	501.71	878.90
e	524.94	2 196.01
i	307.86	2 567.54
u	369.36	822.65

　　为了对应传统的元音舌位图,我们用"XY 散点图"来反映上述参数,得出油岭瑶语元音声学图:

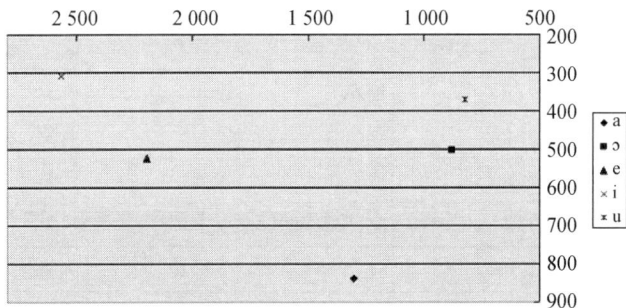

　　图中横轴为 F2 的值,纵轴为 F1 的值,单位均为 Hz。每个元音均用不同样式的小图标来表示,纵轴的右边是各元音与图标的对应说明。

　　由于实际话语中的共振峰频率并不这么直接简单地对应舌位,还有某些其他因素在起作用。所以该图只能大致反映藻敏瑶语各元音的性质及其相互关系,通过该图可以理清楚藻敏瑶语各元音调音器官(舌头、嘴巴、嘴唇等)的活动和因此导致的语音性

质之间的基本关系,比如:

1. e 的舌位偏低且偏后。

2. 前低元音 a 的舌位略微靠后。

在第二章的音系描写中,本书用传统方法对油岭和莽山的声调加以描写,并结合实验的手段,通过语图比较分析等,描写了声调变体的差异。下文以油岭瑶语为代表,对声调的主要载体——基频做"标准化"的处理,通过藻敏瑶语声调实验得出的声调曲线图进一步反映藻敏瑶语声调的基本面貌。

实验仪器及软件:IBM X200 Tablet 笔记本、M-audio firewire solo 外置声卡、铁三角 ATM - 73A 卡农口话筒;Parrt 语音分析软件。实验算法:Lz-score。具体方法和步骤为:

1. 选取样本。

从油岭瑶语中的每个声调选择 20 个样本。选取的原则为:

(1) 每个样本均为单音节。

(2) 必须是该语言中的自然语素或者词。

(3) 尽量选择韵母为 i 或者 a 的样本。

本实验的样本为:

6	3	2	8
捏 na²²	"抓"痒 ɓa²⁴	变"皱"ɗu²⁴²	鱼"滑"ɡʼut²
抓 na²²	"摘"猪菜 fu²⁴	"张"嘴 ŋa²⁴²	一"瓣"蒜 tap²
地 ti²²	爪 va²⁴	"涂"油 ta²⁴²	楔子 ɗut²
一"门"亲 hi²²	一"盘"绳子 ɓa²⁴	"刷"灰 ta²⁴²	拾 sut²
一"段"树 tu²²	一"排"椅子 ɓai²⁴	"试"刀锋 si²⁴²	塞 ɗut²
噎 ka²²	一"打"铅笔 ɓa²⁴	皱 ɗu²⁴²	平滑 ɡʼut²
泻 la²²	丑 vu²⁴	一"炉"火 lu²⁴²	糯 ɓut²

6	3	2	8
夏 ha^{22}	手"抓"饭 va^{24}	一"颗"星 tu^{242}	鸟"停"住了 hup^2
涂改 va^{22}	烧 ɓu^{24}	一"层"皮 pi^{242}	毛衣"刺"人 ɗup^2
太稀薄 hu^{22}	搔 ɗi^{24}	煨 ɓu^{242}	路"滑" ɡut^2
排列"二" ȵi^{22}	缺 kum^{24}	牲口圈 ju^{242}	酱 lap^2
爬行 lu^{22}	骂 ma^{24}	旗 ki^{242}	见 pat^2
墨 ma^{22}	九 ku^{24}	皮肤"皱" ɗu^{242}	急 kit^2
瞄 ɓi^{22}	假 ka^{24}	耙 pa^{242}	滑 ɡut^2
描 va^{22}	狗 ku^{24}	南 nam^{242}	擀 ŋat^2
麦 ma^{22}	福 fu^{24}	跨 ka^{242}	腐朽 jup^2
比 ɓi^{22}	肺 fi^{24}	久 lu^{242}	发 fat^2
卡 ka^{22}	猜 ɗu^{24}	寄 ki^{242}	不"见"地 pat^2
画 va^{22}	登 ɓa^{24}	发痧 sa^{242}	逼 ʔap^4
核 ha^{22}	除 tsu^{24}	搭 ta^{242}	把所晒衣服"收"起来 sut^2

7	1、4	5
戌 hut^4	已 ji^{44}	榨 ta^{51}
笑话 tut^4	一"只"羊 tsa^{44}	有次"把" ɓa^{51}
瞎"摸" fat^4	一"位"客人 na^{44}	用力"挤" ta^{51}
吸收 tit^4	一"匹"马 tsa^{44}	一"支"笔 ɓa^{51}
吸附 kip^4	一 ʔa^{44}	一"张"桌子 tu^{51}
头发"乱" ɗut^4	捂 ʔu^{44}	一"挺"机枪 ɓa^{51}
软 map^4	驮 ka^{44}	嗅 ti^{51}

7	1、4	5
七 hut⁴	巴 hi⁴⁴	消息 hi⁵¹
屁 ɓut⁴	书 su⁴⁴	戊 mɔ⁵¹
皮 ɗip⁴	坐 hɛ⁴⁴	天气"闷"ʔu⁵¹
直 tsit⁴	字 su⁴⁴	剃 hi⁵¹
亿 jit⁴	一"角"钱 kɔ⁴⁴	蹄子 ɗi⁵¹
小气 tsup⁴	吓唬 ha⁴⁴	丝 si⁵¹
吞 kut⁴	烫(菜)lu⁴⁴	嗜好 ʔi⁵¹
揩 kat⁴	一"天"nai⁴⁴	生"气"hi⁵¹
和 kap⁴	石 ju⁴⁴	人很"挤"ta⁵¹
喝 hup⁴	区 ki⁴⁴	怕 jia⁵¹
剁 tam⁴	咳 ʔɔŋ⁴⁴	麻木 ɓi⁵¹
出 sɔt⁴	厚 hu⁴⁴	架 ka⁵¹
鳖 ɓiat⁴	硌 lu⁴⁴	挤 ta⁵¹

2. 录音采样

由于 Lz 归一化采用个人归一方式,因此本实验只选择一个发音人(唐大不)为实验对象,对以上样本进行高质量、高保真的录音,每个样本录音形成一个 wav 文件。

3. 提取数据

用 Praat 软件打开每个实验样本,测量声调时把不承载声调信息的声母部分排除在外,声调的起点从韵母的起点算起,提取整个韵母部分的数值,具体操作是选择第二个周期波的开始点至最后一个有规则的周期波的结束点,以该段为有效段。提取数据包括两种:音长数据和基频数据。整个有效段的时长为该声调的音长,舒声调取 11 个百分点对应音长和基频数据,即 0％、10％、20％、30％、40％、50％、60％、70％、80％、90％、100％,促声调取 6 个百分点对应的数据,分别为 0％、20％、40％、60％、80％、100％,再将降调末尾上升段的点值去除,曲折调的最后一个点值也去除。确保各点的基频值和音长值一一对应。

4. 数据加工

分别求出每个声调 20 个样本各取点的基频值均值和音长值均值,列表如下:

声调	0％	10％	20％	30％	40％	50％
8	111.75		116.04		116.98	
6	109.97	116.64	117.11	116.44	115.46	114.71
3	101.79	103.72	104.47	107	111.46	121.25
2	143.89	155.59	170.32	182.82	190.66	190.86
7	137.31		144.43		151.7	
1、4	109.55	116.47	122.12	126.85	131.28	135.85
5	142.98	148.48	151.8	151.96	149.23	143.91
声调	60％	70％	80％	90％	100％	
8	116.58		115.87		108.99	
6	113.88	113.07	112.12	110.11	106.64	
3	133.71	146.51	154.41	159.63	158.16	
2	183.02	166.81	145.72	123.53		
7	159.77		166.81		164.79	
1、4	140.17	143.21	143.75	141.27	136.49	
5	136.53	127.87	117.64	105.48		

声调	10%	20%	30%	40%	50%
8		25.74		51.48	
6	28.327	56.654	84.981	113.308	141.635
3	29	58	87	116	145
2	25.76	51.52	77.28	103.04	128.8
7		22.99		45.98	
1、4	26.195	52.39	78.585	104.78	130.975
5	19.615	39.23	58.845	78.46	98.075

声调	60%	70%	80%	90%	100%
8	77.22		102.96		128.7
6	169.962	198.289	226.616	254.943	283.27
3	174	203	232	261	290
2	154.56	180.32	206.08	231.84	
7	68.97		91.96		114.95
1、4	157.17	183.365	209.56	235.755	261.95
5	117.69	137.305	156.92	176.535	

在以上基频均值表的基础上,求其对数,各声调各百分点的对数值为:

声调	10%	20%	30%	40%	50%
8	2.058 65	2.064 61	2.066 81	2.068 11	2.067 67
6	2.066 85	2.068 59	2.066 1	2.062 43	2.059 6
3	2.015 86	2.018 99	2.029 38	2.047 12	2.083 68
2	2.191 98	2.231 27	2.262 02	2.280 26	2.280 71
7	2.147 09	2.159 66	2.171 7	2.180 99	2.191 37
1、4	2.066 21	2.086 79	2.103 29	2.118 2	2.133 06
5	2.171 67	2.181 27	2.181 73	2.173 86	2.158 09

声调	60％	70％	80％	90％	100％
8	2.066 62	2.066 33	2.063 97	2.055 15	2.037 39
6	2.056 45	2.053 35	2.049 68	2.041 83	2.027 92
3	2.126 16	2.165 87	2.188 68	2.20^{31}1	2.199 1
2	2.262 5	2.222 22	2.163 52	2.091 77	2.030 07
7	2.203 5	2.214 66	2.222 22	2.223 21	2.216 93
1、4	2.146 66	2.155 97	2.157 61	2.150 05	2.135 1
5	2.135 23	2.106 77	2.070 56	2.023 17	1.970 3

在上表的基础上,我们求得所有对数值的均值为 2.107 07,标准差为 0.078 31。

5. Lz-score 运算

朱晓农(2004)讨论了六种归一化的方法,认为从统计方法、采样点选取、频域确定、音高与听感等多方面论证,Lz-score 法最好,其运算公式为:

$$Z'_t = \frac{y_i - m_y}{S_y}$$

其中,y_i 为各点的对数值,m_y 和 S_y 分别是原始 F0 的对数均值和标准差。

本书由此得出 Lz 值如下:

声调	10％	20％	30％	40％	50％
2	−0.542 2	−0.497 5	−0.516 5	−0.550 4	−0.889 8
22	−0.513 6	−0.491 3	−0.523 2	−0.57	−0.606 2
24	−1.164 7	−1.124 7	−0.992	−0.765 6	−0.298 7
242	1.084 24	1.585 88	1.978 64	2.211 5	2.217 31

声调	10％	20％	30％	40％	50％
4	0.671 48	0.943 83	1.231 27	1.470 39	1.402 83
44	−0.521 7	−0.259	−0.048 3	0.142 08	0.331 85
51	0.615 53	0.947 49	0.953 33	0.852 79	0.651 48
声调	60％	70％	80％	90％	100％
2					
22	−0.646 4	−0.686	−0.732 8	−0.833 1	−1.010 7
24	0.243 79	0.750 78	1.042 03	1.226 4	1.175 1
242	1.984 7	1.470 39	0.720 8	−0.195 4	
4					
44	0.505 45	0.624 44	0.645 31	0.548 8	0.357 91
51	0.359 54	−0.003 9	−0.466 3	−1.071 4	

6. 绘制声调曲线图

将每个声调每个百分点的基频 Lz 值与音长值对应,用 xy 折线图的形式表现出来,其中 x 轴的音长值,y 轴为其相应点的基频 Lz 值,由此绘制声调曲线图如下:

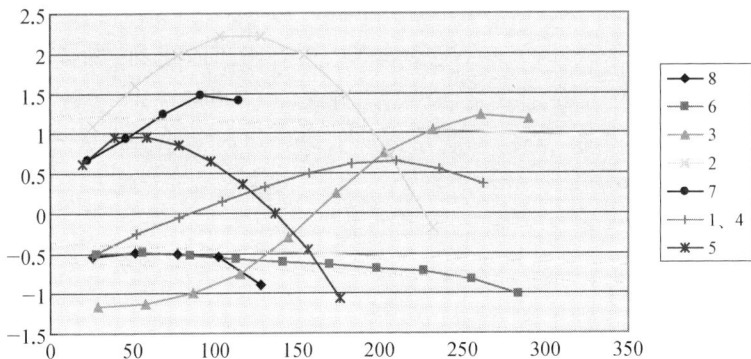

通过以上声调曲线图,我们认为:

(1)油岭瑶语有 5 个舒调、2 个促调。舒调中,两个降调:第 5 调是直降调、第 2 调是升降调;两个平调,第 6 调和第 1、4 调;一个升调,第 3 调。

(2)第 1、4 调在以往报告和本书的音系描写中都记成 44,但从实验结果来看,其调值要低于 44。由于该调有一个上升调的变体,所以图中呈现略微上升趋势。

(3)第 6 调有略微下降的趋势。

(4)第 7 调基本调型呈现上升趋势,尾端微降。

(5)第 8 调有较长一段呈现平调,调尾下降。

接下来,我们分节来讨论藻敏瑶语的清鼻音、内爆音、j-声母和连读变调。

二、清 鼻 音

苗瑶语诸多语音类型里,清鼻音算是特点之一。古苗瑶语有清鼻音声类,很多现代苗瑶语方言中也都有清鼻音存在。瑶语为苗瑶语的瑶语支语言,分为勉、金门、标敏、藻敏四个方言。过去绝大多数学者认为现代瑶语藻敏方言中没有清鼻音:王辅世、毛宗武(1995)和毛宗武(2004)论述藻敏瑶语语音特点时提到"古苗瑶语清鼻音声类的反映形式是浊鼻音";李云兵(2009)认为"藻敏方言没有清鼻音声母",赵敏兰指出"勉话(除了长坪土语)、标敏(除了石口土语)语音系统里有清鼻音声母,特别是标敏,有些汉语借词其他方言都读作浊声母了,它仍然按清声母借入。金门基本上消失了清化成分,藻敏全部消失了清化成分,所以这两种方言里的汉语借词也没有清鼻音声母",只有极个别学者提到油岭瑶语极少数几个词里有清鼻音 m̥、ŋ̊ 作声母(巢宗祺、余伟文,1989)。

　　藻敏瑶语有些土语确实没有清鼻音声母,如莽山瑶语和盘石瑶语。但是笔者调查广东连南油岭、大坪、南岗和军寮这四个土话中都发现了清鼻音。例如:n n̥³¹ tin̥⁵¹ 窝火、n n̥²⁴² 牛、m m̥²² 帽、ʔa⁴⁴ lɛm⁴⁴ mm̥⁴⁴ 故意。清浊鼻音差异的判定有几种渠道,最可靠的方法是用气流仪做鼻流实验。另外,清浊鼻音在语图上也会有明显差异。张梦翰(2011)提出用 Matlab 语音信号分析组图判断清浊鼻音的方法。笔者发现藻敏瑶语的清浊鼻音在 EGG 实验图中也有些差异。下面将从这四个角度证实藻敏瑶语清鼻音的存在。

　　1. 鼻流实验

　　"牛"在藻敏瑶语的油岭、大坪、南岗和军寮瑶语中的读音是一致的,均为 nn̥²⁴²。笔者于 2010 年 7 月在广东连南对其中三个土话的"牛 nn̥²⁴²"做了鼻流实验,下为鼻流实验图:

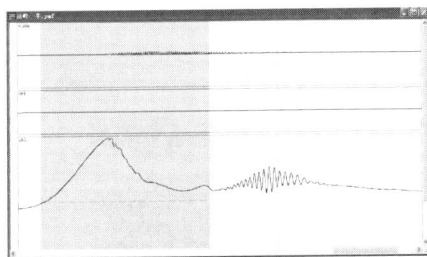
油岭 nn̥²⁴² 牛

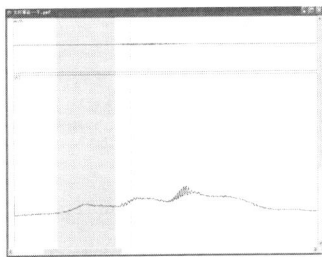
大坪 nn̥²⁴² 牛

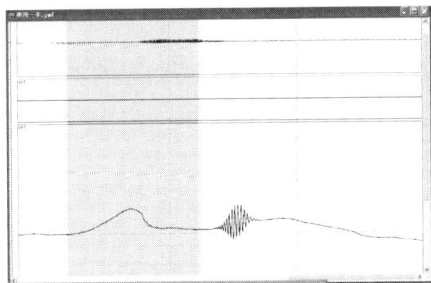
南岗 nn̥²⁴² 牛

图中 audio 为声波图,ch1 为口流图,ch3 为鼻流图,ch2(口压)和 ch4(鼻压)都设置了隐藏。上述三个音在发音时都基本没有口流,却有强烈鼻流,说明这是三个鼻音。每个音的前段都有一个凸起的平滑拱形(有色段),不像后半段那样呈现类似 sine 的周期波。类似 sine 的周期波是声带振动导致的,声带一开一合会导致鼻流一强一弱,所以鼻流图就相应呈现一上一下的波动。拱形说明有较强的鼻流,拱形为平缓曲线,没有类似 sine 的周期波,说明声带没有振动,是个清音。这说明,油岭、大坪、南岗三个点的"牛"均为清鼻音。

2. 语图分析。

为了更好说明清鼻音的语图特征,本书用清浊鼻音对比来加以证明,用南岗瑶语同一发音人所发的同部位音节性普通鼻音"端午 nn⁴⁴ ŋɔ³¹ ni⁴⁴"和清鼻音"牛 nn̥²⁴²"进行比较,下为二者的语图,标灰处为鼻音声母段(此为笔者 2009 年在广东连南南岗千年瑶寨的录音):

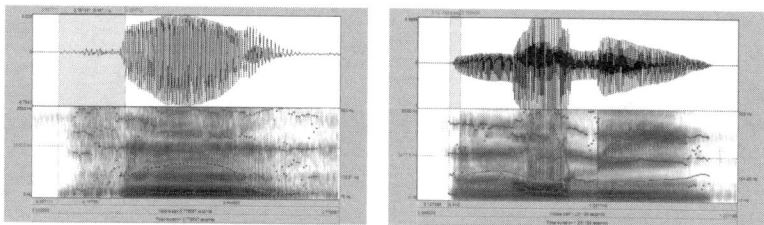

南岗 nn̥²⁴² 牛   南岗 nn⁴⁴ ŋɔ³¹ ni⁴⁴ 端午

以上左右语图的鼻音声母段有着明显的差异:

① 左图鼻音共振峰模糊且不稳定,右图几个共振峰都清晰明显。其中 F1 的差异尤为突出。

② 左图有明显的乱纹,说明伴随较强的气流摩擦。右图基本没有乱纹。

③ 左图在邻近元音处才有短时鼻音杠,右图在发音开始时就

有鼻音杠。

左图的鼻音共振峰极不稳定说明它不具备浊音的特征,明显的乱纹说明发音时鼻腔有大量湍流,这都证明左图 m̥m²⁴²牛是个清鼻音,其在邻近元音处的短时鼻音杠,是与后接元音协同发音的结果。

3. 语音信号分析。

用数学工具 Matlab 软件绘制语音信号图,主要是通过短时语音信号处理技术来判断清浊鼻音,由张梦翰(2011)年提出。该方法经过水语、苗语、藏语、彝语等多种语言验证确实有效。因此,我们将南岗瑶语中的眼睛"肿"mm³¹和蚊子"叫"mm²²进行语音信号分析:

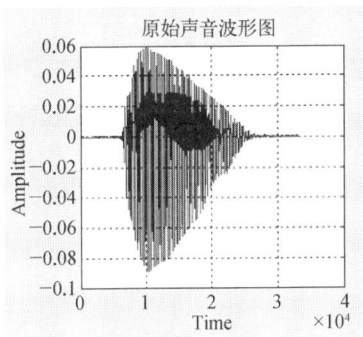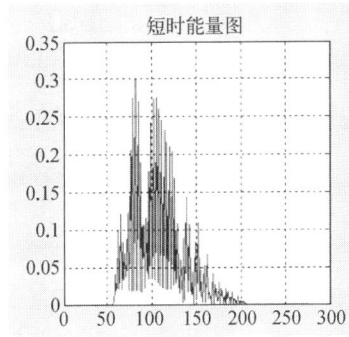

mm²² 叫

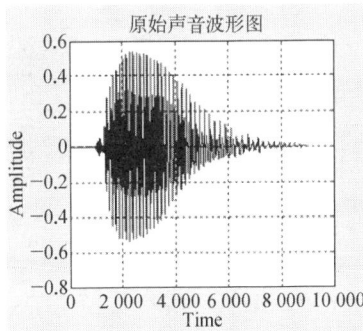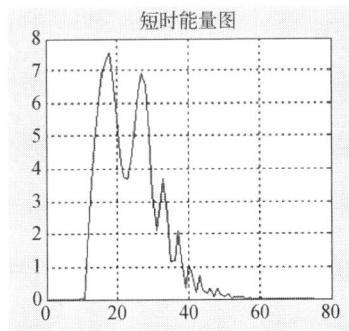

mm³¹ 眼睛"肿"

　　① 原始声音波形:横轴为采样点数,纵轴为声波幅度。上图最大振幅是 0.06,下图最大振幅约为 0.5,上图声波振幅明显小于下图。清浊音区别在于声带是否振动,浊音声带振动,所以振幅大。清鼻音声带不振动,这个极微弱的振幅应是气流通过鼻腔摩擦导致的。

　　② 短时能量:横轴是单位时长(帧);纵轴为每帧声波振幅值的平方。该图反映的是单位时长里振幅的大小和变化。上右图横轴在 50 处(发音起始处)突然升高,下右图横轴在 10 处(发音起始处)突然升高,两图斜率都较大、能量增幅大,这是鼻音的特征。发清鼻音时声带不振动,振幅较小,短时能量值也就相应更小,发浊鼻音声带振动,振幅较大,短时能量值也就相应更大。上图短时能量从零升高到 0.13 左右,之后短时能量迅速攀升到 0.3,下图短时能量从零升高到 7.5,短时能量比上图明显要大得多。单是上图短时能量值小、下图短时能量值大,已大体能反映出上图是清鼻音,下图为浊鼻音。此外,更重要的证据是,清鼻音与元音连接处声带突然振动,振幅猛然加大,短时能量值定会猛增。上图上升斜率相对下图要平缓很多,先是从零攀升到 0.13,到了辅音和元音连接处

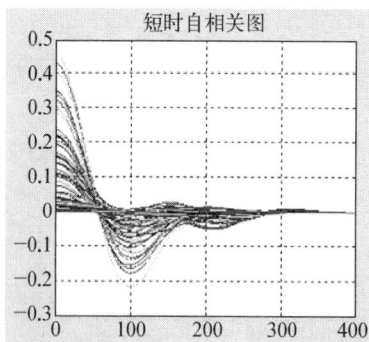

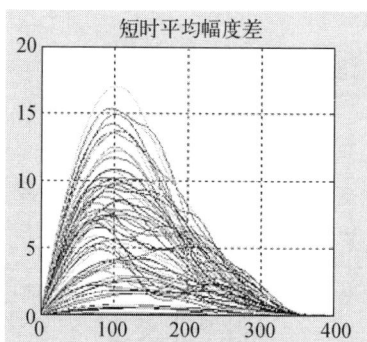

$\underset{\text{?}}{\text{m}\dot{\text{m}}}^{22}$ 叫

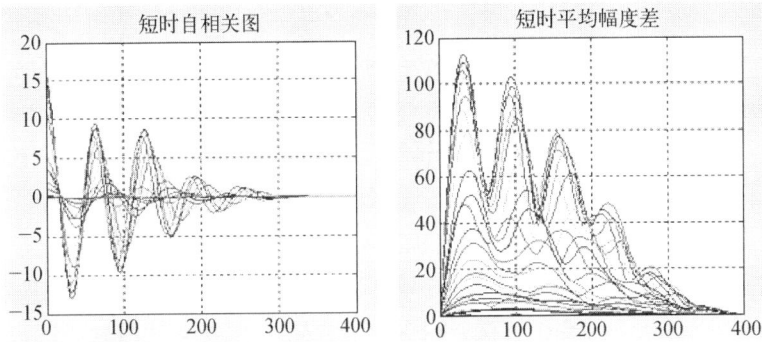

短时自相关图　　　短时平均幅度差

mm³¹眼睛"肿"

(图中竖线所标位置)才突然提升到 0.3,说明该图为清鼻音。发浊鼻音时声带振动,振幅较大,短时能量也大,所以辅音与元音邻近处振幅不会猛增。下图横轴在 10 处陡然升高,短时能量直接飙升到了该音最高值 7.5,短时能量在辅音段的斜率显然比上图更大、能量增幅大,为浊鼻音。

③ 短时自相关:反映单位时长间的声波相似度。横轴为每帧的采样点数;纵轴为每帧采样点振幅值和该帧的延时之间多个点的多个振幅值的乘积再求和所得数值。每个采样点往后延的时长不同形成每个采样点上的多个纵轴值,每根曲线为每一帧内的数值。短时自相关数值的变化反映的是声波的周期性。如果声波周期性强,采样点为波峰处时,每帧的纵轴值就会接近,从而多帧曲线叠加出一个波峰。如果声波周期性弱,即使采样点为波峰,每帧的纵轴值都不尽相同,多帧曲线呈现凌乱状态,不可能叠加出波峰。发清鼻音时声带不振动,声波振幅很小,所以各帧纵轴接近零,即使有个别帧呈现曲线,也不会呈现明显的周期性的波峰。比较上下两图,我们发现,上图在纵轴值为零左右的位置,有一层厚厚的粗线,这是多条线叠加起来呈现的结果,即多帧纵轴值叠加的结果,说明多数帧的纵轴都接近

零,即使有一些帧呈现曲线,也看不到下图那样明显呈现的多帧叠加的很规则的波峰,在 0 以上几乎没有峰值,是清鼻音。下图有三四个明显的峰值,周期性强,为浊鼻音。

　④ 短时平均幅度差:横轴为每帧中的采样点数,纵轴为每帧采样点振幅值与该帧采样点延后处振幅值的差值的总和。每个采样点往后延的时长不同形成每个采样点上的多个纵轴值,每根曲线为每一帧内的数值。短时平均幅度差的变化同样反映声波的周期性。如果声波周期性强,采样点为波峰处时,每帧的纵轴值就会接近,从而多帧曲线叠加出一个波谷。与短时自相关图一样,如果声波周期性弱,则不会出现波谷。发清鼻音时声带不振动,声波振幅很小,所以各帧纵轴值接近零,即使有个别帧呈现曲线,也无法出现多帧叠加的波谷。上图是一个单拱形,基本没有波谷,为清鼻音。下图每帧纵轴值形成一个明显曲线,叠加出波谷,为浊鼻音。

　除以上四个语音信号分析参数外,还有原始声音 FFT 和短时过零率这两个参数也能反映清浊鼻音的差异,由于以上四个参数足以说明问题,这两个参数图就不再赘述。但是下文将多次提到短时过零率,清浊鼻音的短时过零率图差异如下:发浊鼻音时声带振动,声波有周期性,所以在短时过零率图中会有稳定段,即有一小段短时过零率基本稳定在一个值上下,图中呈现较直的一段线条。清鼻音由于声带不振动,声波没有周期性,短时过零率图会缺乏稳定性,在图中会找不到稳定段。

　4. 喉头仪实验。

　喉头仪是通过检测发音时的开商和闭商值的差异反映喉部的声门开合状态。笔者在做 EGG 实验中偶然发现,清浊两类鼻音在发音初始段有明显差异。我们知道,浊音发音声带振动的性质可以确信声门应该呈现周期性的开合。而清鼻音由于初始段声带的状态和浊音不同,实验结果迥异。如:南岗瑶语"帽"m̥m²² 和"骂

ma^{24} ",为证明此为清浊性质不同的鼻音,先列出语图:

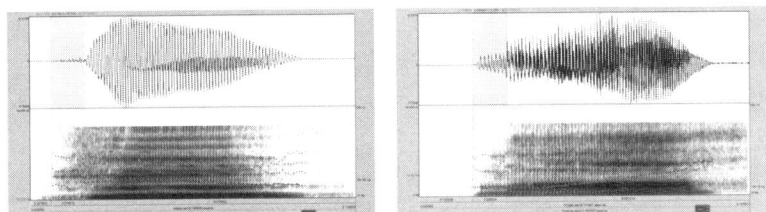

<table>
<tr><td>南岗 m̥m^{22} 帽</td><td>南岗 ma^{24} 骂</td></tr>
</table>

　　图中标红段为鼻音声母部分,左图邻近鼻音处才有短时鼻音杠,右图在发音初始就有鼻音杠;左图有明显的乱纹,右图基本没有乱纹。左为清鼻音声母,右为浊鼻音声母。以下是两音的 EGG 实验图:

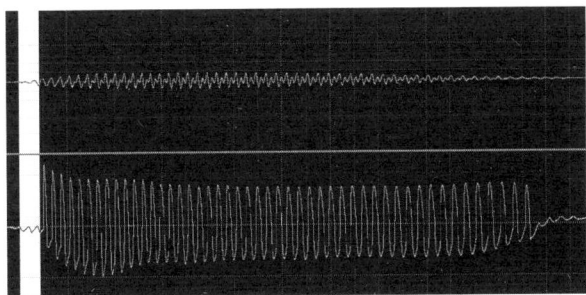

南岗 m̥m^{22} 帽

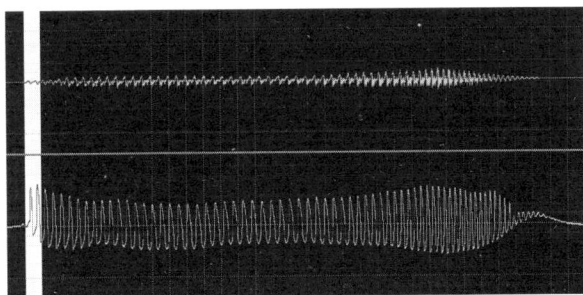

南岗 ma^{24} 骂

　　每图的上半段为声波信号,下半段为 EGG 信号。两图差异表现在白色段,即鼻音声母初始段。上图声波信号的前两个周期 EGG 信号很小,两个周期后陡然增大,开始呈现周期性。下图声波信号始端的 EGG 信号就很强,一直呈现周期性。

　　至此,藻敏瑶语的清鼻音已经得到证实。在用 Matlab 对清鼻音做语音信号处理分析过程中,笔者发现在藻敏瑶语中竟然有两类不同的清鼻音,语音信息分析呈现出不同的特点。

　　国外学者主要把清鼻音分为两种:一种以缅甸语为代表(Masatake Dantsuji,1984),这类音鼻辅音段没有浊音杠,在邻接元音的过渡部分才出现短时的浊音杠,中国境内的藏语和水语的清鼻音就属于这种。但辅音与后接元音之间没有浊音,而是一段呼气音,如下图所示:

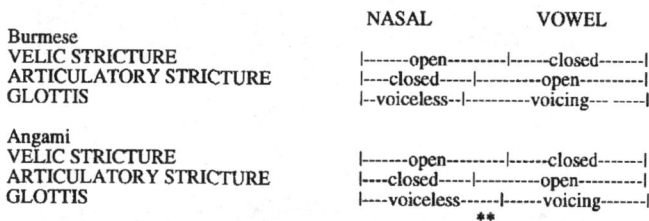

```
                                        NASAL              VOWEL
Burmese
VELIC STRICTURE                  |------open---------|------closed------|
ARTICULATORY STRICTURE           |----closed-----|----------open----------|
GLOTTIS                          |--voiceless--|----------voicing--- -----|

Angami
VELIC STRICTURE                  |------open---------|------closed------|
ARTICULATORY STRICTURE           |----closed-----|----------open----------|
GLOTTIS                          |----voiceless------|------voicing------|
                                                  **
```

Figure 5. Overlap of glottal vibration (voicing) with velum opening and the release of the articulatory stricture in Burmese and Angami voiceless nasals. ** indicates the aspirated portion.

　　藻敏瑶语里有上述以缅甸语为代表的第一类清鼻音,如上文例举南岗瑶语的"牛 n̥n²⁴²",图中鼻辅音段没有浊音杠,只在邻近元音的过渡部分才出现短时浊音杠。以 Angami 语为代表的那种清鼻音,在藻敏瑶语中没有发现。

　　第一类清鼻音在藻敏瑶语中主要出现于南岗瑶语的齿龈部位。这种清鼻音非常普遍,藏语和水语的清鼻音就属于这一类型。我们将该类的清鼻音用 Matlab 做语音分析,以南岗瑶语"牛 n̥n²⁴²"

为例,下图为该音的语图,标灰处为辅音段,语图下的图为该音辅
音段的语音信号分析组图:

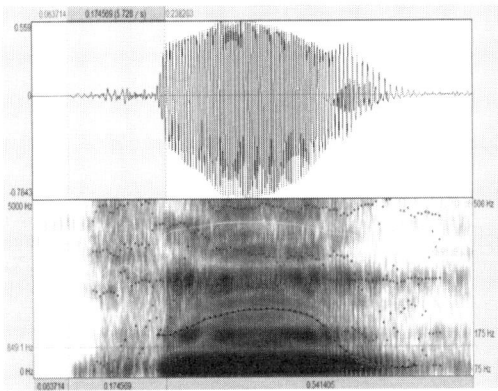

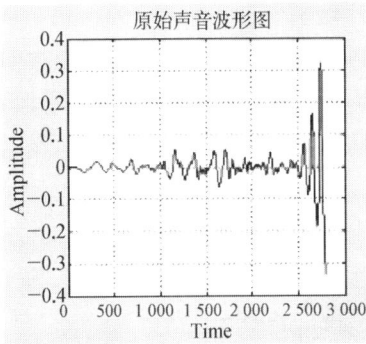

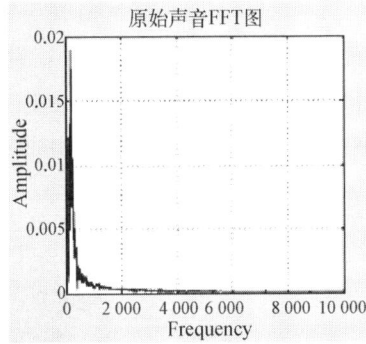

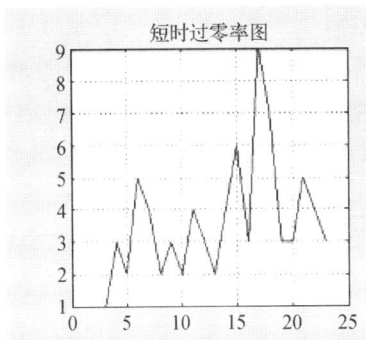

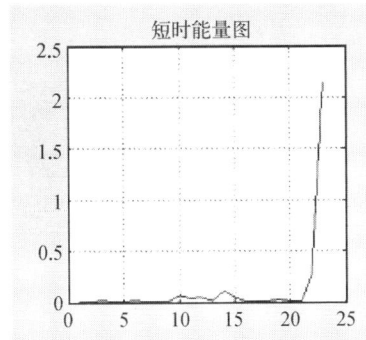

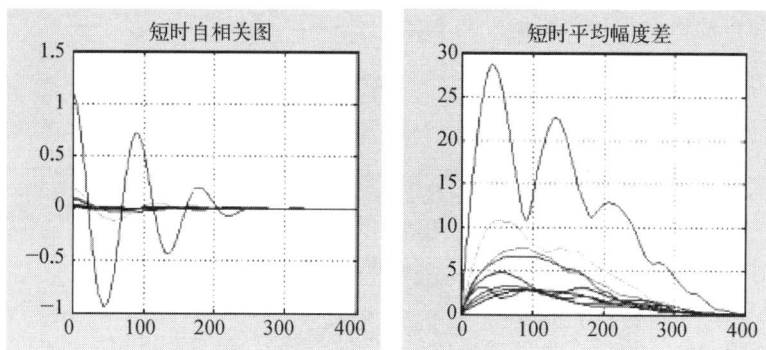

南岗 n̩n̩²⁴² 牛

　　为概括这类清鼻音语音信号分析组图的共同特征,在此以藏语的"早 ŋa"为例,同样截取其辅音段,用 Matlab 程序对其进行语音信号分析,并得出组图如下(左边系该音语图,标灰处为辅音段,右为该段的语音信号分析组图):

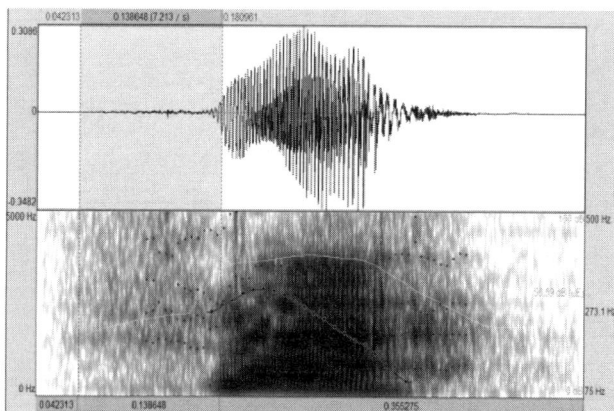

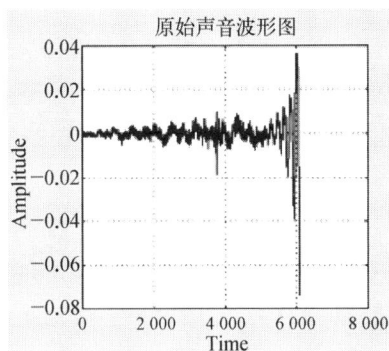

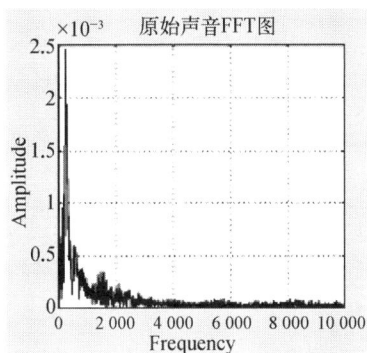

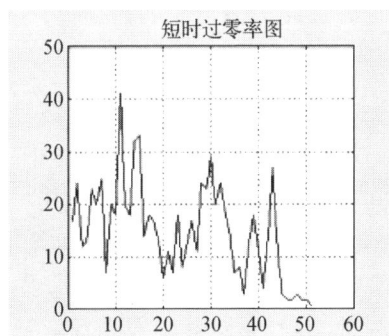

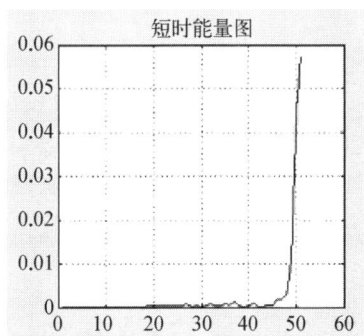

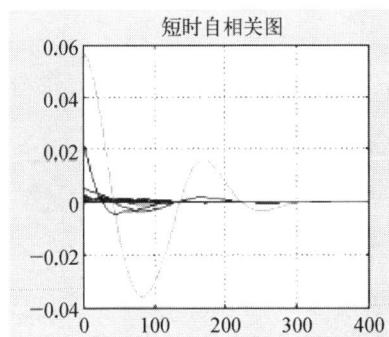

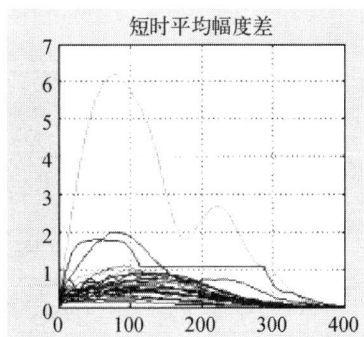

原始声音波形图

原始声音FFT图

短时过零率图

短时能量图

短时自相关图

短时平均幅度差

藏语 ŋa 早

　　比较上述瑶语和藏语例子,发现这类清鼻音的语图和语音信息分析图都呈现共同特征。

　　语图:鼻音共振峰极其不稳定,非常模糊;鼻音开始处有较长一段明显乱纹,波形图类似噪声;在邻近元音处才有短时鼻音杠。

　　语音信号分析图:在原始声音波形图中,该段的波形不是周期波,类似噪声状态;原始声音 FFT 图中,可以看到该段在4 000 Hz~8 000 Hz 都有能量存在,甚至在 8000 Hz 以上也有能量;在短时过零率图中,缺乏稳定段,说明该段没有周期性;短时能量图中,前段几乎是个平缓的直线,后陡然上升,斜率很大,是由于辅音截取的尾端包含了辅音和元音的过渡段所造成的;短时自相关图基本没有峰值,图像中的一个明显波形是由于辅音截取的尾端包含了辅音和元音的过渡段所造成的;短时平均幅度差中,没有明显波谷。

　　不过,藻敏瑶语还有种特殊的清鼻音类型,笔者尚未见到有关该类清鼻音的文献记录,这种清鼻音在藻敏瑶语普遍存在,大坪、油岭、南岗(双唇清鼻音)、军寮瑶语中都有不少例词。如:大坪瑶语的"午"(下图为其语图,标灰处为辅音段,语图下的图系该音辅音段的语音信号分析图):

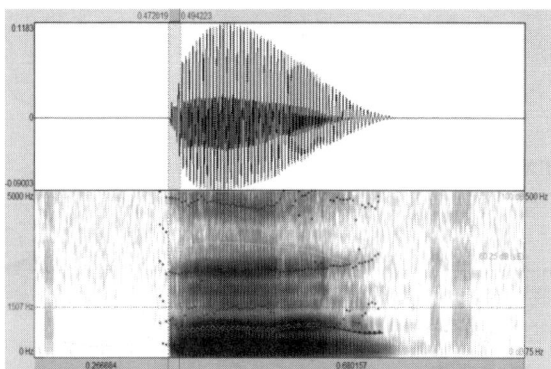

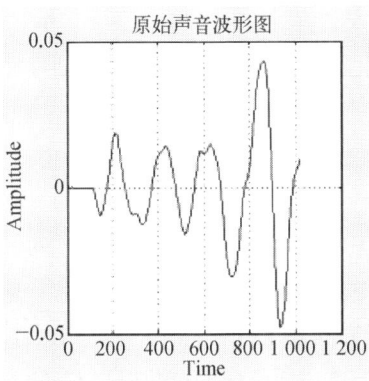

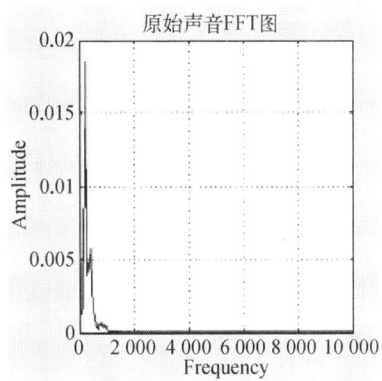

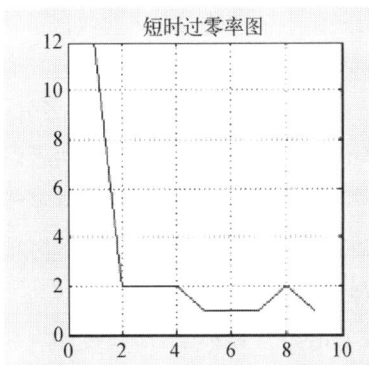

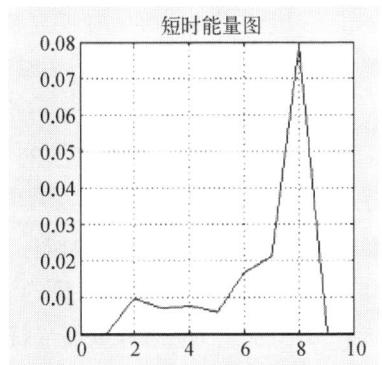

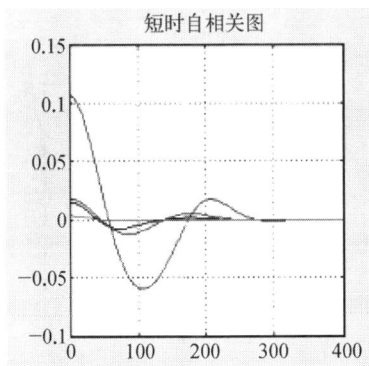

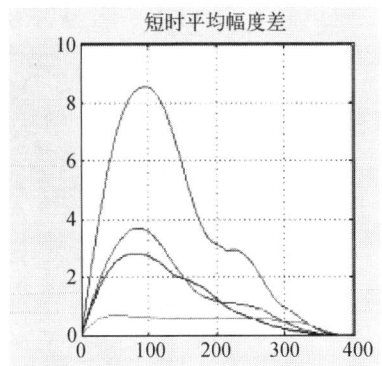

原始声音波形图
原始声音FFT图
短时过零率图
短时能量图
短时自相关图
短时平均幅度差

大坪午 ŋŋ[44]

与前述类型不同,该类清鼻音在语图上的共同特征:F1 和 F3
相对稳定一点;鼻音初始处没有明显乱纹,无类似噪声的波形;浊
音杠之前的清鼻音段非常短。

其语音信号分析组图也有着一致的特点:原始声音波形图中,波
形不是类似噪声的状态;原始声音 FFT 图中,可以看到该段在 4 000
Hz 及其以上能量极其微弱;在短时过零率图中,有稳定段,只是相对浊
音略短一些;短时能量图中,前段不如前一种清鼻音平滑,略微有一些
上下浮动,总体呈现能量略微上升。后陡然上升,斜率很大,是由于辅
音截取的尾端包含了辅音和元音的过渡段所造成的;短时自相关图基
本没有峰值。图像中的一个明显波形是由于辅音截取的尾端包含了辅
音和元音的过渡段所造成的;短时平均幅度差中,没有明显波谷。

可见,两类清鼻音在发音初始的鼻送气段有长短和强度的差异。
通过对两种清鼻音的整个音节的 Matlab 语音信号分析发现,两者最
主要的差异在于鼻送气这一特征是只限于清鼻音前段,还是贯穿于
整个音节。因此,为了便于比较,以同部位清鼻音为例,比较南岗瑶
语的"牛 nŋ²⁴²"(与藏语和水语的清鼻音一致的类型,简称普通型)和
大坪瑶语的"午 m̥ŋ⁴⁴"(藻敏瑶语特有的清鼻音特殊型,简称特殊型),
本书分别对两音的整个音节进行语音信号分析得出:

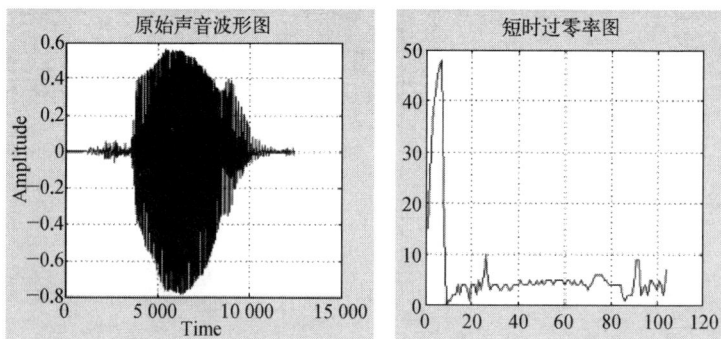

南岗 ŋ̥ŋ²⁴²牛(普通型)

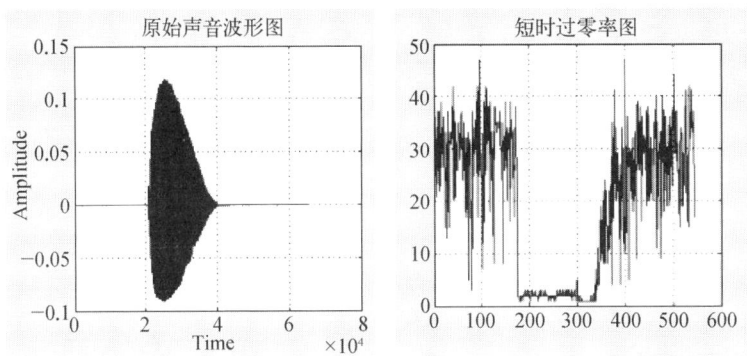

大坪 ŋŋ[44]午(特殊型)

二者差异明显:原始声音波形图,普通型在波形的最前端有一段类似噪声段,特殊型几乎没有;短时过零率,普通型除最开始有一个起伏外,基本呈现稳定段,特殊型只在中间有很小的稳定段,其余部分都极其不稳定;

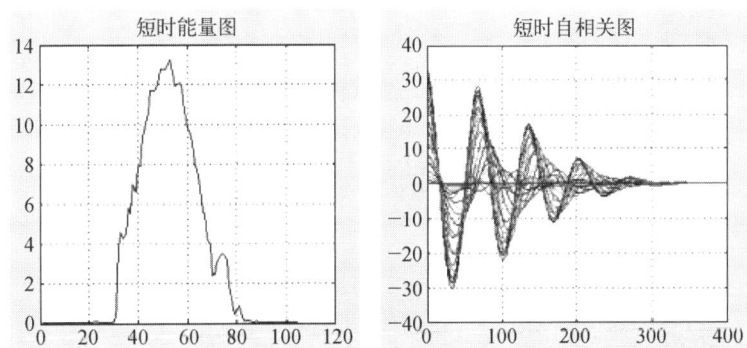

南岗 ŋŋ̩[242]牛(普通型)

短时能量,普通型能量呈现平滑上升和下降的曲线,特殊型上升段的斜率则比普通型大得多,十分陡峭,而且整个能量图都参差不齐,极不稳定;短时自相关,普通型呈现明显的几个峰值,特殊型相较而言没有明显的峰值;

短时能量图

短时自相关图

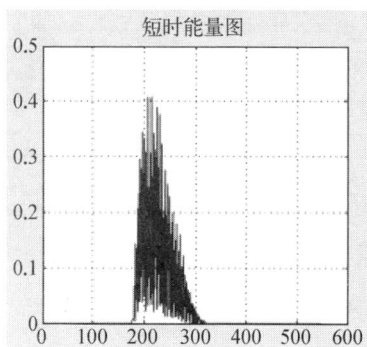

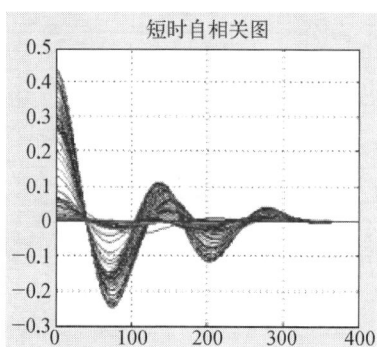

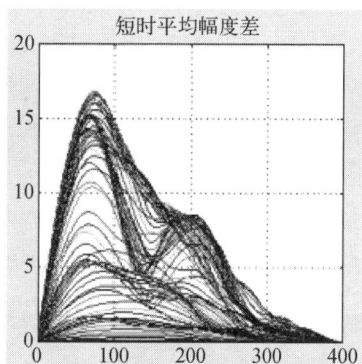

大坪 ŋŋ̩[44]午(特殊型)

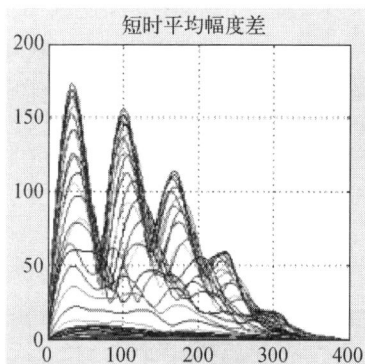

短时平均幅度差

短时平均幅度差

南岗 ŋŋ̩[242]牛(普通型)   大坪 ŋŋ̩[44]午(特殊型)

短时平均幅度差,普通型呈现明显的好几个波形,且有明显波谷;特殊型则总体呈现单拱形,波谷没有普通型明显。

我们所比较的两个词的韵母都是音节性的鼻音,音节的后一段声带都振动,普通型的清鼻音虽然送气较强,但韵母部分鼻子没有气流流出,语音分析的结果是有周期性的浊音。而特殊型的清鼻音虽然送气较弱,但韵母部分鼻子仍然有气流流出,周期性较弱、能量都极其不稳定,语音信号分析的结果缺乏周期性。这种差异更进一步说明它们的辅音段是两种不同类型的清鼻音。二者的主要差异：普通型的鼻送气成分在发音初期较强，后渐衰弱，在韵母部分已经没有鼻送气。特殊型的清鼻音在发音初期鼻送气成分相对不很强，但鼻送气持续时间较长，甚至贯穿整个音节。

上文举韵母是音节性的鼻音例字作比较，是为了排除不同元音差异的影响因素，为证明该差异的普适性，本书再列举一个韵母是普通元音的特殊型清鼻音。

与上文韵母是音节性鼻音的特殊型清鼻音一致，原始声音波形没有类似噪声段；短时过零率只在中间有很短的稳定段，整个音节过零率极其不稳定；短时能量参差不齐，上升斜率很大；短时自相

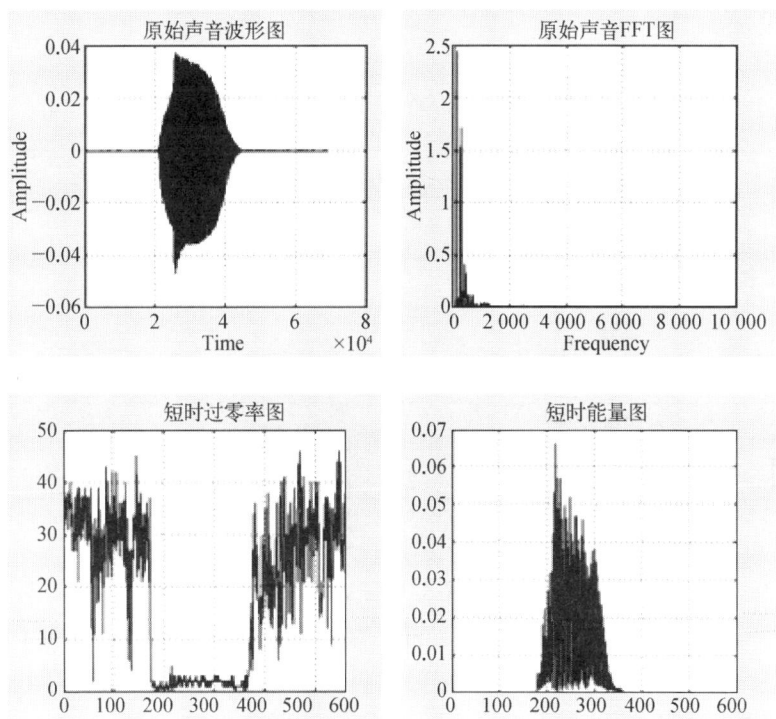

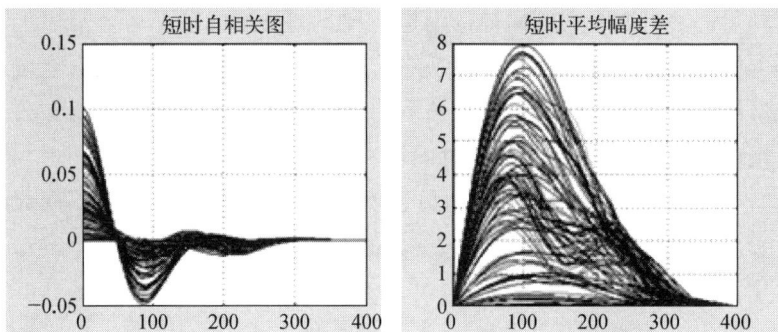

南岗 ȵu²² 要（钱）

关没有明显峰值；短时平均幅度差总体呈现单拱，波谷不如普通型凸显。可见清鼻音 ȵ 的鼻送气这一特征从清鼻音段开始，持续到后接元音 u，贯穿整个音节。

这两种类型的清鼻音在整个藻敏瑶语的分布情况为：

藻敏瑶语点	普通型清鼻音	特殊型清鼻音
南岗瑶语	+	+
油岭瑶语	−	+
大坪瑶语	−	+
军寮瑶语	−	+
盘石瑶语	−	−
莽山瑶语	−	−

从类型学角度看，鼻音中的清鼻音属于有标记类，有标记向无标记的演变，是重要的语言类型现象，藻敏瑶语中的清鼻音向浊鼻音的演变，正反映这个事实。可见，藻敏瑶语早期有清鼻音，由于自身演变和外在影响，有标记的清鼻音在逐渐向无标记的浊鼻音演变。莽山瑶民由于历史上受汉人影响，语言和文化上都更加主

动放弃本民族的特色,尽量学习汉人,所以莽山瑶语的清鼻音受当地汉语客家话影响现已浊化;盘石瑶语受周边壮语影响,也已浊化。南岗由于相对比较闭塞,民族习俗和语言上都保存较好,清鼻音浊化的速度相对慢很多,清鼻音保存得最好,且两类清鼻音都有。普通型清鼻音在藻敏瑶语中只见于南岗瑶语,其发音初始段的鼻送气成分比我国境内的藏语和水语等都要弱一些。调查中还发现,老年人的清鼻音保存较好,发音时鼻送气成分也略强。20多岁的年轻人,尤其经常在外务工人员已基本无清鼻音。上面讨论过的藻敏瑶语两类清鼻音中,特殊型是属于比较罕见的一类。

笔者推测:特殊型的清鼻音可能是从普通型清鼻音向浊鼻音演变的过渡阶段,即普通型清鼻音＞特殊型清鼻音＞浊鼻音。清鼻音的送气成分逐渐传递给整个韵母,而声母部分的送气成分减弱。但是听起来与普通的浊鼻音还有点不一样,所以还是归到清鼻音一类。最后,这个送气成分失去,就成了普通的浊鼻音。因为藻敏瑶语中的清鼻音大多属于特殊型的清鼻音,与普通型的清鼻音有比较大的差别,而与普通的浊鼻音却非常相似,这就是藻敏瑶语的清鼻音长期以来没被发现的重要原因。

三、内　爆　音

内爆音,老一辈学者曾经处理为先喉塞音,记作 ʔb、ʔd 等,赵元任(1928,1935),李方桂(1940),郑张尚芳(1988),陈忠敏(1995),吴安其(2002),朱晓农(2006)等人都对它作过深入的研究。

自内爆音的概念提出之后,陆续有中国境内发现内爆音的报告,但是瑶语的材料中,只有《瑶族勉语方言研究》(毛宗武,2004)和陈其光的调查中记有前喉塞音,其他几个大方言中都没有内爆音的记录。笔者在藻敏瑶语的广东连南土语群的五个语言点中都分别发现有内爆音，而在这之前的藻敏瑶语调查报告中它们通常被记作普通的浊爆音。

藻敏瑶语有一整套内爆音声母 ɓ、ɗ、ɠ、ɗz，其中 ɠ 的 VOT 时长相对 ɓ、ɗ 略短，软腭内爆音在 i 前舌位靠近硬腭。

前人普遍认为：内爆音的发音机制很特别，发音时喉头下沉、口腔和咽腔的容积增大，口腔内空气稀化、气压降低，除阻时口腔气压低于(或者等于)口腔外部气压，气流由外向内冲入，形成内爆音。浊爆音和内爆音的主要区别在生理和空气动力方面，可以用两种实验方法来区别，一是通过空气动力来测量，发内爆音在爆破的一瞬间是负气压或者零气压，普通浊音则是正气压。一是用语图来区别，成阻阶段的波形(振幅)随时间由小变大，而浊爆音是由大变小。此外，成阻阶段明显很长、振幅很大的也是内爆音。(朱晓农 2006，侯兴泉 2006)

以下是南岗瑶语内爆音语图示例，在爆破前都出现浊音横杠，基频曲线一直延伸到爆破以前，说明爆破以前声带已经在振动。同时，爆破前一段浊音的振幅渐大，这是内爆音的典型特征，因为发内爆音的时候喉头下沉，声门与收紧点的空间增大，气压减小，从而从肺部通过声门的气流得以增大，振幅也随之增大：

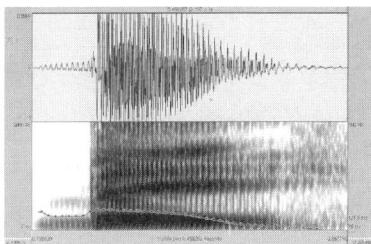 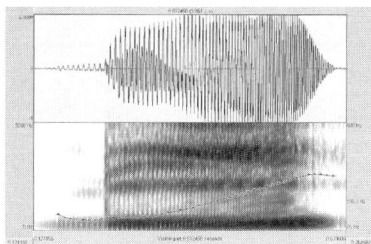

"梦"ɓe[51]　　　　　　　　"底，底下"ɗi[24]

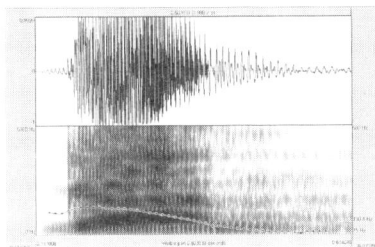 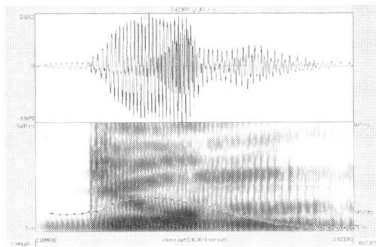

"缝(名词)"ɠɛm⁵¹ 　　　　　　　"泼,浇"ɗʐum⁵¹

　　内爆音中以唇音 ɓ 和齿龈音 ɗ 最为常见,软腭内爆音 ɠ 很少见,这是由空气动力学决定的。因为与唇和齿龈相比较,软腭离声门距离近,声带稍一颤动,软腭到声带的空间气压很快上升,大于声门下气压,使声带停止振动。

　　在 Maddieson(1984)的 317 个语言材料中,有内爆音的语言一共 32 个,其中 30 个有双唇音 ɓ,有软腭音 ɠ 的只有 5 个,国内目前只有吴语海盐话(张梅静,2009)报道过软腭内爆音 ɠ。龈腭内爆塞擦音 ɗʐ 更为少见,将上右图"泼,浇"ɗʐum⁵³ 的语图 VOT 部分放大(见下左图),可见 VOT 后半部分的波形不是很平滑,周期波的上面叠加着乱纹,说明后面是擦音,ɗʐ 目前也只见于张梅静报道的吴语海盐话。

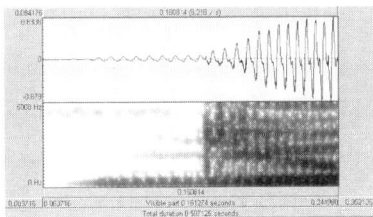 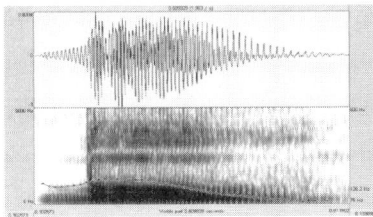

"泼,浇"ɗʐum⁵¹ 的 VOT 部分放大图　　　　"三" ɓʙu⁵¹

　　南岗瑶话中的 ɓ 在 u 前实际音值为变体 ɓʙ,可看见发音人嘴唇的明显颤抖。因为发 u 时,嘴唇的缝隙比较小,当强气流从口腔冲出的时候,由于伯努利效应会发生颤动。以下是 ɓʙ 的语图,就笔者所知,国内的语言调查报告中还没有发现有 ɓʙ 的报道:

这些特殊的内爆音的发现大大丰富了内爆音的种类。

为了核实藻敏瑶语中确有内爆音,我们进一步用仪器作了气压试验,以下得出了一些呈负气压和零气压的测量结果。下为气压图示例,Audio 是声波图,ch2 是气压图,发音人连发三次,前两次都是明显的负气压:

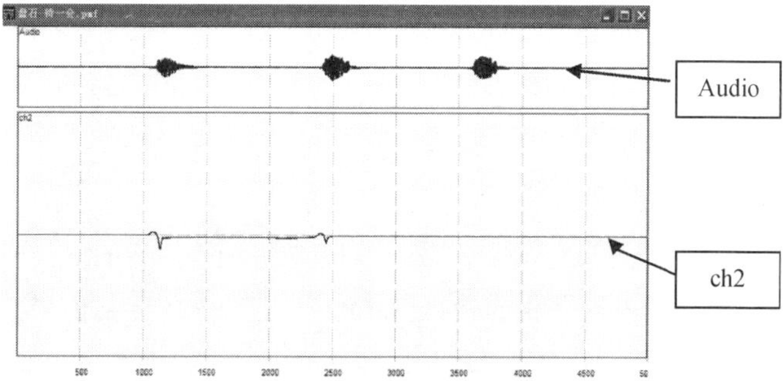

盘石瑶语　　“待”会儿 ɗaŋ²⁴

藻敏瑶语中不仅有内爆音这一语音类型,并且其内爆音十分丰富,整个连南藻敏土语群五个点都有内爆音,各个点都有双唇、齿龈、软腭三个部位的内爆音,莽山瑶语词汇中非首个音节也偶尔出现内爆音。软腭内爆音在 i 前有硬腭内爆音的变体,此外,还有特殊的颤唇的内爆音 ɓʙu 和带略带摩擦成分的龈腭内爆音 ɗʑ。目前学界普遍认为内爆音的主要表现特征为:语图上 VOT 段波形渐次增大,气压实验结果口腔气压为负压。Cun Xi(2009)提出内爆音也有零气压的情况,并给出了详细证据。也有一些学者质疑过内爆音语图上 VOT 段波形渐次增大不是绝对标准,笔者对藻敏瑶语的内爆音研究以及将之与藏语中普通浊爆音的比较分析中发现:

1. 多数内爆音符合 VOT 段波形渐次增大的特征,但还是有一些音例外,内爆音 VOT 段振幅走向是由喉部下沉导致的口压降低以及声带振动导致的口压升高的两个合力导致的气压值增速决定的,较为复杂。

2. 多数内爆音口压为负气压,但有个别内爆音呈现零气压、甚至正气压。

3. 内爆音和普通浊塞音的区别在于喉部明显下降导致的气流机制差异。

由于篇幅限制,本书不展开论述,留待以后单独撰文详细论证。

四、j- 声 母

上文提到,苗瑶语的瑶语支只有瑶语(勉语)一种语言,内分四大方言:勉、金门、标敏、藻敏。这些方言的名称即为说这种话的瑶族支系的自称,"勉"、"门"、"敏"都是"人"的意思。"藻敏"是八排瑶族的自称。关于该方言的命名,有过两种意见,一种称之"藻敏"(毛宗武、蒙朝吉、郑宗泽 1982;陈其光 1991;毛宗武 2004),一种称为"邀敏"(盘承乾 1988),不管是"藻"还是"邀",实际都是"瑶"的意思,其差异在于"瑶"这个音节的声母到底是近音 j-,还是塞擦音 dz 或擦音 z 之类。笔者在调查中发现,这个自称"藻"或者"邀"实则大有文章,该字声母实际是 4 个变体,包括特殊的语音类型,不仅有少见的龈腭塞擦内爆音,还有国际音标上空缺的龈腭闪音(因为该音目前没有国际音标,文中直接以闪音变体标示之)。下文以连南县南岗瑶语和油岭瑶语为例展开讨论。

排瑶自称"jau⁴⁴mɛn²⁴²/jau⁴⁴min²⁴²","mɛn²⁴²/min²⁴²"是"人","jau⁴⁴"是"瑶",该音声母在藻敏话声母系统中,应归入 j。关于 j声母,巢宗祺(1990)认为有些人发成龈腭浊擦音 ʑ,他还提到龈腭塞擦音变体 dʑ。我们调查发现,藻敏瑶语的 j 声母共有四个变体,分别是近音 j、擦音 ʐ、龈腭塞擦内爆音 ʄʐ 和龈腭闪音,巢宗祺早在 1990 年调查中就已经记录了三个变体,他所记录的龈腭塞擦音变体 dʐ 实则是两类:龈腭塞擦内爆音 ʄʐ 和龈腭闪音。下文以南岗瑶语为例,对这些音位变体进行比较研究。

近音和擦音的区别比较明显,擦音的收紧点主被动发音器官间的缝隙非常狭小,强气流从收紧点的窄缝中挤出,产生很大的湍流,有强烈的气流摩擦。近音的主被动发音器官收紧点间间隙比擦音要略大,所以气流得以平缓流出,无湍流,几乎没有气流摩擦。二者的差异在声波图中就可以明显看出,擦音的声波上有明显褶皱,而近音的声波则是一个平滑曲线,无褶皱。以下为这两个音位变体的语图,左边为该音的整个波形图,并将声母段大致用灰色凸显,右边则为声母段的放大图:

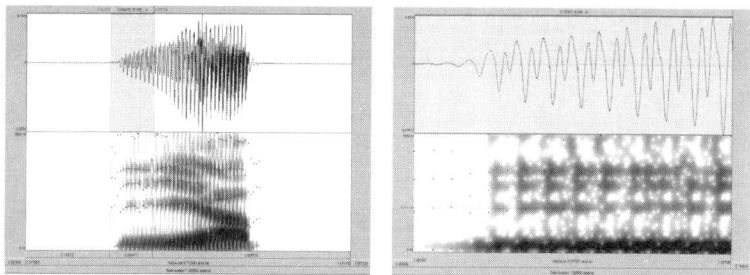

南岗—"刀"纸 j(j)iap[4]

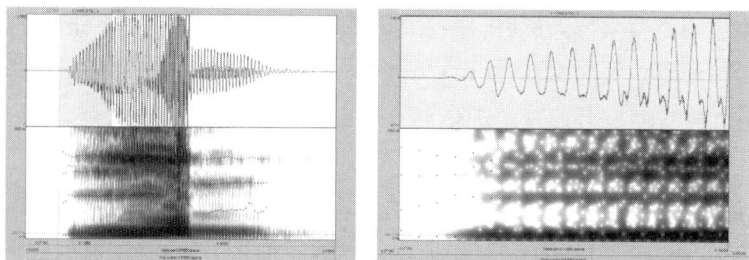

南岗钻(洞)j(ʐ)in[22]

比较两音声母段的放大部分(右图),我们会发现,上图的波形较为平滑,下图的波形不平滑,波形上有毛躁的边角起伏,类似皱褶。显然,一"刀"纸 jap⁴ 中是近音 j,钻(洞)jin²² 中是擦音 ʑ。

　　在擦音、近音和塞擦音三种音类里,与闪音听感区别最大的是擦音,似乎不需要通过实验来证明。因此,为了证明该闪音变体的存在,我们要将之与近音和塞擦音进行比较来说明其区别并辨别性质。首先,我们将之与近音 j 加以对比。那么,闪音与近音在语图上的差异是什么? 我们来看笔者语音类型库中一组闪音与近音语图:

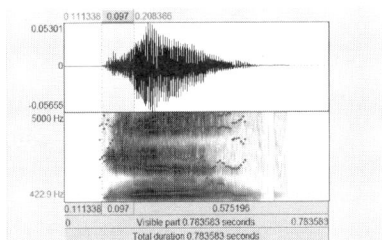 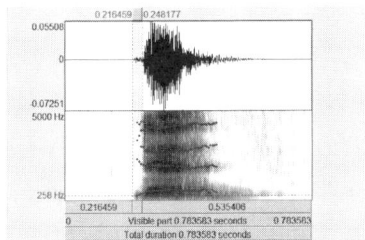

近音 ɹ　　　　　　　　　　　　　闪音 ɾ

　　比较闪音和近音的波形图和语图,不难发现:近音时长较长(0.097),闪音时长很短(0.32);近音振幅大(0.012)、闪音振幅小(0.004);近音 F3 和 F4 较为清晰,闪音的 F3 和 F4 模糊凌乱;近音后半段呈现元音性质、与后接元音界限不明显,闪音辅音特征明显、与后接元音有较为明显的界限。

　　南岗瑶语中的"添"饭读作 jam⁴⁴,以下为同一发音人的两次发音,一次为近音 j,一次为龈腭闪音,下为两次发音的语图(见下页):

　　左图声母段时间相对较长(16 毫秒),右图声母段时长相对较短(10 毫秒);左图振幅也明显大于右图;左图声母段的第三、四共振峰清晰且稳定,右图第三、四共振峰模糊凌乱;左图声母的后半

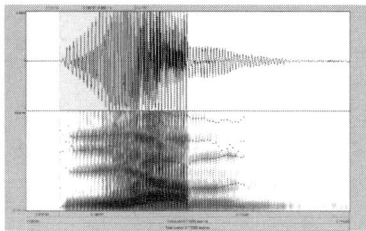

南岗 j(j)am^{44} "添"饭   南岗 j(闪音变体)am^{44} "添"饭

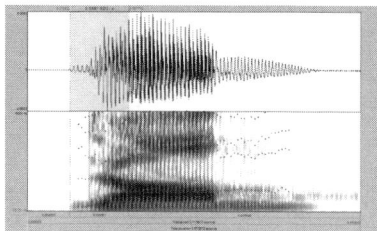

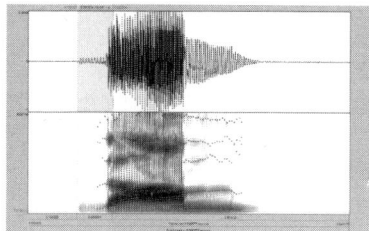

段呈现元音特征,所以声母段与后接元音的界限不明显。右图整个声母段都呈现较为明显的辅音特征,与后接元音段的界限较为明显。

　　与上文 ɻə 和 ɾə 的差异类似,左图毫无疑问是近音,右图应为闪音。闪音变体发音时长都很短,大致均在 5～15 毫秒间,略有塞音的听感。由于其略带塞音听感,为了确定其闪音性质,则必须要排除其为塞音的可能。为此,我们找到相同语音条件的塞音声母音节 ɗam^{44}(刺)与之进行对比,下为二者的语图,左为 j(闪音变体)am^{44} "添"饭,右为 ɗam^{44} 刺:

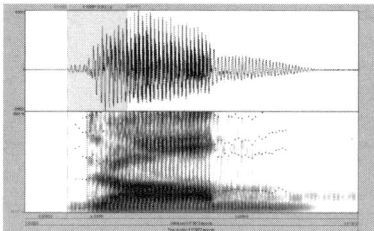

南岗 j(闪音变体)am^{44} "添"饭   南岗 ɗam^{44} 刺

两者差异主要表现为:左图共振峰相对比较明显,几乎在发音开始处就有共振峰显示,但右图只在接近爆破点、邻近元音处才有共振峰显示。这说明,左图有响音的性质,不是阻音。那么,左图既不是近音,又不是塞音,听感上略有塞感、又与近音互为变体,这样一个音只能是闪音。近音和闪音同为响音,可以互为变体。

为了确定该闪音变体的发音部位,笔者特意做了腭位实验,以下为油岭瑶语该闪音变体的腭位图:

腭位实验图表面,该音的发音部位在龈后,应为龈腭闪音,该音国际音标表尚未收录,但我们在藻敏瑶语中确已发现其存在。

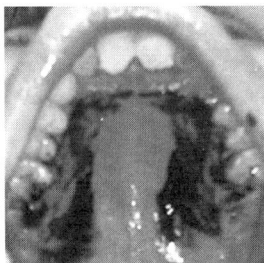

油岭 j(闪音变体)am^{44}"添"饭

我们说的"闪音"实际包括两种:flap 和 tap。朱晓农(2010)以 ɾ、ɽ 为例,把二者的区别论述得很清楚:

例子	主动器官	被动器官	舌头活动方向	
ɾ	舌尖	龈	上下,与被动部位垂直	tap
ɽ	舌下	龈后	后前,与被动部位相切	flap

二者差异在语图上表现:当后接元音为 a 时,tap 的 F3 下降,flap 的 F3 上扬,如:

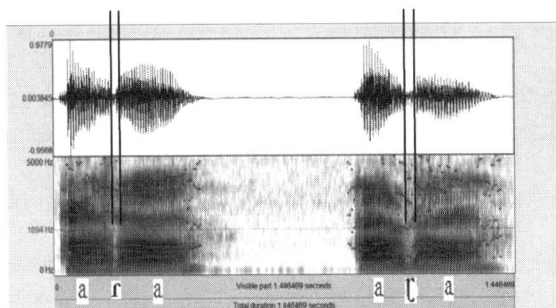

　　藻敏瑶语的龈腭闪音变体,后接元音为 a 时,F3 是下降的(见上文龈腭闪音变体语图),可见是一个龈腭部位的 tap。

　　巢宗祺早年的调查中,已经分辨出三个变体,近音一类、擦音一类,另一类他记录为塞擦音 dz。实际上,他记录的这第三类,又包括了两类,一类是上文论述过的闪音变体,另一类就是龈腭塞擦内爆音变体 ɗz。这两个变体读音十分相近,确实难以听辨,听感上只有细微差异,我们通过语图来进行比较,从而证实二者确为两个不同的音位变体:

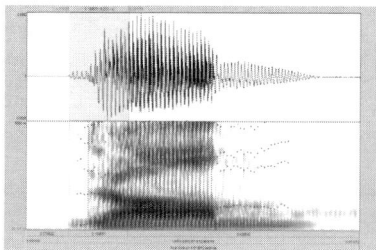

南岗 j(闪音变体)am⁴⁴ "添"饭　　　　南岗 j(ɗz)am²⁴ 荆棘

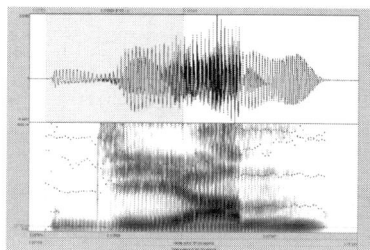

上述两图差异在于:左图声母段时长较短,仅为 10 毫秒,右图声母段时长甚至比上文提到的近音 j 还要长得多,达到 30 毫秒;左图第三、四共振峰极不稳定,右图第三、四共振峰的稳定程度虽然不及近音,但是相比左图稳定得多,第四共振峰尤其明显;左图缺乏明显的冲直条,而右图冲直条十分明显,冲直条前有一段很长且十分显著的浊音杠,说明这是个浊音。声母段时长、F3 和 F4 的稳定程度、冲直条的显著程度,这三者的差异表明,这确是两类不同的变体。我们将右图 VOT 段标灰(见下页):

　　可以看到其 VOT 值约为 11 毫秒,其 VOT 段时长几乎超过左图整个声母段的时长,而且振幅比一般的塞音明显偏大,根据《内爆音》一文中提出的判断内爆音的标准中的第三条(朱晓农 2006),

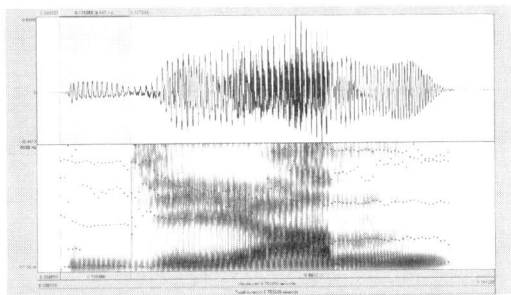

南岗 j(ʥ)am²⁴ 荆棘(标红部分为 VOT 段)

也结合我们对藻敏瑶语塞音的口腔气压实验(龙国贻 2009),确定该音是内爆音。此外,该音冲直条后面明显带有一段擦音的成分,我们选取其中较为明显的一段放大,左图标红部分为擦音段的一部分,右图为该部分放大图:

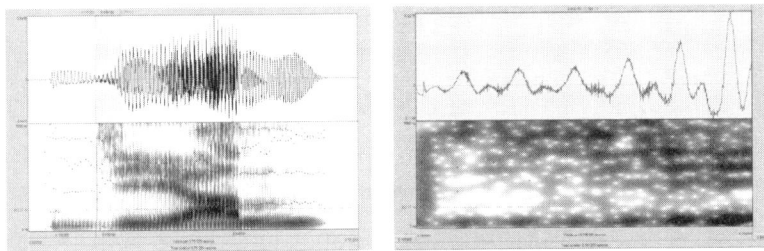

南岗 j(ʥ)am²⁴ 荆棘(擦音段及其放大图)

放大之后看得更为清楚,右图波形很不平滑,有很多细细碎碎的毛边,类似皱褶,说明在这一段有很强的湍流。因此,该变体为龈腭塞擦内爆音 ʥ。

至此,我们不难理解,该方言为什么会有"藻敏"和"邀敏"两种不同的命名意见,调查人听到八排瑶人自称"jau⁴⁴ min²⁴²"和"ʑau⁴⁴ min²⁴²",就命名为"邀敏",听到他们自称"ʥau⁴⁴ min²⁴²"或者那个闪音变体的时候,就会命名为"藻敏"。该声母的几个变体,是瑶语语音类型丰富的一个集中反映。

在大量的调查中,我们发现,藻敏瑶语的声母发音强度(phonological strength)与汉语普通话相比要大一些,比如,藻敏瑶语多数点的塞音,听感上有偏硬的特质,发音强度明显大于汉语普通话。由此我们推论:藻敏 j-声母有多个变体,是其声母发音强度增大过程中不同程度的产物,其中,近音 j-为其原始形式,该音位的四个变体按照发音强度的大小可以排列为:

近音 j-——擦音 z——龈腭闪音——龈腭塞擦内爆音 ʄz
小————————————————————→大

藻敏瑶语 j-声母各音位变体的发音强度从左至右,依次增大,该音的演变趋势就是箭头的走向,即发音强度渐增。

五、连 读 变 调

汉语方言的语音描写研究,主要分为几个步骤,一是单字音的调查,从而描写该方言的音位系统(声母、韵母、单字调、声韵配合关系、同音字表)。二是词汇的调查,大量记录描写该方言的词汇材料。三是连读变调的整理,进而运用求得的连读变调规则去检验词汇的声调记音,将不符合规则的错误记音加以改正,确保词汇声调记音的准确。例如,上海话的"医生"读 44 - 21,其中"医"、"生"的单字调都是阴平 44,说明其中有一条连调规则 44 - 44＞44 - 21。另有一词"苏州","苏"、"州"单念都读 44,如果没有其他特殊原因,那么其连调一定是 44 - 21。还有一个意义为"许多"的词,连调是 44 - 21,假设它们的单字调未知,我们可以根据这条规则断定其单字调都是 44。语言的调查描写中,较之声母和韵母,声调的描写和准确记录是方言语音描写中最困难的部分,其中最为复杂的又是连读变调的描写和分析,因此,很多汉语方言的粗略描写较少涉及连读变调这一最难环节。然而,要想真正确保词汇材料的记音准确,尤其是声调的准确,连读变调的整理研究是不可或缺的重要环节。

民族语的语音描写研究,基本是通过一个义项表调查该语言的词汇,在词汇记音的基础上整理出该语言的音位系统。与汉语方言的语音描写相比,绝大多数的民族语调查只有第一、二两个步骤,第三步连读变调的整理基本不涉及。为什么民族语调查相对汉语缺少连读变调研究这一环节呢?因为汉语的连读变调研究和民族语的连读变调研究难度不可同日而语。汉语中,几乎每个语素就是一个单字,历来汉语历史音韵的研究成果基本能框定每个字音韵地位,因此汉语各语素本就是切分好的,且每个语素的本调都已经研究得十分充分,基本是已知的,只要将各字的本调与词汇中的实际调值对应起来就能大体得出该方言的连读变调规则,即使作为语音描写中最难的部分,研究还是具有可行性和较强的操作性。民族语的研究则不同,民族语的语素在调查研究之前是全然未知的,或者至少没有系统充分的研究成果,所以一贯的调查方法是通过义项表去调查词汇,对词汇进行记音。在完成了音系的整理和词汇的初步记录后,很少有人去切分词汇的各个语素。语素不切分,就无法对比各语素的本调和在各个词汇中的声调,无法得出变调规则。由于民族语调查的这种特殊性和连调研究的复杂性,以往的民族语调查很少有人涉及连读变调规则的整理和深入分析。

民族语的连读变调这么难做,是不是就可以不去研究呢?显然是不行的。避开连调规则的分析会涉及一个问题,就是词汇的记音是否准确,只能完全凭借调查人的听觉来确保质量。人耳的听辨虽然至关重要,然而即使经验再丰富的调查研究人员,其听音记音也不一定十分准确,没有经过规则的检验的记音难免存在或多或少的错误。语言是一个由各种规则构建的有序的系统,语音规则无例外,每种例外都有其背后的原因,因此,通过规则的梳理,可以帮助调查人检验记音的准确性,纠正那些难以听辨的错误,从而弥补人耳的不足,确保材料更加可靠。

从研究的科学性来看,民族语的连读变调研究不可或缺,那么,民族语的连读变调研究到底怎么做? 本节以油岭瑶语为例,得出藻敏瑶语连读变调规则,探讨民族语连读变调研究的具体做法。仿照汉语的名称,我们把单音节语素叫做"字",双音节连调叫做二字组连调。具体步骤如下。

第一步,调查词汇的同时进行语素调查。例如,油岭瑶语"租房"kɔ³¹piu²⁴有两个音节,第一个音节为租借义,第二音节为房屋义,据此把语素记成"租借-房屋"。由此得到以下两个语素:

语素义	语素
租借	kɔ³¹
房屋	piu²⁴

在调查的时候同一个语素可能用不同的义项来记录,如hɛ²²一个地方记作"锋利",另一个地方记作"锐利",需要把它们合成一个。

这些切分出来的语素的声调可能是本调,也可能是连调,有待通过连调规则确定其本调。

笔者调查油岭瑶语词汇5 000条,共切出语素1 178条。

第二步,把所有的单音节词挑选出来,单音节词显然就是单音节语素,它们的声调就是本调。

词义	词音	本调
做	$ʔai^{51}$	51
坐	$hɛ^{44}$	44
走	$jaŋ^{242}$	242
藏	$ɓiaŋ^{51}$	51

词义	词音	本调
坏	vai^{22}	22
抓	na^{22}	22
笨	$nɔŋ^{24}$	24
借	$kɔ^{24}$	24

不同历史层次的单字调会产生不同的连调,所以还要通过单音节的汉语借词,梳理出不同历史层次的单字调,油岭声调历史层次如下:

中古调类	阴平	阳平	阴上	阳上	阴去	阳去	阴入	阳入
中古层	44	242	24	44	51	22	4/44	2/22
现代层	24 寒 $hɔn^{24}$ 凉 $liaŋ^{24}$	24 打 $ɗa^{24}$	242 拌 pan^{242} 犯 fan^{242}	242 最 $tsui^{242}$ 店 $tiam^{242}$	51 会 vui^{242} 又 jiu^{242}			
西南官话层	51 蹄 di^{51} 牌 pai^{51}	51 顶 $ɗiŋ^{51}$ 反 fan^{51}	51 市 si^{51} 拌 fan^{51}	24 富 fu^{24} 事 si^{24}	24 办 pan^{24} 骂 ma^{24}			

第三步,通过与单音节词的比较,找出词中语素都能确定其本调的所有多音节词,通过本调与连调的比较,就能得到连调规则。

油岭瑶语大部分的词不发生连读变调,发生二字组连调的规则如下:

规则 1 22－242＞22－22

词义	语素	词读音	本调
学校	学-堂	hɔ²² tɤŋ²²	22－242
熟人	熟-人	sɔ²² mɛn²²	22－242
坏人	坏-人	vai²² mɛn²²	22－242
害人	害-人	hɔi²² mɛn²²	22－242
白吃饭	吃-掉	ȵan²² jɛi²²	22－242

规则 2 24－22＞31－22

词义	语素	词读音	本调
稀屎	屎-坏	kai³¹ vai²²	24－22
贪吃	讲-吃	kɔŋ³¹ ȵan²²	24－22
说坏	讲-坏	kɔŋ³¹ vai²²	24－22
水碾	水-磨	mm̩³¹ mɔ²²	24－22
瘸子	脚-坏	tau³¹ vai²²	24－22

规则 3 242－242＞44－242

词义	语素	词读音	本调
瑶人	瑶-人	jau⁴⁴ mɛn²⁴²	242－242
崎岖	不-平	nn̩⁴⁴ pɛŋ²⁴²	242－242
耙田	耙-田	pa⁴⁴ lian²⁴²	242－242
牛圈	牛-圈	nn̩⁴⁴ ju²⁴²	242－242
芒花	芒-花	mɔŋ⁴⁴ piaŋ²⁴²	242－242

规则 4 24－24＞31－24

词义	语素	词读音	本调
租房	借-屋	kɔ³¹ piu²⁴	24－24
血管	血-路	jiam³¹ tsu²⁴	24－24
淘米	洗-米	ɗɔu³¹ mɛ²⁴	24－24
涮碗	洗-碗	ɗɔu³¹ vien²⁴	24－24
射击	射-铳	ɓun³¹ tsuŋ²⁴	24－24

规则 5 24－24＞44－24

词义	语素	词读音	本调
水井	水-井	mm̩⁴⁴ tɛŋ²⁴	24－24
米汤	米-水	mɛ⁴⁴ mm̩²⁴	24－24
李子	果-笨	ɓɛu⁴⁴ ȵɔŋ²⁴	24－24
果汁	果-水	ɓɛu⁴⁴ mm̩²⁴	24－24
草墩	草-墩	mia⁴⁴ ɗun⁴⁴	24－24

规则 6 24－242＞31－242

词义	语素	词读音	本调
咒骂	骂-人	ma³¹ mɛn²⁴²	24－242
犬齿	狗-牙	ku³¹ ŋia²⁴²	24－242
求人	求-人	kiu³¹ mɛn²⁴²	24－242
木板墙	板-墙	ɓɛn³¹ siaŋ²⁴²	24－242
麻烦	烦-人	fan³¹ mɛn²⁴²	24－242

规则 7　24 - 4＞31 - 4

词义	语素	词读音	本调
伸出	伸-出	sin³¹ sɔt⁴	24 - 4
口渴	水-渴	mɯ³¹ ɡ'ɔt⁴	24 - 4
开玩笑	讲-笑	kɔŋ³¹ tut⁴	24 - 4

规则 8　24 - 2＞31 - 2

词义	语素	词读音	本调
纸-扇	纸扇	tsi³¹ jɛp²	24 - 2
洗-澡	洗澡	ɗou³¹ lap²	24 - 2

规则 9　24 - 44＞22 - 44

词义	语素	词读音	本调
琐细	事-小	si³¹ ɗan⁴⁴	24 - 44
小屋	屋-小	piu³¹ ɗan⁴⁴	24 - 44
小路	路-小	tsu³¹ ɗan⁴⁴	24 - 44
小伙子	弟-小	kui³¹ ɗan⁴⁴	24 - 44
向东	向-东	hiaŋ³¹ ɗuŋ⁴⁴	24 - 44

规则 10　24 - 51＞31 - 51

词义	语素	词读音	本调
阻挡	挡-断	ɗaŋ³¹ ɗaŋ⁵¹	24 - 51
足迹	脚-迹	tau³¹ ɗi⁵¹	24 - 51
转身	翻-转	ɓiɛŋ³¹ ɗun⁵¹	24 - 51
整修	改-好	kɔi³¹ jɘŋ⁵¹	24 - 51
米桶	米-桶	mɛ³¹ tuŋ⁵¹	24 - 51

汉语方言根据二字组连调的类型可分为两类:上海话前字与单字调保持一致,后字变调,称作后变型;厦门话后字与单字调保持一致,前字变调,称作前变型。油岭瑶语与其他瑶语方言类似,绝大部分属于前变型。根据这个特点,大部分的词可以根据后字的调值来确定其本调值。例如,"母羊"jiŋ²⁴² ni⁴⁴,后字不出现于单音节词,但是根据它的连调值 44,大致上可以确定其本调为 44。

油岭瑶语的连调正在形成过程中,有些词已经进入连调,有些还保持本调不变,如本调同为²⁴² ⁻ ²² 的词,左表不变调,右表进入连调 22 - 22,这些都属于连调的词汇扩散现象。

词义	语素	读　音	词义	语素	读　音
遭殃	害-穷	$tem^{22} koŋ^{242}$	学校	学-堂	$hɔ^{22} toŋ^{22}$
诬赖	苦-人	$ʔiɛm^{22} mɛn^{242}$	熟人	熟-人	$sɔ^{22} mɛn^{22}$
拖延	拖-久	$tɔ^{22} lu^{242}$	坏人	坏-人	$vai^{22} mɛn^{22}$
拖累	害-累	$tem^{22} lai^{242}$	害人	害-人	$hɔi^{22} mɛn^{22}$
筷篓	筷-篮	$tau^{22} lam^{242}$	压迫	吃-人	$ȵan^{22} mɛn^{22}$

许多汉语方言的连读变调中,二字组连调是多字组的核心。例如上海话的多字组中,前两个字的连调值会与这两个字组成的连调值相同,后面的字中性化为低调。多字组中与二字组连调值相同的部分,我们把它叫作连调核。如上海话三字组:

多字组词	读　音	连　调	本　调
大家人	$da^{22} ka^{44} ȵin^{21}$	22 - 44 - 21	24 - 42 - 24
老先生	$lɔ^{22} ɕi^{44} sã^{21}$	22 - 44 - 21	24 - 42 - 42

这两个词的词内结构不同,第三个字的本调也不一样,但是前两个字的本调22 - 42是一样的,于是这两个词会有相同的变调值22 - 44,最后一个字中性化为低调21。所以,我们把头两个字的变调叫作上海三字组连调的连调核。

油岭瑶语三字组的连读变调与汉语方言差不多:

1. $(A+B)+C \longrightarrow (A'+B)+C$

2. $(A+B)+C \longrightarrow (A+B')+C$

3. $A+(B+C) \longrightarrow A+(B'+C)$

4. $A+(B+C) \longrightarrow A+(B+C')$

其中,第1、2种连调核在前,第3、4种连调核在后。

油岭瑶语以连调核在前者居多。采用同样的方法,可以得出

84

三字组的连调规则。

油岭瑶语三字组的连读变调情况如下：

22－242 变成 22－22

义项	读音	本调	变调	连调核位置
壁柜	pia^{22} s'iaŋ^{22} kui^{22}	22－242－22	22－22－22	前
富人	ɓət^4 ɲan^{22} mɛn^{22}	4－22－242	4－22－22	后

242－24 变成 242－44

义项	读音	本调	变调	连调核位置
猪肚	tiŋ^{242} kai^{44} ɓɔ^{22}	242－24－22	242－44－22	前
陶器的饭盆	tam^{242} vian^{44} pa^{22}	242－24－22	242－44－22	前

242－242 变成 44－242

义项	读音	本调	变调	连调核位置
腿肚子	g'ɛŋ^{44} nɔŋ^{242} tin^{22}	242－242－22	44－242－22	前
猩猩	jia^{44} mɛn^{242} pɔ^{242}	242－242－242	44－242－242	前

24－22 变成 31－22

义项	读音	本调	变调	连调核位置
和尚	tsiu^{31} miu^{22} kuŋ^{44}	24－22－44	31－22－44	前
鬼师	mian^{31} si^{22} fu^{44}	24－22－44	31－22－44	前

24－242 变成 31－242

义项	读音	本调	变调	连调核位置
孝歌	ɲiam^{31} mɛn^{242} tai^{22}	24－242－22	31－242－22	前
喜鹊	kai^{31} tɔŋ^{242} nɔ^{22}	24－242－22	31－242－22	前

24－242 变成 44－242

义项	读 音	本 调	变 调	连调核位置
枕头布	pɛ⁴⁴ tu²⁴² ɗɛ⁴⁴	24－242－44	44－242－44	前
母狗	ku⁴⁴ pia²⁴² ni⁴⁴	24－242－44	44－242－44	前

24－242 变成 31－242

义项	读 音	本 调	变 调	连调核位置
银匠	ɗa³¹ n̩an²⁴² lɔ⁵¹	24－242－51	31－242－51	前
水牛塘	tam²⁴² ɓia³¹ ɡʷɔŋ²⁴²	242－24－242	242－31－242	后

24－44 变成 31－44

义项	读 音	本 调	变 调	连调核位置
拍手	faŋ³¹ pu⁴⁴ pian²⁴²	24－44－242	31－44－242	前
屎壳郎	nn̩²⁴² kai³¹ tsaŋ⁴⁴	242－24－44	242－31－44	后

24－44 变成 44－44

义项	读 音	本 调	变 调	连调核位置
酒疯子	ɗiu⁴⁴ jɔn⁴⁴ ɗan⁴⁴	24－44－44	44－44－44	前
脑髓	pɛ⁴⁴ fɔ⁴⁴ ham²⁴	24－44－24	44－44－24	前

24－4 变成 44－4

义项	读 音	本 调	变 调	连调核位置
肚子里	nn̩⁴⁴ ɗip⁴ nan²⁴²	24－4－242	44－4－242	前
肚子胀	nn̩⁴⁴ ɗip⁴ tiŋ⁵¹	24－4－51	44－4－51	前

44-22 变成 22-22

义项	读　　音	本　调	变　调	连调核位置
半块粑粑	$\text{ɓian}^{22}\,\text{lɐŋ}^{22}\,\text{vu}^{24}$	44 - 22 - 24	22 - 22 - 24	前
半个果子	$\text{ɓian}^{22}\,\text{lɐŋ}^{22}\,\text{ɓeu}^{24}$	44 - 22 - 24	22 - 22 - 24	前

24-24 变成 31-24

义项	读　　音	本　调	变　调	连调核位置
外甥女婿	$\text{vaŋ}^{242}\,\text{ti}^{31}\,\text{ve}^{24}$	242 - 24 - 24	242 - 31 - 24	后
永远	$\text{ʔa}^{44}\,\text{sɐi}^{31}\,\text{sɐi}^{24}$	44 - 24 - 24	44 - 31 - 24	后

24-51 变成 31-51

义项	读　　音	本　调	变　调	连调核位置
干饭	$\text{hɐŋ}^{31}\,\text{hɐŋ}^{31}\,\text{nɐŋ}^{51}$	24 - 24 - 51	31 - 31 - 51	后
石头山	$\text{ju}^{44}\,\text{pɐ}^{31}\,\text{ɓɐŋ}^{51}$	44 - 24 - 51	44 - 31 - 51	后

　　油岭瑶语连调核的位置前后呈现较强的规律性：1. 绝大多数情况，都是连调核在前。但是，促调有个别例外情况。2. 当第二个音节调值为 24 时，连调核都在后。但是，当第一个音节调值为 242 时，连调核在前。

　　第四步，利用连调规则校正记音错误。例如，"讲理"一词，笔者原来记作 $\text{kəŋ}^{22}\,\text{li}^{44}$，其本调为 24-44，根据上面的规则 9，连调应该为 31-44，因为油岭瑶语连调前字的 31 是个低调，与 ^{22} 很接近，所以发生了记音的错误。经与其他连调为 22-44 的词语读音比较，确定其读音应为 $\text{kəŋ}^{31}\,\text{li}^{44}$。"怕丑"一词，笔者原来记作 $\text{tun}^{22}\,\text{mɐn}^{242}$，由"羞"、"人"二个语素构成，其本调为 44-242，本调为 44-242 的词

都不变调。如:

词　义	语　素	读　音	本　调
香　炉	香-炉	voŋ⁴⁴ lu²⁴²	44 - 242
围　裙	新-裙	siaŋ⁴⁴ kɔn²⁴²	44 - 242
石　墙	石-墙	ju⁴⁴ siaŋ²⁴²	44 - 242

上例经与发音人核对以后,改作 tun⁴⁴ mɛn²⁴²。

有时候,看似不符合连调规则的词,可能由历史层次造成。如"排队"pai³¹ tui²⁴²,"队"出现于单音节词,调值为 242。"排"也出现于单音节词,通常的声调为 242。根据规则 3,本调 242 - 242,对应的连调应该为 44 - 242,而不是 31 - 242。这两个字都借自汉语,根据上文的声调历史层次表,"排"为阳平字,中古层次的声调为 242,现代层次为 24;"队"为阳去字,中古层次为 24,现代层次为 242。因为"排队"是现代才借入,其本调为 24 - 242,根据规则 6,连调为31 - 242,记音并没有错。

第五步,给本调不明的语素加本调。

那些不变调的词语,其本调值就等于连调值。如"参加"kap⁴ ɗu⁴⁴ 一词的语素为"合-拢",其中的"拢"不出现在单音节词,无法确定其本调。通过第三步的连调规则归纳,知道 4 - 44 不变调,所以语素"拢"ɗu⁴⁴ 的本调可以确定为 44。

根据初步得出的连调规则,对于那些发生变调的语素也可以找出它们的本调。例如:"肚 ŋŋ"这个语素在油岭瑶语中不单说,但是在多个词汇中都出现该语素:城府深 ʔa⁴⁵ ŋŋ³¹ siɛm⁴⁴,泻肚ŋŋ³¹ vai⁴⁴ kai²⁴,窝火 ŋŋ³¹ tiŋ⁵¹,腹部 ŋŋ³¹ ɗip⁴。根据以上连读变调规则里 24 - 44 会变成 31 - 44,24 - 51 会变成 31 - 51,24 - 4 会变成31 - 4。于是可以得出这个语素的本调是 24:

语素义	语素音	语素构成	词　音	词义	变　调	本　　调
肚	ṇṇ̩	阿-肚-深	$ʔa^{242}$ $ṇṇ̩^{31}$ $siɛm^{44}$	城府深	242 – 31 – 44	242 – 24 – 44
肚	ṇṇ̩	肚-胀	$ṇṇ̩^{31}$ $tiŋ^{51}$	窝火	31 – 51	24 – 51
肚	ṇṇ̩	肚-皮	$ṇṇ̩^{44}$ $ɗip^{4}$	腹部	44 – 4	24 – 4

　　二字组中有相当一部分语素,可以用以上方法确定其本调。把这种确定了本调的语素加入语素表,再重复上面第二步、第三步的工作,又可以得到更多、更完备的连调规则。如此反复多次,才可能得出全部的连调规则,才可以利用这些规则确定多音节词中的声调。

第三章　历史层次概况

一、历史层次

　　高本汉把西方的历史比较法，运用到中古音的构拟，取得很大的成功。此后，一批学者试图用历史比较法来构拟各地方言的母语，但效果都不是很好。上世纪 70 年代以后，汉语史专家们逐渐明白，汉语各方言的形成有特殊的历史，它们在各个历史时期不断地接受中原地区强势方言的影响，形成多个历史层次，只有把这些历史层次分清楚以后，在同一个历史层次内部才能进行历史比较。

　　任何语言，都可以从共时和历时两个方面来观察。共时是语言在某个历史时期的横截面，历时是语言在时间流中的语音面貌的变化。一个语言在某个历史时期的横截面，都是在该历史时期之前一个漫长的时间流中各种演变的结果。人群往往不是孤立的，会与其他人群不断发生接触和影响。同样，语言也会随之发生接触和影响。因此，现代某个语言的面貌，不仅是该语言自身演变的结果，也是该语言在不同历史时期与其他语言接触和影响的结果，而这种接触和影响不仅是多方面的，也是多层次的。反映在词汇层面，现代一个语言的词汇，包括以下几个部分：

　　1. 固有词。固有词的语音面貌会不断变化，根据词汇扩散理论，音变中的词汇变化往往是有快有慢的，该音变中的多数词是主体层，少数变得快的是超前层，还有少数变得慢的是滞后层，这些统称为本体层。如图所示(该图为简单的示意图，图中横轴表示时

间流,右边所代表的时间比左边古老,图中椭圆形圆圈表示词汇):

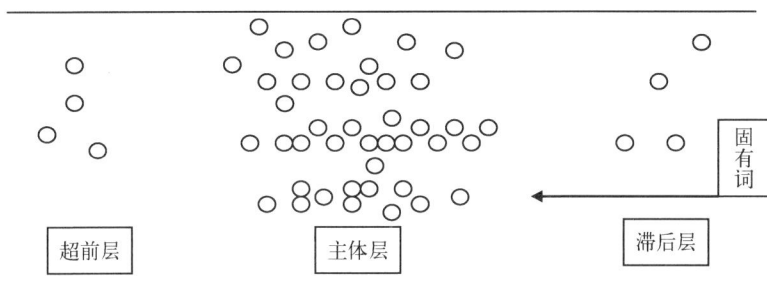

2. 借词。一个语言在历史上会与多个语言发生接触,从多个语言中借用词汇,这些从其他语言(方言)借入的词汇就形成了多个不同来源的历史层次,统称为外借层(向下的箭头表示词汇的借入方向)

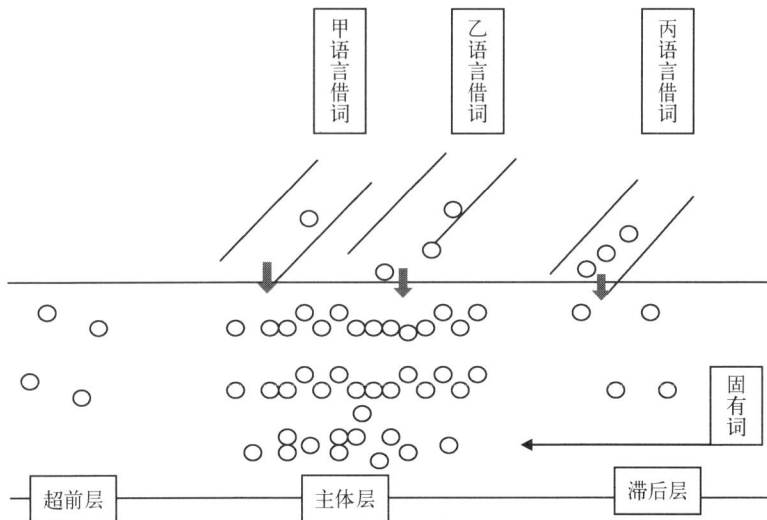

从历史的任何一个横截面来看,在这之前借进来该语言的借词,一旦借入之后,就与该语言的固有词混在一起,一同在该语言

中发生音变。发生某个音变的词汇中,多数词是主体层,少数变得快的是超前层,少数变得慢的是滞后层。因此,主体层、超前层和滞后层在某个时间点来看,是包括这个时间点借入之前的所有固有词和借词的。如:

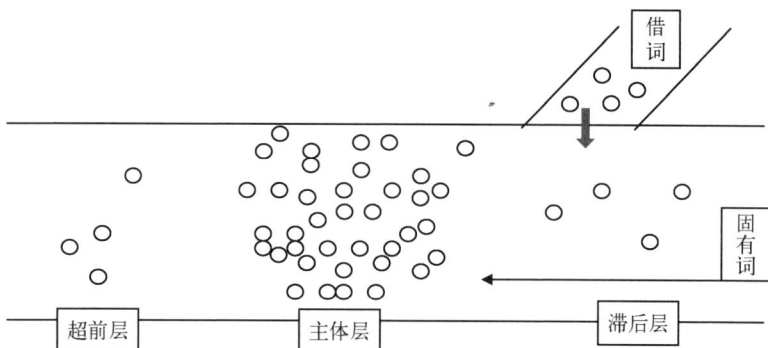

借词

固有词

超前层　　　　　　主体层　　　　　　滞后层

　　两个语言的接触不是一天两天,而是一个漫长的历史时期,所以一个语言从另一个语言借入词汇往往不是一次性行为,而是一个持续的过程,大致可以分为不同历史时期的借词,这就是同一借入语言不同时期多次借入导致的多个历史层次。如图:

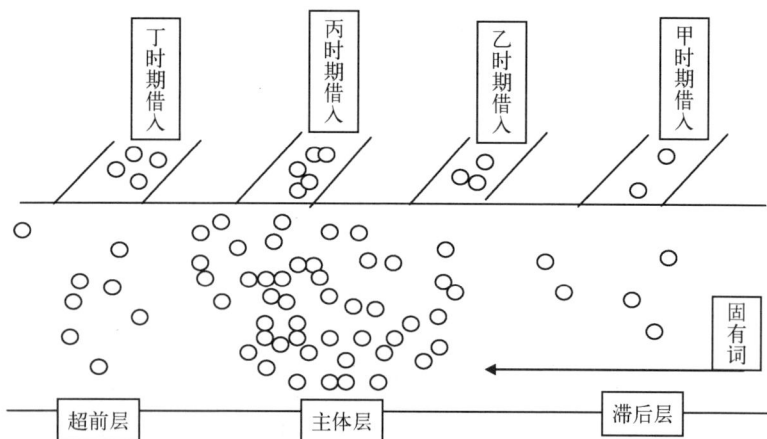

丁时期借入　　　丙时期借入　　　乙时期借入　　　甲时期借入

固有词

超前层　　　　　　主体层　　　　　　滞后层

　　两个语言接触的漫长历史时期中,各个时期的接触频繁程度不等。接触密切的时期,借用词汇就多,接触少的时期,借词词汇就少。其中接触最密切的时期,借词就最多。而这部分接触最密切时期的借词对研究两个语言的关系又是最重要的,因此,我们把这个时期的借词叫做主借层次。其他历史时期的借词叫做非主借层。如:

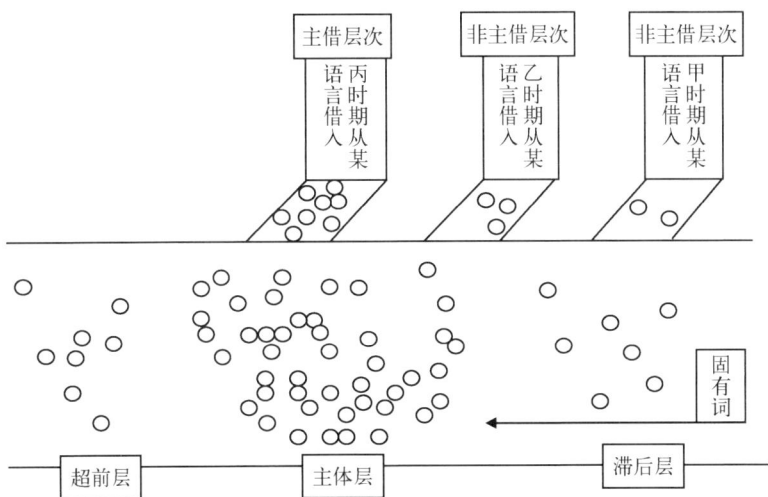

　　由于语言在不断地发展变化,有的词语可能在语言的发展过程中被淘汰,从而消失了。这种现象在固有词和借词中都会发生。已经消失的词语,现在已经不存在了。因此,我们对一个现代语言或者方言的词汇的历史层次研究也好,固有词研究也好,那些已经淘汰的词语由于无法考证,只能排除在研究对象之外。但是无法研究并不代表没有,在它们被淘汰的那个历史时期之前,这些词也是该语言词汇的一部分。

　　两个接触密切的语言,影响是相互的,词汇的借用也是相互的。但其中强势的语言对弱势语言的影响会更大一些,强势语言借入到弱势语言的词汇也会更多更频繁一些。中国境内各少数民族语言,相对于汉语来说一般都属于弱势语言,不同时期借入的汉语借词在民族语中形成不同的历史层次。

综上所述,历史层次实际上分两类:一类是语言接触形成的,如上海话的日母字原来是读 n-的,后来从一个强势方言借用过来一批文化词,这个强势方言的日母读 z-类音,于是在上海话中就形成了日母的 z-层次。这类历史层次实质上属于借词性质,我们把它叫作外借层。借词的过程,实际上是向借入语言的学习过程,学着用借入语言的语音来读这个借词。所以,外借层的形成必定服从"最大相似和最小改动原则",借用的单位是词,借用的最小语音单位是音节(潘悟云,2010)。另一类,语言(方言)的语音发生变化的时候,因为某种原因演变的速度不平衡,产生了语音的分化,在该语言(方言)内部形成多个历史层次,统称本体层,其中又分为主体层、超前层与滞后层。这是自身音变造成的,所以它们都属于同一个自然音变链,超前层、滞后层只是变化的速度比主体层快一点或慢一点而已。本体层多个历史层次反映一个音变的词汇扩散过程,是同一个音变的不同阶段。

二、历史层次分析法

语言演变的动力和方式大致有四种:1. 自身的演变。2. 演变的传播。3. 借用。4. 改换(克里奥尔化)。传统历史比较语言学的语言分化模型(谱系树),是建立在第一种演变动力的基础之上的,它假设一种语言由于操这种语言的人群的分离,而各自发生不同的演变,产生不同的方言,最终形成不同的语言。这就是"分裂说"。语言地理学关注的是由传播方式导致的语言演变,这种传播是地缘性的、渐进的,反映在历史语言学中就是所谓的"空间反映时间"的观念,是对传统历史比较语言学的一个补充。借用虽然很早就引起大家的注意,但并不为历史语言学所重视。借用在多数语言里都有明显的痕迹,一般主要反映在词汇层面,例如瑶语中的汉借词的数量超过其固有词。历史语言学家就更少把目光投注在洋泾浜语或克里奥尔语上了。这四种语言演变的方式中,演变的传播、借用和改换都与人群的接触相关,所以被人们称为"接触说"。历史比较法建立在语言同质说的基础之上,只考虑语言自身的演变,而忽略了语言接触所致的变化,因此在东亚语言的历史比较中会碰到很多问题。在这种情况下,一种新的语言史观和语言历史分析方法得以出现,历史语言学家们另辟蹊径,提出了历史层次分析法。该方法的语言史观建立在语言异质说的基础之上,通过对共时语言材料的分析,不仅区分外借层和本体层,还区分外借层中不同借源、不同借入时期导致的不同历史层次,也区分本体层中同一音变链上的不同层次,清晰厘定语言中的各种异质来源。目前,这种方法广泛运用于汉语方言的历史层次研究和民族语中汉语借词的历史层次分析。

历史层次分析法自提出以来,引起了一股历史层次研究的热潮,并形成了相对固定的分析流程。苗瑶、汉语关系词的历史层次,前人已经做过一些研究,如:中国科学院语言研究所瑶语调查组(1959)、中央科学院少数民族语言研究所瑶语小组(1961)、Downer(1973)、严学宭(1983)、黄行(2013)、谭晓平(2007)、谭晓平(2008),也有一些涉及瑶语汉借词的文献(盘承乾 1994、赵春金 1994),但藻敏瑶语汉借词的历史层次,目前还缺乏系统的研究报告,我们尝试用上述方法对藻敏瑶语中的汉借词历史层次加以分析,具体做法如下:

首先,在现代瑶语中挑选出汉借词。

虽然借入词汇的最小单位是词,但所有的比较都是在音节层面进行,或者在音节所构成的要素声、韵、调上进行,因此我们对汉语借词进行语音比较的时候是以音节为单位。由于无法得知借入时期的瑶语读音,因此只能依据现代瑶语读音加以判断。同理,因为不能得知被借入的汉语方言借入时的读音,所以只能根据研究得比较充分的中原汉语各个历史时期的拟音和周边的现代汉语方言读音加以判断。

具体做法为,将现代瑶语各个音节的读音与中原汉语各历史时期的拟音和其周边现代汉语方言读音做比较,读音比较近似的就暂时都划归汉语借词,作为历史层次分析的研究对象。

其次,划分汉借词的历史层次。

古代某个音类在一个现代方言中如有多个读音,可能有几个来源:一是固有词内部的超前层、主体层和滞后层;二是来自不同语言或方言的借词;三是同一借入语言的不同历史层次;四是不规则音变造成读音差异。不规则音变是一种例外,其复杂性及涉及词汇只是特例,我们暂不考虑这个因素。汉借词历史层次的划分只讨论第三种情况,以及第二种情况中的不同汉语方言借词。由于前一步工作已经把研究对象圈定在汉借词,因此这个对象中的某个音类的多个读音就是不同的历史层次。汉语的中古时期对周边语言与方言的影响最大,从日语、朝鲜语、越南语的汉字音来看,其主借层都来自中古汉语。因此以中古音类作为瑶语汉借词历史层次分析的音类划分标准最为合适。依据中古音类,整理出每个中古音类对应的现代瑶语汉借词(音节)的读音,一个音类在现代瑶语的不同的读音反映的就是不同的层次。

然后,确定主借层和非主借层。

不同历史时期借入的借词形成不同的历史层次,其中借入词汇最多那个历史时期的借词就是主借层。因此,每个中古音类中,借词数量最多的那个读音往往就是主借层,其他的几个读音往往就是非主借层。虽然绝大多数情况下,每个音类词汇数量最多的往往就是主借层。但是,有时还要兼顾其他两个因素。各个音类的主借层都是同一个历史时期借入的,共同构成一个语音系统。所以,在确定某个音类主借层的时候,也要兼顾该音类主借层与其他音类主借层的关系,即各音类主借层间必须要能构成一个合理的语音系统。

借入时期瑶语的具体语音面貌是未知的,但现代瑶语的语音面貌是已知的。从借入时期到现代,瑶语一定发生了一些音变,但总还会保留一些借入时期的语音面貌,或者说至少能从现代音系来推测借入时期语音面貌的某些方面。因此,在确定主借层的时候,也要兼顾它们与现代瑶语的音系结构的关系。

因此,确定主借层的原则是:

1. 每个中古音类在现代瑶语中对应最多的那个读音就是该音类的主借层。

2. 兼顾现代瑶语本身的音系。

3. 各音类的主借层之间要能协调一致,组成一个音系结构。

除主借层以外的读音,均为该音类的非主借层。

再次,判定主借层的借入年代和借源。

由于汉语的历史语音面貌的研究已经取得了大量成果,有些历史时期的拟音比较可靠。比如各家的上古拟音反映的是先秦时期的汉语读音;《切韵》是现今可考的最早的韵书,记录的是公元六世纪前后的音系;"朱翱的反切",反映的是南唐的音系;《皇极经世》成书于北宋,记录十一世纪的范阳音系(冯蒸 1987);《蒙古字韵》是用八思巴字拼写汉语(也称八思巴字汉语)的韵书,反映公元 13 丗纪前后(元代)的音系;《中原音韵》(周德清著,1324 年出版)是代表近代官话的一部韵书,反映的是元代的大都音系。通过某些音类的主借层的读音与这些年代相对确定的汉语拟音做比较,就能推出主借层借入到藻敏瑶语的大致年代。

根据语言借用的最大相似和最小改动原则,借入语言与被借入语言在借入之时的语音特征应该是相同或相近的,所以,藻敏瑶语汉借词主借层的语音特征就是我们探求主借层借源的重要依据。我们提取藻敏瑶语的汉借词主借层的大量语音特征,绘制了它们的特征地图。由于瑶语从历史上到今天主要分布在中国的东部和南部一带,所以将这些特征与中国中部和西南地区方言的地理分布进行比较,如果多个特征与某个地域的特征一致,就一定不是偶然现象,说明这个地域在主借层借入时期的强势方言就是主借层的借源。

最后,求出非主借层的大致借入时期和借源。

非主借层主要包括两种情况:一是比主借层更早或者更晚借入瑶语的借词。二是从汉语的其他方言辗转借入瑶语的借词。对于第一种情况的非主借层,我们要判断其借入的大致时期。具体做法就是将该非主借层读音与主借层以外的历史时期的汉语拟音做对比,凡是与某个历史时期读音一致的,就可以大体判断该非主借层就是该历史时期借入藻敏瑶语的。

对于第二种情况的非主借层,我们必须判断其借源。笔者把非主借层的读音与全国的方言数据库进行比较,看看它们到底与现代哪些方言片区的读音一致,由此得出其借源。在此过程中,排瑶的迁徙路线及其周边的语言环境也可以作为判断的辅助依据。

三、历史层次分析法的作用

历史语言研究中的最重要的方法,是历史比较法。但是再好的方法,也会有其不足。历史比较法在方法论上有其不确定性。比如两个亲属语言的某个音类,在 A 语言中的读音是 l,在 B 语言

中的读音是 d,那么原始母语该音类的语音形式存在多种可能,如:

1. 原始母语是 dl。即 A 语言 dl>l,B 语言 dl>d
2. 原始母语是 l。即 A 语言 l>l,B 语言 l>d
3. 原始母语是 d。即 A 语言 d>l,B 语言 d>d

那么究竟原始母语的真实面貌是哪种情况,单纯通过比较很难得知,这就是历史比较法的盲点。历史比较法的这个缺陷,要如何补足? 这种情况下,如果能通过早期文献找到可靠的证据支持其中的一种可能,比如 A 和 B 语言的古文献中这个词都读 dl,那么原始母语这个词的读音就一定是 dl,而不是 l 或 d。也就是说,文献的证据能补足历史比较法的盲点,两者结合起来能还原古语面貌。印欧语言运用历史比较法能成功还原原始母语的大致面貌是由于有大量的拉丁文、希腊文和梵文的古文献作依据。汉语的古音构拟运用历史比较法之所以能成功,其中最主要的原因是得益于《切韵》一类的文献,《切韵》把 6 世纪前后的两万多字做了音类的划分,使我们大致能确定公元 6 世纪前后的声类、韵类和调类。而《诗经》的押韵则是直接反映了两千多年前的汉语韵类。此外,还有谐声系统甚至最早可以追溯到甲骨文时代,反映了两千多年至三千年多前的语音类别,我们可以据此得出上古大体的声类、韵类和调类。

但是,中国境内大部分少数民族语少有文献记载,比如:瑶语根本没有文字,更无文献可言,所以瑶语的历史比较研究存在缺乏文献的先天缺陷。我们要相对较为准确地得出瑶语的古音面貌,就需要另辟蹊径,找到能确定瑶语真实古音面貌的证据。瑶语本身的古文献是指望不上了,但是我们想到,瑶语和汉语在漫长的历史时期都有着密切的接触,瑶语不断从汉语借入大量词汇,词汇借用的最大相似和最小改动原则提供了一个结点——瑶语汉借词的读音和借入时期该词在被借入汉语方言的读音是一致的(近似或者同音),可以通过古代瑶语的汉借词,用借入之时汉语古文献来替代瑶语古文献,从而避免瑶语历史比较的盲点。经过许多语言学家的努力,各个时期的汉语读音已经研究得比较明确了,至少中古以后是如此,各个时期借入到瑶语中的汉语借词读音,能够反映那个时代瑶语的大致面貌。运用潘悟云教授近年来提出的历史层次分析法划分民族语汉借词的历史层次,用比较确定的汉语借词读音来推求民族语古代读音,从某种程度上弥补了民族语没有文献反映古音面貌的不足,使得民族语历史比较的结论有了更大的确定性。

具体说来,以瑶语为例,苗瑶语的历史比较的重大成就是《苗瑶语古音构拟》(王辅世、毛宗武 1995),假设原始瑶语某个音类的拟音为 Y,由于历史比较法无法得出具体的音变链,那么根据自然音变通则,原始瑶语 Y 音类到现代瑶语的读音过程中,存在多种可能的音变链,但真实的音变链肯定只能是这其中的一条。那么究竟是哪条音变链呢,历史比较法无法解决这个具体问题。以藻敏瑶语为例,我们用历史层次分析法求出主借层借入年代中藻敏瑶语某音类的读音,如果这个拟音恰好在原始苗瑶语拟音的某条音变链上,就排除了其他音变链的可能,同时进一步说明王辅世、毛宗武(1995)对该音类拟音的合理性。如下图所示:

原始瑶语几种可能的构拟及音变链

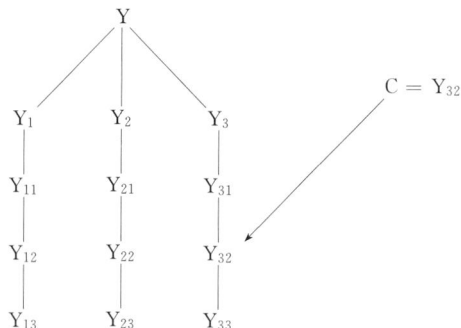

　　Y 代表原始苗瑶语的拟音,根据这个拟音和音变通则,得出几条音变链:

　　音变链 1:Y＞Y1＞Y11＞Y12＞Y13

　　音变链 2:Y＞Y2＞Y21＞Y22＞Y23

　　音变链 3:Y＞Y3＞Y31＞Y32＞Y33

　　C 代表被借入语言的读音,为 Y32。

　　这说明历史上真实发生的音变应为音变 3,排除了音变 1 和音变 2 的可能,并进一步说明原始苗瑶语拟音 Y 的合理性。

第四章 藻敏瑶语汉借词的主借层

本书的历史层次均以藻敏瑶语代表点油岭瑶语的材料展开分析,本章讨论汉借词的主借层,分节讨论声母的主借层、韵母的主借层、声调的主借层、主借层年代考证、主借层借源考证。

一、声母的主借层

1. 帮组

中古的帮组包括帮、滂、並、明四个声母,皆为唇音字,它们在油岭瑶语汉借词中的主借层表现如下:

帮母主借层: ɓ

滂母主借层: p

並母主借层: p

明母主借层: m

帮母在汉语为不送气清塞音,借入瑶语后为内爆音。送气清塞音滂母和浊音並母在现代油岭瑶语中都读作清塞音 p,即油岭瑶语汉借词的帮组字主借层中没有送气塞音,也没有浊塞音。明母和汉语中古读音一致。

以下是帮组各声母的例字(括号内为语素的含义):

帮母读作 ɓ:

字	音节	注　　释
伯	$ɓa^{44}$	大伯(大-伯)，伯母(伯-婆)，伯伯，伯父(大-伯)
把	$ɓa^{51}$	一"把"扫帚，一"把"剪刀，一"把"刀，一"把"锄头
摆	$ɓai^{24}$	"摆"阔气，"摆"故事
扳	$ɓan^{51}$	比手劲(拗-扳)，扳
冰	$ɓan^{51}$	雪白(冰-白)，雪，下雪(下-冰)，结冰(做-冰)，冰雪，冰糖(冰-糖)，冰
崩	$ɓaŋ^{44}$	山的塌裂处(崩-处)，房子"塌"了，崩
爆	$ɓau^{24}$	爆牙(爆-牙)
闭	$ɓɛi^{51}$	盗汗(闭-汗)，闭(嘴)，闭
变	$ɓɛn^{51}$	改变(改-变)，变烂(变-坏)，变
八	$ɓɛt^{4}$	十八(十-八)，第八(第-八)，初八(先-八)，八十(八-十)，八
本	$ɓun^{24}$	一"本"书，亏本(亏-本)，本来(本-来)
痹	$ɓi^{51}$	麻木，发麻
北	$ɓia^{44}$	东北(东-北)，北京(北-京)，北方(北-方)，北边(北-边)，北
半	$ɓian^{44}$	月半(月-半)，半天(半-日)，半升(半-斗)，"半"生，十五(月-半)
饼	$ɓiaŋ^{24}$	酒饼(酒-饼)
兵	$ɓiaŋ^{44}$	当兵(当-兵)

滂母读作 p：

字	音节	注　　释
派	pai^{51}	派遣(派-着)
判	pan^{24}	"判"案

字	音节	注 释
泡	pau^{24}	汤"泡"饭
批	pɛ^{44}	一"批"货,一"批"
配	pui^{242}	"配"药方

并母读作 p:

字	音节	注 释
杷	pa^{242}	枇杷(杷-杷)
排	pai^{242}	木排(树-排),船桨(船-排)
牌	pai^{242}	扑克(纸-牌)
棚	paŋ^{242}	架棚(架-棚)
刨	pau^{242}	"刨"土
盘	pɔn^{24}	算盘(算-盘)
葡	pu^{24}	葡萄(葡-萄)
坒	pi^{242}	一"层"皮,一"层"布,双层(二-层)
辫	pin^{44}	辫子(词头-辫)
皮	pi^{242}	橡皮(胶-皮),钱癣(癣-皮),皮箱(皮-箱)
评	piŋ^{24}	"评"工分
萍	piŋ^{242}	浮萍(词头-萍)
败	pai^{22}	败家(败-家)
办	pan^{24}	办事(办-事),办,"办"事情
倍	pui^{24}	倍(一一倍)

明母读作 m：

字	音节	注　释
麦	ma²²	高粱(麦-米)，麦
卯	ma⁴⁴	卯
墨	ma²²	砚台(墨-盘)，墨水(墨-水)，墨黑(墨-黑)，墨斗(墨-杯)，墨
卖	mai⁴⁴	销售(卖-货)，卖，过秤论重量"卖"
慢	man²²	慢，迟，"慢慢"地走(慢-慢)
馒	man²⁴²	馒头(馒-头)
蛮	maŋ²⁴²	蛮，发狠(蛮-发狠)
妹	mɔi⁴⁴	五妹(五-妹)，少女(妹-子)，妹，姐妹(姐-妹)
蠓	mɔŋ⁴⁴	蝇子，牛虻(牛-蠓)，粪蝇(屎-蠓)，饭蝇(词头-蠓)，苍蝇
漠	mɔp⁴	沙漠(沙-漠)
民	mɛn²⁴	民族(民-族)
面	mɛn⁴⁴	洗"脸"
棉	mian²²	棉絮(木-棉)，棉桃(木-棉)，棉花(木-棉)
名	miaŋ²⁴²	名字(名-本)
秒	miau²⁴	一"秒"钟
庙	miu²²	庙神(庙-鬼)，庙里的"钟"(庙-灵)

2. 非组

中古的非组包括非、敷、奉、微四个声母，非组字在《切韵》时代还是重唇音，与帮组读音相同，即帮、滂、并、明母。中唐以后非组字开始发生轻唇化的音变，即由双唇音变成唇齿音，合口三等的帮母变为非母、滂母变为敷母、並母变为奉母、明母变为微母,但是各个声母的变化速度并不一致。它们在油岭瑶语汉借词的主借层分别为:

非母主借层: f

敷母主借层: f

奉母主借层: f

微母主借层: m

可见,这些词从汉语借入瑶语的时候,非、敷、奉母在被借入的汉语方言中都已经轻唇化为 f,但微母仍读重唇音 m,说明帮组四个声母轻唇化的音变并不是同时发生的,非、敷、奉母先轻唇化,而微母实际还停留在明母阶段。以下为油岭瑶语非组各声母主借层的例子:

非母读作 f:

字	韵	音节	注　　释
发	月	fa⁴⁴	发芽(发-芽),发酵(发-酵)
反	元	fən⁴⁴	呕吐
封	钟	foŋ⁴⁴	一"封"信
福	屋	fu²⁴	福
富	尤	fu²⁴	富
飞	微	fui⁴⁴	飞机(飞-机)
分	文	fun⁴⁴	一"分"钟,一"分"钱
粉	文	fun⁴⁴	毛毛雨(雨-粉)
风	东	fuŋ⁴⁴	风筝(风-筝),风箱(风-箱),风车(风-车)
疯	东	fuŋ²²	麻疯(麻-疯)

敷母读作 f：

字	音节	注　　释
翻	fan^{44}	回来(翻-来),翻炒(翻-炒),"翻"猪肠子,"翻"脸
副	fu^{44}	副业(副-业)
肺	fi^{24}	肺

奉母读作 f：

字	音节	注　　释
烦	fan^{24}	麻烦(烦-人),烦
防	fɔŋ^{24}	"防"火
房	fɔŋ^{242}	房间(房-间)
扶	fu^{24}	扶持(扶-持)

微母读作 m：

字	音节	注　　释
袜	ma^{22}	袜底(袜-底)
万	man^{22}	千万(千-万)
闻	maŋ^{51}	难闻(难-闻),难听(难-闻)
蚊	maŋ^{242}	蠓蚊(蠓-蚊)
闻	maŋ^{242}	偷听(偷-听),听话(听-话),听到(听-着),听,"听"说,"听"不见,"听"报告
袜	mat^{2}	袜子,手套(袜-手)
网	mɔŋ^{44}	一"网"鱼,捞网(拉-网)
晚	mɔŋ^{51}	天黑(天-黑),太晚(太-晚)
雾	mu^{22}	雾(云-雾)
务	mu^{242}	任务(任-务)

3. 端组

中古端组为端、透、定、泥母,即为齿龈音,它们在油岭瑶语汉借词的主借层分别为:

端母的主借层:ɗ

透母的主借层:t

定母的主借层:t

泥母的主借层:n

端组在油岭瑶语中仍为齿龈音,其各声母的主借层与帮组对应十分整齐,不送气清塞音端母主借层为内爆音,送气塞音透母和浊塞音定母主借层都为清塞音。泥母和中古汉语读音一致。

以下是端组在油岭瑶语汉借词中主借层的例字:

端母读作 ɗ:

字	音节	注　　释
单	ɗan^{22}	账目(账-单)
凳	ɗaŋ^{51}	竹凳(竹-凳),小椅子(凳-子),凳子,长板凳(长-凳)
倒	ɗɔ^{51}	妨碍(撞-倒),"倒"米
带	ɗɔi^{51}	带领(带-头)
担	ɗɔm^{44}	一"挑"柴,一个人"扛"柴,担
当	ɗɔŋ^{44}	当中(当-中),当兵(当-兵)
底	ɗɛ^{51}	彻底(彻-底)
滴	ɗɛp^{4}	一"滴"水,眼泪"汪汪"(滴-滴),蓑衣(做-蓑衣),滴,"滴"下来
墩	ɗui^{24}	山峰(山-墩)

续　表

字	音节	注　　释
对	ɗui⁵¹	一"对"手镯,对面(对-面),对岸(对-边),对,不对(无-对),"对"号码
骟	ɗun⁴⁴	已阉动物(骟-公),阉鸡(骟-鸡),"阉"牛
冬	ɗuŋ⁴⁴	香菇(冬-菇),立冬(立-冬),冬,"冬"瓜
堆	ɗuŋ⁴⁴	一"堆"石头,一"堆"粪,山丘(山-墩)

透母读作 t:

字	音节	注　　释
贪	tan⁴⁴	"贪"多
拖	tɔ²²	拖延(拖-久),拖,"拖"声唱,"拉"车
汤	tɤŋ⁴⁴	汤圆(汤-圆)
托	tɔp⁴	"托"起
摊	tɛn⁴⁴	"摊"开
偷	tɛu⁴⁴	偷懒(偷-懒)
退	tui²⁴	退,"退"钱
推	tui²²	推算(推-算)
通	tuŋ⁴⁴	不"通"气,"通"煤火,"通"广州

定母读作 t:

字	音节	注　　释
谈	tam²⁴	"谈"话
弹	tan²⁴	"弹"琴

字	音节	注　释
萄	tau^{24}	葡萄(葡-萄)
调	tau^{242}	调羹(口-匙)
砣	tɔ^{242}	秤砣(秤-砣)
塘	tɔŋ^{242}	一"坑"尿,火塘(火-坑),火坑(火-坑),厕所(屎-坑)
团	tɔŋ^{242}	垃圾(屎-团),"团"煤球
投	tɛu^{24}	投降(投-降),"投"票
潭	tum^{44}	池子
同	tuŋ^{24}	同学(同-学)
提	ti^{24}	"提"意见
填	tian^{242}	填坑(填-坑),填,培土(填-泥),"填"表
停	tiaŋ^{22}	停
条	tiau^{24}	面条(面-条)

泥母读作 n：

字	音节	注　释
那	na^{44}	那边(那-边),那
哪	na^{44}	哪
南	nam^{242}	南方(南-方),南边(南-边),南,东南　(东-南)
耐	nɔi^{22}	耐心(耐-心)
囊	nɔŋ^{242}	胆囊(胆-囊)
泥	nɛ^{44}	捧土(捧-泥),培土(填-泥),泥巴(屎-泥),肥土(泥-粪),踩泥(踩-泥)
捻	nɛt^{2}	捻,"捻"跳蚤,"挤"奶,"扼"死
内	nui^{242}	内科(内-科)

4. 精组

中古精组有精、清、从、心、邪母,其中精母为不送气清塞音,清、心母为送气清塞音,从、邪母为全浊塞音。它们在油岭瑶语汉借词中的主借层分别为:

精母洪音的主借层:t

精母细音的主借层:ts

清母洪音的主借层:h

清母细音的主借层:s

从母平声的主借层:s

从母仄声的主借层:ts

心、邪母洪音的主借层:h

心、邪母细音的主借层:s

精组有着和上述帮、端组不平行的主借层。

首先,送气清塞音精母主借层不为内爆音,而是清塞音和清塞擦音 t/ts。精母变成清塞音和塞擦音的情况在其他语言中也很常见。在汉越语中精母的主借层就是 t,比如:

嗟 ta¹	～ho² 嗟乎 ;～tʰan⁵ 嗟叹
左 ta³	～zɯk⁶[军]左翼;～huu⁴① 左右。②[古]左右的侍者或亲信
佐 ta⁵	～ɬuŋ² 左证,见证;～zɯæk⁶辅佐药,融解剂
借 ta⁵	～租借;～kaɲ 佃耕
灾 tai¹	～灾难;～hwaŋ 灾荒
栽 tai²	～boi² 栽培,培养[人才]
糟 tao²	～lao 徒然的,无用的,徒劳无功的,虚泛的,虚空的
澡 tao³	～ɖuɐŋ² 澡堂[n]

撙 tʌn²	～tien⁶撙节,节俭
增 tʌŋ¹	～增加,增长,增添
咂 tap⁷	～[张口]一咬,攫取
纵 tuoŋ²	buoŋ～放纵,放浪
浆 tɯɐŋ¹	kwjȵ²～琼浆;hujet⁵～血浆
樽 ton¹	kəm²～琴樽,指知己
缙 tən⁵	～tʰən缙绅,宦族

汉语的广东和湖南也有一些方言的精母今读 t,例如:

方言点	例　字	方言点	例　字
广东郁南	左 tɔ³	广东台山	早 tau⁵⁵
广东郁南	祖 tu³	广东台山	奏 teu³³
广东郁南	再 tɔi⁵	广东台山	蒋 tiaŋ⁵⁵
广东郁南	溅 tin⁵	广东台山	曾 taŋ³³
广东郁南	津 tɐn¹	广东台山	睛 ten³³
广东郁南	尊 tun¹	广东台山	鬃 tøŋ³³
广东郁南	浆 teŋ¹	广东南海	左 tɔ³⁵
广东郁南	雀 tek⁷	广东南海	宰 tɔ³⁵
广东郁南	精 tɣŋ¹	广东南海	最 tœy³³
广东郁南	迹 tɣk⁷	广东南海	子 ty³⁵
广东台山	左 tuɔ⁵⁵	广东南海	焦 tiu⁵⁵
广东台山	载 tuɔi⁵⁵	广东南海	尖 tim⁵⁵
广东台山	再 tuɔi³³	广东南海	接 tip³³
广东台山	姊 tei⁵⁵	广东南海	进 tœn³³

方言点	例　字	方言点	例　字
广东南海	将 tœŋ⁵⁵	湖南道县	彩 ta³
广东南海	井 tɛŋ³⁵	湖南道县	灶 ta⁵
湖南道县	节 ti⁷	湖南道县	曾 tiɐl
湖南道县	接 ti⁷	湖南道县	做 tɣ⁵
湖南道县	早 ta³	湖南道县	卒 tɯ⁷
湖南道县	姐 ta³	湖南道县	左 tao⁵

其次,送气清塞音清母、心母主借层不是塞音,而是擦音 s-/h-。全浊塞音声母从母、邪母除从母仄声外主借层皆为擦音。这种送气声母擦化的现象在汉语方言中也存在,油岭瑶语所在地为广东连南,广东一些汉语方言中送气声母擦化现象非常普遍,不单溪母字擦化成 h-,透母与清母也是如此,如:台山"俏"(清母) hiau³³,汕尾"擦"(清母)huaʔ⁷,台山"土"(透母)hu²²,开平"态"(透母)hai³³,江门"秃"(透母)hɔk⁵⁵。

再次,同一声母会因为洪、细音的差异导致主借层的不同。洪音和细音的差别在于开口度的大小,洪音开口度较大,细音开口度较小。声母的开口度大小会受到后接韵首的影响。我们知道,塞音和塞擦音最大的区别在于除阻状态:塞音除阻时,收紧点突然全部打开,强气流冲出形成爆破;塞擦音除阻时,收紧点虽然也打开,但是收紧部分只是一条狭长的窄缝,气流冲出导致湍流,带上一些擦音的成分 s-。精母洪音开口度比较大,当除阻的时候,收紧点没有经过-s阶段,所以发成了塞音 t-,而精母细音的声母开口度要小很多,除阻的最后阶段处于开口度较小的 s,所以整个声母保留 ts-的读音。同样的道理,清、心、邪母洪音的主借层开口度较大,除阻时收紧点没有经过 s 阶段,发成了 h-＜s-,而细音的声母开口度要小很多,所以还保留了 s 的读音。

此外,从母由于平仄的差异导致主借层的差异。全浊声母的平声与次清声母有着相同的音变,仄声与全清声母音变相同。帮组中帮、滂母主借层一致,端组中端、透母主借层一致,所以並、定的主借层无平仄的差异。但精母和清母的主借层不同,所以从母平声与清母同,主借层为擦音,从母仄声与精母同,为塞擦音。

以下是精组各声母主借层的例子:

精母洪音读作 t:

字	音节	注　　释
葬	toŋ⁵¹	葬,送葬(送-葬)
节	tɕi⁴⁴	节气(节-令)
煎	tɛn⁴⁴	油"煎","烤"粑粑,"煎"鱼
箭	tɛn⁵¹	箭
井	tɛn²⁴	填坑(填-坑),天井(天-坑),水井(水-坑),枯井(干-坑),井,粪坑(屎-坑),地洞(地-坑),一"池"水
接	tɛp⁴	用芒草打的"结"(接-结),接,"接"绳子
节	tɛt⁴	竹节(竹-节),指节(手-节),腕关节(节-结),节日(做-节),过节(做-节),骨节(骨-节)
焦	tɛu⁴⁴	焦,慌张(心-焦),胡椒(胡-焦)
蕉	tɛu⁴⁴	芭蕉(蕉-芭)

精母细音读作 ts:

字	音节	注　　释
浆	tsiaŋ⁴⁴	浆糊(浆-糊)
奖	tsiaŋ⁵¹	赏赐(奖-励)

续　表

字	音节	注　　释
精	tsin^{44}	酒精(酒-精)
鲫	tsit^2	鲫鱼(鲫-鱼)
酒	tsiu^{24}	酒精(酒-精)

清母洪音读作 h：

字	音节	注　　释
亲	hen^{44}	亲戚(亲-戚)
请	heŋ^{24}	邀请,申请(申-请),请
清	heŋ^{44}	清明(清-明)
千	hun^{44}	一千 (一-千),千万(千-万),千
寸	hun^{51}	寸
葱	huŋ^{44}	葱(词头-葱)
聪	huŋ^{22}	聪明(聪-人)
七	hut^4	十七(十-七),七十(七-十),七,第七(第-七),初七 (先-七)

清母细音读作 s：

字	音节	注　　释
刺	si^{44}	"刺"骨
戚	si^{51}	亲戚(亲-戚)

115

从母平声读作 s：

字	音节	注　释
才	sɔi²⁴²	口才(吵-才)
材	sɔi²²	棺材(棺-材)
财	sɔi²⁴²	招财(招-财)，发财(发-财)，财
墙	siaŋ²⁴²	砖墙(砖-墙)，围墙(大-墙)，石墙(石-墙)，墙，木板墙(板-墙)

从母仄声读作 ts：

字	音节	注　释
杂	tsap⁴	杂居(杂-屋)
族	tsup⁴	民族(民-族)
自	tsi⁴⁴	"自"古以来
咂	tsiap⁴	"咂"嘴
就	tsiu²⁴²	就是(就-是)，"就"是他
就	tsiu⁵¹	"就"菜下饭

心、邪母洪音读作 h：

字	音节	注　释
省	han²²	节约，"省"事，"省"时间，"省"钱，"省"力
锁	hɔ²⁴	钥匙(锁-匙)，锁头(锁-头)，锁门(锁-门)，"锁"箱子
三	hɔm⁴⁴	十三(十-三)，三十(三-十)，第三(第-三)，初三(先-三)

续　表

字	音节	注　　释
蒜	hɔn²⁴	蒜叶(蒜-叶),蒜苔(蒜-花),蒜
伞	hɔn⁵¹	伞套(伞-包),伞骨(伞-竿),伞把(伞-柄),伞
先	hɛn⁴⁴	前附"初"
辛	hɛn⁴⁴	辛
星	hɛŋ⁴⁴	秤星(秤-星)
性	hɛŋ⁵¹	性子(性-急),态度(性-气)
孙	hun⁴⁴	子孙(子-孙),孙子,孙女(孙-妇)
松	huŋ⁴⁴	委婉"大便"(放-松),松散,蓬松,裤带"松"了
戌	hut⁴	戌

心、邪母细音读作 s:

字	音节	注　　释
四	si²⁴	四季(四-季)
仙	sian²²	仙人(仙-人)
先	sian²²	先生(先-生)
想	siaŋ²⁴	想着(想-着),想,"想"家
小	siau²²	小雪(小-雪),小暑(小-暑),小寒(小-寒),初小(初-小)
雪	siat²	小雪(小-雪)
信	sin²⁴²	信纸(信-纸),写"信",书信(书-信)
修	siu⁴⁴	修路(修-路),修理(修-好)
斜	sia⁵¹	篱笆"倾斜",侧面(远)(斜-面)
象	siaŋ⁵¹	大象(大-象)

5．知组

中古知组包括知、彻、澄、娘母。汉语中古该组均为卷舌音，其中知母为不送气清塞音，彻母为送气清塞音，澄母为浊塞音，娘母为鼻音，后来三个塞音声母发生了塞擦化的音变，娘母由卷舌音变成了齿龈音。它们在油岭瑶语中的主借层分别为：

知母的主借层：ts

彻母的主借层：ts

澄母的主借层：ts

娘母的主借层：n̪

知组借入油岭瑶语时，被借入的汉语方言已经发生了塞擦化的音变。由于瑶语的母语音系本来就没有送气与不送气的对立，这组字借入瑶语时，也失去了送气与不送气的对立。知、彻、澄母合流，且该方言卷舌音已经并入齿龈音。

以下是知组主借层的例字。

知母读作 ts：

字	音节	注　　释
帐	tsaŋ²⁴	帐子(词头-帐)，蚊帐
转	tsɔn⁵¹	转弯(转-弯)，"拐"弯儿
账	tsɔŋ²⁴²	账，账目(账-单)
展	tsɔŋ⁴⁴	发展(发-展)
张	tsɔŋ²²	姓"张"
长	tsɔŋ⁵¹	瑶长(瑶-长)
中	tsuŋ²²	中心(中-间)，中国(中-国)，中等(中-间)，当中(当-中)

彻母读作 ts:

字	音节	注　　释
彻	tsat^2	彻底(彻-底)
戳	tsu^{51}	树枝"扎"手,"戳"破纸,毛衣"刺"人
椿	tsun^{44}	香椿(椿-树)

澄母读作 ts:

字	音节	注　　释
传	tsɔn^{24}	宣传(宣-传)
场	tsɔŋ^{24}	赶场(赶-场)
除	tsu^{24}	除
赚	tsɔn^{22}	"赚"钱
撞	tsɔŋ^{22}	恰巧"碰"上,碰,"撞"在墙上
直	tsit^4	直

娘母读作 ȵ:

字	音节	注　　释
拿	ȵa^{22}	捉贼(拿-贼),捉,抓,摸鱼(拿-鱼),老虎"扑"猪
蹑	ȵap^2	"蹑手蹑脚地"走
粘	ȵɛn^{22}	染布(粘-布)
粘	ȵɛn^{242}	贴,"粘"邮票
粘	ȵɛn^{44}	粘米(粘-米),"粘"乎乎,"沾"油垢
浓	ȵuŋ^{242}	滋味"浓",浓,茶"浓"

6. 庄组

中古庄组包括庄、初、崇、生四个声母,其中庄母为不送气清塞擦音,初母为送气清塞擦音,崇母为全浊塞擦音,生母为清擦音。它们在油岭瑶语汉借词中的主借层为:

庄母主借层:ts

初、生母洪音主借层:h

初、生母细音主借层:s

油岭瑶语汉借词中的崇母字非常少,从现有材料中不易分辨其主借层,所以在此不予讨论。庄组在中古汉语中为卷舌音,在借入油岭瑶语时的被借入汉语方言中已经并入齿龈音,所以庄母主借层为 ts。初、生母都带送气成分,送气导致擦音化 $ts^h->s-$,与精组一致,因为洪音开口度较大,发生了音变 $s>h$。

以下是庄组各声母的例字:

庄母读作 ts:

字	音节	注　　释
筝	tsa^{44}	风筝(风-筝)
争	tsaŋ^{22}	争,缺钱(用)(争-银),缺点(争-点)
找	tsau^{24}	找钱(找-银),扰乱(找-事),"找"零钱
挣	tsən^{22}	"挣"钱
装	tsɔŋ^{44}	假装(假-装)
眨	tsiap^{4}	"眨"眼睛

初母洪音读作 h:

字	音节	注　　释
铲	han²⁴	"铲"锅
炒	hau²⁴	翻炒(翻-炒),"炒"菜
疮	hoŋ⁴⁴	麻疹(麻-疮),疥疮(词头-疮),冻疮(冷-疮),疮
插	hɛp⁴	上插羽毛(插-花),刀"插"鞘,戴花(插-芳),插,"插"棍子,"插"刀于地
吵	hɛu²⁴	闹,很"吵",赌咒(吵-鬼),嘈杂

初母细音读作 s,如:插("插"秧)siaŋ²²

生母洪音读作 h:

字	音节	注　　释
沙	ha⁴⁴	铁沙(铁-沙),水滩(沙-坪),沙子(沙-子),沙滩(沙-坪),沙石(沙-石),沙漠(沙-漠),沙锅(沙-锅)
纱	ha⁴⁴	纱布(纱-布),纱
潲	hau⁵¹	潲水(潲-水)
拴	hɔn⁴⁴	乱拴(乱-拴)、"拴"马
筛	hɛ⁴⁴	"筛"米
生	hɛŋ⁴⁴	新鲜(生-鲜),鲜鱼(生-鱼),未交配过的小公鸡(生-鸡),生日(生-日),生气(生-气),生瓜(生-瓜),家畜(众-生)
数	hu⁵¹	总数(总-数),算账(算-数),赊账(赊-数),"数"量

生母细音读作 s:

字	音节	注　　释
师	si²²	师父(师-父),匠人(师-傅)
洒	sia²⁴	洒酒(洒-酒)

7. 章组

中古章组有章、昌、船、书、禅五个声母,皆为龈腭音,其中章母为不送气清塞擦音,昌母为清擦音,船、禅母为浊塞擦音,书母为清擦音。它们在油岭瑶语汉借词的主借层为:

章母的主借层: ts

昌母的主借层: ts

船母的主借层: s

书母的主借层: s

禅母的主借层: s

油岭瑶语的 ts、s 成阻部位是从齿龈至舌叶部分,成阻面较大,所以既用来与汉语的 ts、s 对应,也与 tɕ、ɕ 对应。此处油岭瑶语的 ts、s 实际上反映章组的龈腭读音 tɕ、ɕ。其中章、昌母合流仍为清塞擦音,没有送气与不送气的对立。船、禅、书母合流,都已经擦化为 s。

以下是章组各声母主借层的例字:

章母读作 ts:

字	音节	注　　释
振	tsan^{51}	拂,"抖"麦草,"抖"灰
煮	tsu^{24}	"煮"肉,"炸"丸子,"烧"茶
铸	tsu^{24}	铸,"铸"钢
烛	tsup^{2}	蜡烛(蜡–烛)
针	tsum^{44}	针筒(针–筒),蜂尾的针(蜂–针),穿针(穿–针)
指	tsi^{24}	指责(指–你),指头(手–头),指节(手–节),指指点点(指–着)

续　表

字	音节	注　　释
至	tsi²⁴	夏至（夏-至），冬至（冬-至）
砖	tsin⁴⁴	砖墙（砖-墙），砖房（砖-屋），火砖（熟-砖），打砖（打-砖）
政	tsiŋ²⁴²	政府（政-府）
织	tsit²	"编"毛衣
州	tsiu⁴⁴	州
照	tsiu⁵¹	照，太阳"照"，镜子（铜-照），玻璃（铜-照）

昌母读作 tsʰ：

字	音节	注　　释
车	tsʰa⁴⁴	一"列"火车，一"辆"汽车，一"车"煤，水车（水-车），汽车（汽-车），火车（火-车），风车（风-车），车子，车票（车-票），车轮（车-滚）
春	tsʰun⁴⁴	春分（春-分）
铳	tsʰuŋ²⁴	子弹（枪-弹），竹枪（竹-铳），铁炮（铁-枪），射击（射-枪），枪，炮，鸟枪（鸟-铳），火药（铳-药），火枪（火-铳），大炮（大-铳），打枪（放-铳），打靶（放-铳），铳袋（排瑶男子常随身携带）（铳-袋），步枪（词头-铳），爆炸（放-铳）
冲	tsʰuŋ⁴⁴	"冲"天干劲，往前"冲"

船母读作 s：

字	音节	注　　释
赎	sɔ²²	赎
剩	sɔŋ²⁴	剩（有 还）
实	siat²	扎实，土"紧"，老实（老-实），结实，诚实（老-实），不正经（无-实）

书母读作 s：

字	音节	注 释
伸	san²⁴²	伸腰(伸-腰)，伸，"伸"手向里，"伸"懒腰
世	sɛi²⁴	世，去世(过-世)，出生(生-世)
输	su⁴⁴	"输"钱，"输"理
水	sui⁵¹	患"水肿"(水-肿)，大雨(大-水)
舂	sun²²	舂米(舂-米)，舂
试	si²⁴²	考试(考-试)，"试"刀锋
深	siam⁴⁴	水"深"，深，色"深"
伸	sin²⁴	伸出(伸-出)，"伸"手
收	siu⁴⁴	收，"收"信，"收"钱，"收"工，"收"东西，"收"稻谷

禅母读作 s：

字	音节	注 释
城	saŋ²⁴	县城(县-城)
承	sɛŋ²⁴²	奉承(奉-承)
辰	siaŋ²⁴²	卯时(卯-辰)
尝	siaŋ⁵¹	"尝"菜味
熟	sɔ²²	熟悉，熟人(熟-人)，熟，火砖(熟-砖)
是	sɛi⁴⁴	硬是(硬-是)
市	si²⁴²	城市(城-市)
十	siap	十五(十-五)，十三(十-三)，十七(十-七)
勺	siu⁴⁴	水瓢(瓜-勺)，勺子(菜-勺)，粪瓢(舀粪的)(屎-勺)

8. 见组

中古见组包括见、溪、群、疑四个声母,均为软腭音,其中见母为不送气清塞音,溪母为送气清塞音,群母为浊塞音,疑母为鼻音。它们在油岭瑶语汉借词中的主借层分别为:

见母的主借层: k

溪母的主借层: k

群母的主借层: k

疑母的主借层: ŋ

见组和帮、端组也不平行。见母的主借层不是内爆音,而是清塞音。我们知道内爆音的发音机制是由于喉部下沉使得口腔和咽腔容积增大,从而导致口腔内空气稀化、气压降低。此外,油岭瑶语的内爆音发音时声带是振动的,声带振动需要气流通过声门,原先关闭的声带被冲破,声带就振动起来了,气流通过声门到了共鸣腔,可共鸣腔是封闭的,通过声门的气流跑不出去,只能滞留在共鸣腔里,结果是共鸣腔内气体增多,导致气压升高。发 ɓ、ɗ 时,因为发音部位靠前,从声门到收紧点之间的腔体相对较大,所以相对容易在保证口腔负气压的情况下维持声带振动。而发软腭部位的塞音时,收紧点在舌后与软腭相接处,从收紧点到声门之间的腔体非常小,发软腭内爆音时一方面喉部下沉,从舌后与软腭相接的地方到声门那个小空间的气压降低,但声带稍微一颤动,那个小小的空间马上就充满了气,成正压力了。所以既没有空间也没有时间同时维持腔体负气压和声带振动,这样一来,软腭部位的内爆音就难以维持,很容易清化成为软腭清塞音,即发生了 ɠ>k 的音变。油岭瑶语中是有 ɠ 的,有些 ɠ 并没有演变为 k。例如:滑 ɠut² 、救 ɠɐu⁵¹ 。可见瑶语用 ɠ 借了汉语的见母,以后发生了音变 ɠ>k,大部分变了,也有个别字还是 ɠ。

因为瑶语没有送气与不送气的对立,所以借入的见组也没有送气与不送气的对立,因此见、溪、群母合流。

以下为见组各声母主借层的例字:

见母读作 k:

字	韵	音节	注　　　释
挂	佳	ka²⁴	挂肉(挂-肉),钉子"挂"衣服,"挂"旗子,"挂"帽子
假	麻	ka²⁴	虚的(假-的),冒充(假-起),假装(假-装),假
交	肴	kau⁴⁴	交流(交-话),"交"代问题
钢	唐	koŋ⁵¹	钢铁(钢-铁),钢笔(钢-笔),钢板(钢-板),钢
杠	江	koŋ⁵¹	杠杆,杠子
割	曷	kot⁴	铡刀(割-刀)
蕨	月	kot⁴	蕨菜(菜-割)
间	山	kɛn⁴⁴	一"间"房,房间(房-间)
肩	先	kɛn⁴⁴	肩头(肩-头),肩膀(肩-头),胳膊(肩-头),臂(肩-头)
惯	删	kɛn⁵¹	惯,吃"惯"了,习惯
耕	耕	kɛŋ⁴⁴	垦地(耕-地),"锄"地,"锄"草
纠	幽	kɛu²⁴	"打"草鞋,"编"篮子,"编"草鞋,"编"簸箕
交	肴	kɛu⁴⁴	"付"钱
沽	模	ku²⁴	"打"酒
机	微	ki⁴⁴	设备(机-械),飞机(飞-机)
敬	庚	kin²⁴²	"敬"酒,"敬"鬼
经	青	kin⁴⁴	经验(经-验)
急	缉	kip²	性子(性-急)

溪母读作 k：

字	音节	注　　释
跨	ka²⁴²	走一"步"(一-跨),跨,"跨"门坎
肯	kam²⁴	肯
考	kau²⁴	考试(考-试)
扣	kau²⁴	门闩(门-扣),"扣"扣子
科	kə⁴⁴	内科(内-科)
框	kɔŋ⁴⁴	门框(门-框)
圈	kɔŋ⁴⁴	项圈(银-圈)
困	kɔŋ²⁴²	困难
扣	kɛu²⁴²	"扣"钱
苦	ku²⁴²	生活"苦"
亏	kui²⁴²	亏本(亏-本)
空	kuŋ⁴⁴	空气(空-气)

群母读作 k：

奇	ki²⁴	奇怪(奇-怪)
旗	ki²⁴²	白旗(旗-白),旗
茄	kia²⁴²	茄子(词头-茄)
钳	kiam²⁴	铁钳(铁-钳),钳子(词头-钳)
拳	kian²⁴	打拳(打-拳)
球	kiu²⁴	地球(地-球)
翘	kiu⁴⁴	翘
具	ki²⁴²	家具(家-具)
件	kian⁴⁴	一"套"衣服,一"件"衣,条件(条-件),件(一-件)

疑母读作 ŋ:

字	音节	注　　释
捱	ŋai²⁴	捱
硬	ŋan⁴⁴	硬是(硬-是)
眼	ŋan²⁴	眼镜(扳-眼),沙眼(沙-眼)
藕	ŋau²⁴	藕
咬	ŋau⁴⁴	咬一口(咬-口),蚊子"咬",老鼠"咬"衣服,虎"咬"人,"咬"核桃
饿	ŋɔ²²	饿,饿极(饿-很),饿鬼(饿-鬼),饿
芽	ŋia²⁴²	芽,嫩芽(嫩-芽),发芽(发-芽),豆芽菜(豆-芽),出芽(出-芽)

9. 晓组

中古晓组包括晓、匣两个声母,皆为声门音,其中晓母为清擦音,匣母为浊擦音。它们在油岭瑶语汉借词中的主借层为:

晓母主借层：h

匣母瑶语中的开口音已经清化,主借层：h

匣母瑶语中的合口音没有清化,主借层：v

油岭瑶语汉借词中的浊音已经全部清化,匣母与晓母合流。但是瑶语合口的匣母由于后接介音 u 的影响变成 v。在油岭瑶语中有声母 v,而且没有清化作 f,所以匣母合口变成 v 以后并没有清化。

以下是晓组各声母主借层的例子:

晓母读作 h:

字	音节	注　　释
虾	ha^{242}	虾子(虾-公)
擤	haŋ^{51}	擤
海	hɔi^{24}	海
烘	hɔŋ^{51}	烘衣(烘-衣),烘房(烘-屋),烘,"烤"谷子
戏	hi^{24}	演戏(做-戏),戏
香	hiaŋ^{44}	神位（香-坛）,神坛（香-坛）,神台（香-案）,神龛(香-坛)
献	hiŋ^{51}	献

匣母瑶语中开口音读作 h：

字	音节	注　　释
含	ham^{242}	含,"含"一口水
还	han^{24}	"还"有
核	ha^{22}	眼珠(眼睛-核),瞳仁(眼-核),核,果核(果-核)
夏	ha^{22}	夏至(夏-至),夏季(夏-季),夏,立夏(立-夏)
械	hai^{242}	设备(机-械)
鹤	hɔ^{22}	鹭鸶(白-鹤),白鹤(白-鹤)
学	hɔ^{22}	学校(学-堂),学习(学-习),学生(学-子),学,上学(上-学),大学(大-学)
系	hɛ^{242}	关系(关-系)
很	hɛn^{24}	冷得"很",很多(很-多)
狭	hɛp^{2}	窄

匣母瑶语中合口音读作 v：

字	音节	注　　释
还	van^{24}	关鸡(还-鸡)，"还"账
横	vaŋ^{242}	"横"着放，"横"在路上
魂	vɔn^{242}	魂
悬	vɛn^{44}	悬
画	va^{22}	涂改，描，画，"划"线
话	va^{44}	大话(大-话)
和	vɔ^{24}	和气(和-气)
活	vɔt^{4}	生活(生-活)
会	vui^{44}	散会(散-会)

10. 影组

中古影组有影、云、以三个声母，其中影母为不送气清塞擦音，云、以母在后中古期合并为半元音 j。它们在油岭瑶语汉借词中的主借层分别为：

影母主借层：ʔ

云母瑶语中开口音的主借层：j

云母瑶语中合口音的主借层：v

以母的主借层：j

云母与匣母情况一致，合口字也是受后接元音 u 的影响而唇齿化，变成了浊音 v。

以下是影组各声母主借层的例子：

影母读作 ʔ：

字	音节	注　　释
丫	ʔa⁴⁴	山坳口(山-丫)
挨	ʔai⁴⁴	"挨"饿
鸭	ʔap⁴	野鸭(野-鸭),鸭蛋(鸭-蛋),鸭,蛙(蛙-鸭)
拗	ʔau²⁴	折弯(折-弯),比手劲(拗-扳),"拗"断
恶	ʔɔ⁴⁴	野兽"凶",人"恶"
影	ʔɔŋ²⁴	影子(词头-影),阴影(阴-影)
安	ʔɔŋ⁴⁴	"架"锅,"寄"存,"安"门窗
恩	ʔɛn⁴⁴	恩人(恩-人)
沤	ʔu⁵¹	"沤"肥
弯	ʔuŋ²⁴²	折弯(折-弯),木棍、树枝等"弯"
一	ʔi⁴⁴	"一向"很好(一-久)
医	ʔi⁴⁴	医治(医-病),医院(医-院),医生(医-生)
阴	ʔiam⁴⁴	阴影(阴-影)
淹	ʔiam⁵¹	淹没(淹-跌),"灌"田
厌	ʔiam⁵¹	吃"腻"了

云母瑶语中开口音读作 j：

字	音节	注　　释
圆	jian²⁴	汤圆(汤-圆)
院	jian²⁴²	医院(医-院)
又	jiu²⁴²	"又"来了

云母瑶语中合口音读作 v：

字	音节	注　释
云	vən^{51}	云，雾（云-雾），乌云
园	vən^{44}	菜园（菜-园）
旺	voŋ^{22}	旺盛（旺-很），使"兴旺"（兴-旺），人旺（人-旺），健康（人-旺）
王	voŋ^{242}	王，龙王（龙-王），皇殿（王-殿），皇帝（王-帝），蜂王（蜂-王）
围	vui^{242}	围
圆	vin^{242}	圆凿（圆-凿），圆形（圆-团），圆（绕-团），圈（绕-团），"绕"过来

以母读作 j：

字	韵	音节	注　释
野	麻	jia^{242}	野猪（野-猪），野鸡（野-鸡），野狗（野-狗），狼狗（野-狗）
盐	盐	jiam^{242}	盐水（盐-水），盐
赢	清	jiaŋ^{242}	"赢"钱
摇	宵	jiau^{24}	"摇"尾，"晃"旗子
养	阳	joŋ^{44}	培养（培-养）
铅	仙	jian^{24}	铅笔（铅-笔）
寅	真	jian^{242}	寅
易	支	ji^{22}	容易（容-易）
已	之	ji^{44}	已
养	阳	jiŋ^{44}	抚养，"养"一家人，"养"老
鹞	宵	jiu^{22}	鹞鹰（词头-鹞）

续　表

字	韵	音节	注　　释
酉	尤	jiu⁴⁴	酉
匀	真	jun²⁴²	均匀
用	钟	juŋ²²	有用(有-用),用处(用-用)

11. 日组

中古日组只有日母一个声母,中古汉语读音为鼻音声母 n̠。油岭瑶语汉借词中的主借层为 n̠,例如:

字	音节	注　　释
二	n̠i²²	晚稻(二茬-禾),十二(十-二),排列"二",二十(二-十),二胡(二-胡),二,第二(第-二),初二(先-二),阿二(词头-二),后妻(二-婆)
染	n̠iam²²	染,"染"蛋
壬	n̠iam²⁴²	壬
忍	n̠iam²⁴²	"忍"尿
认	n̠ɛn²²	相识(认-识),认字(认-字),谦虚(认-好),"识"字,"认"干爹
日	n̠iat⁴	太阳"很亮"(日-清楚),晒太阳(晒-太阳),阳光

二、韵母的主借层

1. 通摄

中古汉语通摄的舒声韵分别为:一、三等东韵,一等冬韵和三等钟韵。对应的入声韵分别为：一、三等屋韵、一等沃韵、三等烛韵。以下是通摄油岭瑶语汉借词的主借层。

通摄舒声字的主借层：uŋ

冬 dˀuŋ⁴⁴	香菇(冬-菇)，立冬(粒-冬)，冬至(冬-至)，冬，"冬"瓜
同 tuŋ²⁴	同学(同-学)
懂 tuŋ²²	懂事(懂-事)
筒 tuŋ²⁴²	烟管(烟-筒)
通 tuŋ⁴⁴	不"通"气，"通"煤火，"通"广州
桶 tuŋ⁵¹	一"桶"水，桶梁(桶-梁)，桶底(桶-底)，桶，米桶(米-桶)，箍桶(箍-桶)
聪 huŋ²²	聪明(聪-人)
椶 tsuŋ⁴⁴	棕叶(棕-叶)，棕树(棕-树)
总 tsuŋ⁵¹	总数(总-数)，总是(总-是)
工 kuŋ⁴⁴	停工(停-工)，施工(做-工)，互相轮流做帮工(连-工)，工钱(工-银)
空 kuŋ⁴⁴	空气(空-气)
红 huŋ²⁴²	红布(红-布)，红稗(红-稗)
风 fuŋ⁴⁴	风筝(风-筝)，风箱(风-箱)，风车(风-车)
龙 luŋ²⁴²	龙王(龙-王)，龙，风水(龙-路)，大龙(大-龙)，打闪(龙-闪)
众 tsuŋ⁴⁴	家畜(众-生)
冲 tsuŋ⁴⁴	"冲淡"酒(冲-淡)，"冲"天干劲
种 tsuŋ⁵¹	芒种(芒-种)，"种"地，"种"苞谷
用 juŋ²²	有用(有-用)，用处(用-用)

　　唐以后东、钟、冬韵合流，读作 uŋ 或者 oŋ，普通话读音就介于二者之间，读作 oŋ。油岭瑶语的主借层为 uŋ，反映了唐以后的读音，说明这些词从汉语借入油岭瑶语的时候，被借入的汉语方言已经合流，反映了合流以后的历史层次。

　　通摄入声字的主借层：u／up

　　通摄入声读 u：

木 mu^{22}	棉絮(木-棉),棉桃(木-棉),棉花(木-棉)
读 tu^{22}	读书(读-书)
毒 tu^{22}	草"毒"
谷 ku^{44}	谷雨(谷-雨)
福 fu^{24}	福
叔 su^{44}	叔公(叔-公)

　　通摄入声读 up：

毒 tup^{4}	毒蛇(毒-蛇),毒辣(毒-辣)
族 tsup^{4}	民族(民-族)
续 sup^{4}	连续(连-续)
缩 sup^{2}	缩小(缩-细),缩短(缩-短)
束 tsup^{2}	结束(结-束)
烛 tsup^{2}	蜡烛(蜡-烛)

　　中古汉语通摄入声是带 k 韵尾的，读作 uk 或者 ok。但由于油岭瑶语中 k 韵尾在被借入时期正处在舒声化的过程中，所以有些通摄入声字借入油岭瑶语后完全舒声化了，uk 的 k 韵尾失落，读作 u。还有的没有完全舒声化，只是 k 尾变成了 t 尾，有的变成

p 尾。由于主元音为 u,因此没有彻底舒声化的通摄入声字读作 up。

2. 江摄

中古江摄只有两个韵:江韵和觉韵,均为二等字。江韵为舒声,觉韵为入声。油岭瑶语汉借词中江摄的主借层如下。

江韵主借层为 ɔŋ:

撞 dʱɛŋ⁴⁴	牛"顶撞"(撞-角)
幢 tɔŋ²⁴²	幢
撞 tsɔŋ²²	恰巧"碰"上,碰,"撞"在墙上
讲 kɔŋ²⁴	造谣(讲-混),贪吃(讲-吃),说坏(讲-坏),说服(讲-松),申冤(讲-明),罗嗦(多-讲),开玩笑(讲-笑),讲理(讲-理),胡说(乱-讲),后来(再-讲),叮嘱(讲-告),澄清(讲-清),背诵(背-讲),白说(白-讲),"约"定,"谈"天,"说"话,"夸"媳妇
杠 kɔŋ⁵¹	杠杆,杠子
降 kɔŋ⁵¹	霜降(霜-降)
双 sɔŋ²²	双
降 hɔŋ²⁴	投降(投-降)
巷 hɔŋ²²	巷

中古江韵在《切韵》读音为 ɰɔŋ,在《中原音韵》读作 aŋ,在油岭瑶语汉借词中主借层为 ɔŋ。因此,油岭瑶语的江韵汉借词的读音反映的是《切韵》之后,《中原音韵》之前的层次。在借入时代,油岭瑶语音系中没有介音 ɰ,因此江韵借入瑶语时就直接用与 ɰɔŋ 最相近的 ɔŋ 来代替。

觉韵主借层为 ɔ:

角 kɔ⁴⁴	羊角(羊-角),屋角(屋-角),牛角(牛-角),牛"顶撞"(撞-角),房角落(屋-角)
学 hɔ²²	学校(学-堂),学习(学-习),学生(学-子),学,上学(上-学),大学(大-学)

中古汉语觉韵为 ŋɔk。觉韵与江韵相同,反映的也是《切韵》之后,《中原音韵》之前的层次。介音 ŋ 在借入瑶语的时候就被舍弃了。此外,其 k 韵尾与通摄入声相同,在油岭瑶语中已经完全舒声化。

3. 止摄

中古止摄共有 4 个韵,均为三等字,分别为:微韵、之韵、支韵、脂韵。止摄在油岭瑶语汉借词的主借层为:

止摄开口主借层:i

止摄合口主借层:ui

以下为止摄主借层的例字。

止摄开口为 i:

比 ɓi²²	比赛(比-赢),比
鼻 ɓi⁴⁴	塌鼻子(鼻-塌),酒糟鼻(鼻-红),鼻血(鼻-血),鼻尖(鼻-刺)
痹 ɓi⁵¹	麻木,发麻,手麻(手-麻)
脾 pi²⁴²	脾气(脾-气)
地 di²⁴	心地(心-地)
地 ti⁵¹	地窖 (地-窖)
理 li⁴¹	管理(管-理),道理(道-理)
刺 si⁴⁴	"刺"骨
四 si²⁴	四季(四-季)

137

自 tsi²⁴²	"自"古以来
持 si²⁴	扶持(扶-持)
师 si²²	师傅(师-父),师父(师-父),匠人(师-傅)
试 si²⁴²	考试(考-试),"试"刀锋
止 tsi²⁴	止住(液体流动)(阻-断)
指 tsi²⁴	指责(指-你),指头(手-头),指节(指-节),指
至 tsi²⁴	夏至(夏-至),冬至(冬-至)
二 n̥i²²	晚稻(二荏-禾),十二(十-二),排列"二",二十(二-十),二胡(二-胡),二,第二(第-二),初二(先-二),阿二(词头-二),后妻(二-婆)
戏 hi²⁴	演戏(做-戏),戏
易 ji²²	容易(容-易)
椅 ji²⁴	椅轿(死人坐的)(词头-椅)
医 ʔi⁴⁴	医治(医-病),医院(医-院),医生(医-生)

止摄合口为 ui：

沸 ɓui⁵¹	沸腾
飞 fui⁴⁴	飞机(飞-机)
非 fui⁴⁴	非常(非-常)
随 sui²⁴	大方(随-便)
坠 tui²²	坠子,脱肛(肛-坠),耳环(耳-坠)
水 sui⁵¹	患"水肿"(水-肿),大雨(大-水)
柜 kui²²	箱子(柜-子),碗柜(碗-柜),木箱(板-柜),家具"耳子"(柜-耳),柜子(词头-柜),大箱子(大-柜),抽屉(柜-袋)

续　表

癸 kui²⁴	癸
季 kui²⁴	夏季(夏-季),五弟(五-季),四季(四-季),秋季(秋-季),男孩(季-子),姐弟俩(姐-季),季,弟(引称),弟(对称)(词头-季),次子(次-季),春季(春-季)
亏 kui⁴⁴	亏本(亏-本)
贵 kui⁵¹	贵
围 vui²⁴²	围

中古汉语的止摄在《切韵》时代各个等的读音各不相同,此后支、脂、之、微合流读作 i。《中原音韵》时代的止摄中分化出舌尖元音,精组字读作 ɿ,知、庄、章读 ʅ,其他仍读为 i。油岭瑶语的止摄只有一类 i,说明这些词借入时间比《切韵》时代要晚,因为还没有出现舌尖元音的分化,说明其借入时代要早于《中原音韵》时期。

4. 遇摄

中古遇摄有三个韵:一等模韵、三等鱼韵、三等虞韵。油岭瑶语汉借词中遇摄字(除疑母以外)的主借层为 u,疑母字遇摄的主借层:ŋ。以下是油岭瑶语遇摄汉借词的例字。

非疑母读 u:

铺 fu⁵¹	铺板(铺-板),床铺(词头-铺),床架子(铺-架),床底(铺-底),床(词头-铺)
葡 pu²⁴	葡萄(葡-萄)
都 tu²⁴²	"都"是
粗 fu²⁴²	粗糙,布"粗"
露 lu⁴⁴	寒露(寒-露)

炉 lu²⁴²	一"炉"火,香炉(香-炉),炉子(火-炉)
沽 ku²⁴	"打"酒
箍 ku⁴⁴	篾箍(竹-箍),锅圈(锅-箍),箍桶(箍-桶),箍儿(链-箍)
捂 ʔu⁴⁴	捂,"捂"嘴
胡 vu²⁴	二胡(二-胡)
湖 ʔu²⁴²	湖
父 fu⁴⁴	师傅(师-父),师父(师-父)
雾 mu²²	雾(云-雾)
孵 pu²²	孵蛋(孵-蛋),孵
数 hu⁵¹	总数(总-数),算账(算-数),赊账(赊-数),"数"量
输 su⁴⁴	"输"钱,"输"理
煮 tsu²⁴	"煮"肉,"炸"丸子,"烧"茶
跍 ku⁴⁴	蹲着(跍-着),蹲下(跍-下),蹲
雨 hu⁴⁴	谷雨(谷-雨)

疑母遇摄为 ŋ：

五 nŋ̍⁴⁴	五十(五-十),十五(十-五),排行"第五"(第-五),第五(第-五),初五(先-五)
午 nŋ̍⁴⁴	午

　　疑母字的韵母之所以和其他声母后的韵母读音不同,是由于韵母 u 受到了声母的影响。疑母的中古读音为 ŋ,遇摄各韵母的中古读音为 u,疑母遇摄字中古读作 ŋu,后韵母被声母同化,发生音变 ŋu＞nŋ̍＞ nŋ̍ 。疑母遇摄字读作 nŋ̍ 的现象在其他汉语方言中也可以见到,如：

　　江西多种方言的"五"读作 ŋ̍^{3}(宁都、安福、定南、星子、横峰、永丰、永修、泰和、湖口、萍乡、南昌、乐平、吉安、万安、上犹),"鱼"读作 ŋ̍^{2}(永新、泰和)。

　　浙江、上海、江苏等地一些方言的疑母遇摄也读作 ŋ̍,例如:

	浙江天台	上海南汇	江苏无锡
鱼	ɦŋ̍^{224}	鱼 ŋ̍^{2}	鱼 ɦŋ̍^{213}
吴	ɦŋ̍^{224}	吴 ŋ̍^{2}	吴 ɦŋ̍^{213}
蜈	ɦŋ̍^{224}		
五	ɦŋ̍^{44}	五 ŋ̍^{2}	五 ɦŋ̍^{213}
伍	ɦŋ̍^{44}	伍 ŋ̍^{2}	
捂	ɦŋ̍^{44}		
午	ɦŋ̍^{44}	午 ŋ̍^{2}	午 ɦŋ̍^{213}

　　疑母遇摄读作 ŋ̍ 的现象在两广地区更加普遍,如:

	中山	顺德	高明	鹤山	台山	藤县	郁林
吴	ŋ̍^{51}	ŋ̍^{42}	ŋ̍^{21}	ŋ̍^{12}	ŋ̍^{22}	ŋ̍^{212}	ŋ̍^{31}
蜈	ŋ̍^{51}	ŋ̍^{42}	ŋ̍^{21}	ŋ̍^{12}	ŋ̍^{22}	ŋ̍^{212}	ŋ̍^{31}
吾	ŋ̍^{51}	ŋ̍^{42}	ŋ̍^{21}	ŋ̍^{12}	ŋ̍^{22}	ŋ̍^{212}	ŋ̍^{31}
梧	ŋ̍^{51}	ŋ̍^{42}	ŋ̍^{21}	ŋ̍^{12}	ŋ̍^{22}	ŋ̍^{212}	ŋ̍^{13}
五	ŋ̍^{213}	ŋ̍^{13}	ŋ̍^{33}	ŋ̍^{55}	ŋ̍^{55}	ŋ̍^{35}	
伍	ŋ̍^{213}	ŋ̍^{13}	ŋ̍^{33}	ŋ̍^{55}	ŋ̍^{55}	ŋ̍^{35}	
午	ŋ̍^{213}	ŋ̍^{13}	ŋ̍^{33}	ŋ̍^{21}	ŋ̍^{21}	ŋ̍^{35}	ŋ̍^{13}
误	ŋ̍^{33}	ŋ̍^{13}	ŋ̍^{21}	ŋ̍^{32}	ŋ̍^{31}	ŋ̍^{22}	ŋ̍^{13}
悟	ŋ̍^{33}	ŋ̍^{13}	ŋ̍^{21}	ŋ̍^{32}	ŋ̍^{31}	ŋ̍^{22}	ŋ̍^{21}

我们认为 ŋu>ŋŋ̍> nŋ̍ 应该是瑶语自身的音变,而不是在汉语发生了该音变后,ŋŋ̍ 的读音直接借入瑶语,这是因为这类词中,有不少词是很早借入的词,比如:"五"和"午",而音变 ŋu>ŋŋ̍ 在各汉语方言中比较晚才发生,在《中原音韵》中,这些字的韵母还是 u。

5. 蟹摄

中古蟹摄包括:一等开口咍韵、一等合口灰韵、一等泰韵、二等皆韵、二等佳韵、二等夬韵、三等祭韵、三等废韵、四等齐韵。由于我们现有油岭瑶语材料中蟹摄合口四等字的汉语借词太少,主借层不鲜明,所以本书不予讨论。油岭瑶语蟹摄汉借词(齐韵除外)的主借层为:

蟹摄开口一等主借层:ɔi

蟹摄开口二等主借层:ai

蟹摄开口三、四等主借层:ɛi

蟹摄合口一等主借层:ui

蟹摄合口二等主借层:ai 和 a

蟹摄合口三等主借层:ui

以下是蟹摄主借层的例字:

蟹摄开口一等读作 ɔi:

害 hɔi²²	害人(害-人)
海 hɔi²⁴	海
开 hɔi⁴⁴	开头(开-头),开口(开-口),开关(开-关),公开(公-开)
改 kɔi²⁴	整修(改-好),改成(改-成),改变(改-变),改
盖 kɔi⁵¹	瓶盖(瓶-盖),盖子(词头-盖),"盖"章
材 sɔi²²	棺材(棺-材)
财 sɔi²⁴²	招财(招-财),发财(发-财),财

耐 nɔi²²	耐心(耐-心)
带 dɔi⁵¹	带领(带-头)
袋 tɔi²²	一"袋"米,小袋子(袋-子),书包(书-袋),尿布(尿-袋),麻袋(麻-袋),裤袋(裤-袋),袋子(词头-袋),大袋子(大-袋),抽屉(柜-袋),铳袋,布袋(布-袋),包袱(词头-袋)

中古蟹摄一、二等在《中原音韵》为皆来韵 ai,但是瑶语的一、二等有别,所以它的时代比《中原音韵》早。油岭瑶语咍、泰合流,都读 ɔi,所以,其时代又比《切韵》晚。

蟹摄开口二等读作 ai:

摆 ɓai²⁴	"摆"阔气,"摆"故事
卖 mai⁴⁴	销售(卖-货),卖,过秤论重量"卖"
败 pai²²	败家(败-家)
排 pai²⁴	排队(排-队),"排"列
牌 pai²⁴²	扑克(纸-牌)
派 pai²⁴²	派遣(派)
晒 fai⁴⁴	晒,"晒"谷子
阶 kai⁴⁴	一"行"字,级
街 kai⁴⁴	走廊(廊-街),街(词头-街)
解 kai⁵¹	解释(解-释),调解(调-解)
捱 ŋai²⁴	捱
鞋 hai²⁴²	雨鞋(雨-鞋),鞋面(鞋-顶),鞋底(鞋-底),鞋带(鞋-带),脱鞋(脱-鞋),皮鞋(皮-鞋),钉鞋(钉-鞋),布鞋(布-鞋)
械 hai²⁴²	设备(机-械)
挨 ʔai⁴⁴	"挨"饿

《切韵》音系中,中古蟹摄二等皆韵拟音 ɯiɐi,佳韵拟音 ɯɛ,夬韵拟音 ɯai,油岭瑶语汉借词皆、佳、夬韵合流为 ai(介音 ɯ 在借入瑶语时,由于瑶语缺乏该介音所以被去掉了),说明蟹摄二等借入比《切韵》要晚一些。

蟹摄开口三、四等读作 ɛi:

世 sɛi²⁴	世,去世(过-世),出生(生-世)
米 mɛi²⁴	庄稼(饭-米),粘米(粘-米),淘米(洗-米),糯米(肥-米),高粱(麦-米),米桶(米-桶),米糖(米-糖),米汤(米-水),米,粮站(米-店),红米(米-红),瓜子儿(瓜-米),豆子(豆-米),春米(春-米),糙米(生-米),簸米(簸-米),白米(白-米)
底 ɗɛi⁵¹	彻底(彻-底)
犁 hɛi²⁴²	犁弯(犁-弓),犁头(犁-头),犁,铧口(犁-头),铧
犁 hɛi⁴⁴	"犁"田
泥 nɛi⁴⁴	捧土(捧-泥),培土(填-泥),泥巴(屎-泥),肥土(泥-粪),踩泥(踩-泥)
西 hɛi⁴⁴	西
细 hɛi⁵¹	小月(细-月),小老婆(细-婆),小,细长(细-长),缩小(缩-细),胆小(胆-细),"小路"(细-路)
计 kɛi⁵¹	估计(估-计)
闭 ɓɛi⁵¹	盗汗(闭-汗),闭(嘴),闭

《切韵》蟹摄开口三等 iɛi、四等 ei,后来合流了,油岭瑶语的三、四等不分,说明比《切韵》晚的历史层次。

蟹摄合口一等读 ui:

煤 mui²⁴	煤
倍 pui²⁴	倍(一-倍)

培 pui²⁴	培养(培-养)
背 pui²⁴²	背诵(背-讲),背书(背-书)
配 pui²⁴²	"配"药方
杯 pui⁴⁴	酒杯(酒-杯),杯子(杯-子)
对 dui⁵¹	一"对"手镯,对面(对-面),对岸(对-边),对,不对(无-对),"对"号码
蜕 hui⁵¹	脱皮(蜕-皮),蜕
退 tui²⁴	退,"退"钱
队 tui²⁴²	排队(排-队),"队"长
推 tui²²	推算(推-算)
内 nui²⁴²	内科(内-科)
最 tsui²⁴²	最,最近(最-近)
灰 fui⁴⁴	石灰(词头-灰)
会 vui²⁴²	散会(散-会),开会(开-会)

蟹摄合口一等有灰韵和泰韵,灰韵的中古拟音为 oi,泰韵拟音为 uɑi,后发生音变:uɑi＞iɐi＞oi,与灰韵合流为 oi,借入瑶语后为 ui。

下面两个合口一等字,因为声母为唇音,失去合口介音,混入开口:

背 hɔi²²	一"背"柴
妹 mɔi⁴⁴	五妹(五-妹),少女(妹-子),妹,姐妹(姐-妹)

蟹摄合口二等为 ai 或者 a:

块 fai²⁴	一"块"西瓜,一"块"田,一"块"肉,一"块"钱,一"块"豆腐,一"块"石头
怪 kai²⁴	怪话(怪-话),"怪"人家

续　表

坏 vai²²	桌子"坏",心"毒",稀屎(屎-坏),损害(做-坏),说坏(讲-坏),人"坏",瘸子(脚-坏),破布(布-坏),坏人(坏-人),划破(挖-坏),犯人(坏-人),敌人(坏-人),变烂(变-坏)
挂 ka²⁴	挂肉(挂-肉),钉子"挂"衣服,"挂"旗子,"挂"帽子
画 va²²	涂改,描,画,"划"线
话 va⁴⁴	大话(大-话)

油岭瑶语汉借词的皆、佳、夬韵合流,开口读作 ai,合口应该读作 uai,油岭瑶语音系中没有 uai,就用 ai 来对译。

蟹摄合口三等为 ui:脆 tsui²⁴² 干脆(干-脆)

蟹摄合口三等,祭韵拟音为 uɛi,后发生音变 uɛi＞uei＞ui,废韵拟音为 uɐi,后发生音变 uɐi＞uɛi＞uei＞ui,二者合流为 ui,借入瑶语仍是 ui。

6. 臻摄

中古臻摄有舒声韵,也有入声韵,舒声韵包括:一等开口痕韵,一等合口魂韵,三等开口殷韵、真韵和臻韵,三等合口文韵和谆韵。入声韵包括:一等没韵,三等开口迄韵、质韵和栉韵,三等合口物韵和术韵。现有的油岭瑶语材料中,汉借词里臻摄中的开口一等字和合口一等的入声字太少,在此不予讨论。油岭瑶语汉借词中其他臻摄字的主借层如下:

《切韵》臻摄开口三等的真臻韵为 in,殷韵为 iɨn,后来也变作 in,油岭瑶语的这类字主借层读 in,正反映借词的中古层次:

信 sin²⁴²	信纸(信-纸),写"信",书信(书-信)
肾 kin⁴⁴	肾,鸡肫(鸡-肾)

续　表

申 sin²⁴	申请(申-请)
伸 sin²⁴	伸出(伸-出),"伸"手
紧 kin⁵¹	紧急

《切韵》中与这几个舒声韵对应的入声韵,质栉韵 it,迄韵 iit＞it,油岭瑶语的主借层也是 it:

鼻 6it²	鼻涕直淌(鼻-流),鼻涕(词头-鼻)
笔 6it⁴	铁笔(铁-笔),铅笔(圆-笔),毛笔(毛-笔),钢笔(钢-笔),笔直(笔-伸),笔筒(笔-被),笔尖(笔-头),笔杆(笔-梗),笔

《切韵》的合口一等为 on,三等为 uin,在油岭瑶语中合流作 un:

驐 ɗun⁴⁴	已阉动物(驐-公),阉鸡(驐-鸡),"阉"牛
顿 ɗun⁵¹	一"顿"饭
炖 tun⁴⁴	"炖"肉,炖
孙 hun⁴⁴	子孙(子-孙),孙子,孙女(孙-妇),乖(孙-告)
寸 hun⁵¹	寸
滚 kun²²	用滚子"滚"平
婚 fun⁴⁴	结婚(结-婚)
混 kun⁵¹	混
瘟 vun²²	人瘟(人-瘟),牛瘟(牛-瘟),鸡瘟(鸡-瘟)
粪 6un⁵¹	追肥(下-粪),施肥(下 粪),绿肥(草-粪),粪箕(粪-箕),粪肥(屎-粪),肥土(泥-粪)
分 fun²²	"分"路,"分"开,"分"家,"分"工,"分"东西,"分"成

粉 fun⁴⁴	毛毛雨(雨-粉)
文 vun²⁴²	文章(文-章)
轮 lun²⁴²	"轮"到
椿 tsun⁴⁴	香椿(椿-树)
春 sun⁴⁴	交春(交-春),春季(春-季),春耕(春-耕),春
春 tsun⁴⁴	春分(春-分)
匀 jun²⁴²	均匀

臻摄合口三等入声读 ut：戌 hut⁴

7. 山摄

中古汉语的山摄的舒声有以下一些韵:一等寒韵,二等删韵与山韵,三等元韵与仙韵,四等先韵,都分开合两类。它们在油岭瑶语中有以下的主借层:

山摄开口一等锐音读 an：

弹 ɗan²²	"弹"开
单 ɗan⁴⁴	账目(账-单)
但 tan²⁴	但是(但-是)
弹 tan²⁴	"弹"琴
坛 tan²⁴	神坛(香-坛)
单 tan⁴⁴	简单(简-单)
拦 lan²⁴²	"拦"水
懒 lan⁴⁴	偷懒(偷-懒),懒人(懒-人)
散 san²⁴	云"散",心不在焉的样子(心-散),散开(散-开),打"散",吹散(吹-散),辫子"散"

山摄一等的开口钝音读 ɔn：

汗 hɔn²²	汗，盗汗（闭-汗），出汗（出-汗）
焊 hɔn²²	焊
寒 hɔn²⁴	小寒（小-寒），寒露（寒-露），大寒（大-寒）
旱 hɔn⁴⁴	天旱（天-旱），旱灾，旱田（旱-岭），旱地（旱-地），旱
赶 kɔn²⁴	赶快（赶-快），赶，"赶"先进
干 kɔn⁴⁴	干脆（干-脆）
竿 kɔn⁴⁴	竿子

山摄一等的合口读 ɔn：

盘 pɔn²⁴	算盘（算-盘）
乱 lɔn²⁴²	乱拴（乱-拴），乱砍（乱-砍），乱打（乱-打），乱吃（乱-吃），乱，胡说（乱-讲）
蒜 hɔn²⁴	蒜叶（蒜-叶），蒜苔（蒜-花），蒜
算 sɔn²⁴	算账（算-数），算盘（算-盘）
管 kɔn²⁴	照顾（管-好），管子（词头-管），管理（管-理），管，"套"笔帽，"管"孩子
棺 kɔn⁴⁴	棺材（棺-材）
灌 kɔn⁵¹	灌，"灌"药
冠 vɔn⁴⁴	鸡"冠"

从江西到湖南、广东、广西的一大片方言区，寒韵合口变成带圆唇元音的韵母：uan＞ncan＞nɔn＞on。在这一片地区，寒韵开口的锐音基本上都是 an，但是钝音由于受后舌位辅音的影响，元音在后高化的过程中也发生了圆唇化，有些方言甚至与合口一等合流。如下面的方言寒韵见系都读 ɔn：广东的三水、中山、丰开、佛山、广

州、怀集、惠州、揭西、梅县、江门、深圳、珠海、番禺、肇庆、郁南、顺德、高明、鹤山,广西的北海、南宁、怀远、来宾、桂平、武宣、贵港、贺州、运江、玉林,江西的上高、乐安、全南、分宜、南城、吉水、安义、宜丰、崇仁、广昌、星子、樟树、永修、石城、进贤、都昌、金溪、铜鼓。

寒韵的唇音字在中古虽然属于合口,但其圆唇成分并不是介音,而是前滑音 u,油岭瑶语与许多汉语方言一样,都失去合口成分,成了开口字,与其他开口的寒韵一样读作 an:

绊 fan^{51}	绊倒(绊-着),绊
馒 man^{242}	馒头(馒-头)
拌 fan^{51}	拌药(拌-药)
判 pan^{24}	"判"案

山摄一等寒韵在宋代《广韵》中分为两类,开口寒韵,合口桓韵,这是因为合口介音的影响,发生了音变 uɑn>ɔn。油岭瑶语开口寒韵 an,合口桓韵 ɔn,正反映这种语音格局。

山摄开口二等读 an:

扳 ɓan^{51}	比手劲(拗-扳),扳
慢 man^{22}	慢,迟,"慢慢"地走(慢-慢)
班 pan^{44}	一"班"学生,班
办 pan^{24}	办事(办-事),办
铲 han^{24}	"铲"锅
山 san^{44}	竹林(竹-山),树林(树-山),森林(树-山)
间 kan^{22}	中心(中-间),中等(中-间),腋窝(腋-间),间隔(间-隔)
眼 ŋan^{24}	眼镜(扳-眼),沙眼(沙-眼)

山摄合口二等读 an:

还 fan⁴⁴	退还(归-还),归还(还-还)
还 han²⁴	"还"有
还 van²⁴	"还"账
弯 van⁴⁴	转弯(转-弯),绕弯(跑-弯)
关 kan⁴⁴	开关(开-关),关系(关-系)

合口失去圆唇介音,与开口合流,大多是影匣母字。

山摄开口三四等读 ian:

偏 ɓian⁴⁴	偏心(偏-心),偏
棉 mian²²	棉絮(木-棉),棉桃(木-棉),棉花(木-棉)
面 mian²²	水"表面"(上-面),全脚面(脚-面),前脚面(先-面),面条(面-条),麦包(面-包),洒面(洒-面),对面(对-面),地面(地-面),侧面(远)(斜-面),布"面子",被面(被子-面)
绵 mian²⁴²	软绵绵,绵羊(绵-羊)
便 pian²⁴²	大方(随-便)
编 pian⁴⁴	编歌(编-歌)
鞭 pian⁴⁴	鞭打(鞭-打),鞭把儿(鞭-柄)
连 lian²²	一"连"人,连续(连-续),连接(连-起)
鲜 hian²²	新鲜(生-鲜)
仙 sian²²	仙人(仙-人)
件 kian⁴⁴	一"套"衣服,一"件"衣,条件(条-件),件(一-件)
边 ɓian²²	衣服上的"花边"(花-边),一"边"肉,外面(外-边),塘"边",四周(四-边),前边(先-边),那边(那-边),门旁(门-边),附近(边-边),对岸(对-边)
扁 ɓian²⁴	饿"瘪"
天 hian²²	天井(天-坑)

垫 tiam²²	垫付(垫-付)
殿 tian²²	皇殿(王-殿)
电 tian²⁴²	电影(电-影),电灯(电-灯),电
填 tian²⁴²	填坑(填-坑),填,培土(填-泥),"填"表
练 lian²²	瑶练(瑶-练)
链 lian²²	铁链(铁-链),上闩(门-链),链
炼 lian²⁴²	"炼"铁

二、三等的知系合口受声母影响,读入一等 ɔn:

拴 hɔn⁴⁴	乱拴(乱-拴)、"拴"马
传 tsɔn²⁴	宣传(宣-传)
转 tsɔn⁵¹	转弯(转-弯),"拐"弯儿

三等非组与其他许多汉语方言一样,u 介音失落读入一等开口 an:

烦 fan²⁴	麻烦(烦-人),烦
翻 fan⁴⁴	回来(翻-来),翻炒(翻-炒),"回"头看,"翻"猪肠子,"翻"脸
反 fan⁵¹	造反(反-事),写"倒"了,反正(反-是),反问(反-问),"翻"眼睛
贩 fan⁵¹	贩卖
万 man²²	千万(千-万)

中古汉语的山摄的入声有这么一些韵:一等曷韵,二等辖韵与黠韵,三等月韵与薛韵,四等屑韵。它们在油岭瑶语中有主借层如下:

山摄开口一等锐音：at,如：撒 fat² "撒"酒疯

山摄开口一等钝音：ɔt

渴 gʰɔt⁴	口渴(水-渴),渴
割 kɔt⁴	轻轻地切割(轻-割),切粉(割-粉),刻章(割-印),割肉(割-肉),"割"肉

山摄开口二等入声：at,如：轧 ŋat²

山摄三四等入声：iat,tɜ

鳖 ɓiat⁴	鳖
雪 siat²	小雪(小-雪)
节 tɛt⁴	竹节(竹-节),指节(手-节),腕关节(节-结),节日(做-节),过节(做-节),骨节(骨-节)
节 tsɛt²	调节(调-节)
结 kɛt²	结束(结-束),结婚(结-婚),结果(结-果)
决 kɛt²	决定(捵-定)
缺 vɛt²	缺口,刀"缺"口,牙"崩掉"

中古汉语薛韵为 iɛt,月韵为 iɐt,屑韵 et＞iet,后来三者合并为 iat。汉语的 i 介音在油岭瑶语中往往不出现。

三等入声非组失去介音,读入一等开口：at

发 fat²	起霉(发-霉),发气(发-气),发,"发"工资,发展(发-展),发糕(发-糕),发财(发-财)
罚 fat⁴	"罚"款
袜 mat²	袜子,手套(袜-手)

8. 效摄

中古汉语的效摄只有开口,没有合口,包括以下一些韵：一等

豪韵、二等肴韵、三等宵韵、四等萧韵。油岭瑶语汉借词效摄的主借层如下：

效摄一等读 ɔu：

倒 dɔu²⁴	瘫子(瘫-倒),瘫倒(瘫-倒)
老 lɔu⁴⁴	老实(老-实),诚实(老-实)
扫 sɔu²⁴	"扫"房子

效摄二等读 au：

爆 ɓau²⁴	爆牙(爆-牙)
爆 hau²⁴	"爆"苞谷花
卯 mau⁴⁴	卯时(卯-辰)
泡 pau²⁴	汤"泡"饭
包 pau⁴⁴	麦包(面-包)
炒 hau²⁴	翻炒(翻-炒),"炒"菜
潲 hau⁵¹	潲水(潲-水)
找 tsau²⁴	找钱(找-银),扰乱(找-事),"找"零钱
交 kau⁴⁴	交流(交-话),"交"代问题
胶 kau⁴⁴	胶鞋(胶-鞋),橡皮筋(胶-线),橡皮(胶-皮),胶
教 kau⁴⁴	"教"书,"教"牛犁地
玟 kau⁵¹	阴玟(阴-玟),阳浩(明-玟)
窖 kau⁵¹	"埋"东西,"窖"白菜
咬 ŋau⁴⁴	咬一口(咬-口),蚊子"咬",老鼠"咬"衣服,虎"咬"人,"咬"核桃
拗 ʔau²⁴	折弯(折-弯),比手劲(拗-扳),"拗"断

中古汉语效摄一等 ɑu 与二等 æu 的主元音有别,《中原音韵》合并为萧豪韵部,油岭瑶语一等带后主元音,并且后高化为 ɔ。二等带前主元音,说明瑶语的主借层要早于《中原音韵》时期。

效摄三、四等读 εu:

漂 ɓeu²⁴²	漂
焦 tεu⁴⁴	焦,慌张(心-焦),胡椒(胡-焦)
蕉 tεu⁴⁴	芭蕉(蕉-芭)
跳 dʲεu⁴⁴	心跳(心-跳),写字"跳"格,跳动(跳-起),跳,双脚"跳",紧张(心-跳),"跳"下去,"跳"芦笙舞,"跳"河,向前"跳",猫"蹿"上房
了 lεu⁴⁴	做完(做-了),消灭(杀-了),灭绝(死-了)
叫 ʔεu⁴⁴	名"叫"什么,叫唤,"托付"你办事,"叫"门,"叫"魂,"喊"他来

《切韵》三四等的读音为 iɐu、eu＞ieu,后来合并为 iεu。油岭瑶语音系中没有 iεu,所以都读作 εu。

9. 假摄

中古汉语假摄只有麻韵,麻韵内部又有开、合口,包括二等字和三等字。油岭瑶语汉借词中假摄的主借层为:

假摄二等开口主借层读 a:

爬 ɓa⁴⁴	"爬"树,"爬"上来,"爬"坡
把 ɓa⁵¹	有次"把",一"把"扫帚,一"把"剪刀,一"把"刀,一"把"锄头
骂 ma²⁴	咒骂(骂-人),骂
耙 pa²⁴²	耙田(耙-田),耙绳(耙-藤),耙,粪耙(屎-耙),"耙"田,"耙"谷
拿 na²²	捉贼(拿-贼),捉,抓,摸鱼(拿-鱼),老虎"扑"猪,挤虱子(拿-)

茶 ta^{242}	茶籽(茶-药),茶叶
纱 ha^{44}	纱布(纱-布),纱
痧 sa^{242}	痧,发痧
榨 ta^{51}	榨,油榨(油-榨)
假 ka^{24}	虚的(假-的),冒充(假-起),假装(假-装),假
加 ka^{44}	添加(加-多),加,更加(更-加),"添"饭
架 ka^{51}	磨架(磨-架),架子(词头-架),架桥(架-桥),架棚(架-棚),架,刀鞘(刀-架),床架子(铺-架)
嫁 ka^{51}	嫁人(嫁-人),改嫁(嫁-更),出嫁(出-嫁)
下 g'a^{22}	追肥(下-粪),下雪(下-雪),下霜(下-霜),下手(下-手),下山(下-山),下去(下-去),下面(下-面),施肥(下-粪),决心(下-心),地下(地-下),底下(底-下),"下"马
夏 ha^{22}	夏至(夏-至),夏季(夏-季),夏,立夏(立-夏)
虾 ha^{44}	虾子(虾-公)
哑 ʔa^{24}	沙嗓子(哑-嗓子)
丫 ʔa^{51}	手丫(手-丫)

这些汉借词的读音和中古汉语的读音一致。

假摄三等开口读 ia,与中古汉语一致:

写 sia^{24}	写
斜 sia^{51}	篱笆"倾斜",侧面(斜-面)
舍 sia^{24}	舍得(舍-得)
赊 sia^{44}	赊账(赊-数),赊
野 jia^{242}	野猪(野-猪),野鸡(野-鸡),野狗(野-狗),狼狗(野-狗),狼(野-狗)

假摄合口二等读 a：

寡 ka²²	鳏夫(寡-公)，寡妇(寡-婆)
跨 ka²⁴²	走一"步"(一-跨)，跨，"跨"门坎
瓜 ka⁴⁴	水瓢(瓜-勺)，生瓜(生-瓜)，南瓜(菜-瓜)，绿瓜(青-瓜)，黄瓜(黄-瓜)，瓜子儿(瓜-米)，瓜藤(瓜-藤)，瓜瓢(瓜-瓢)，瓜皮(瓜-皮)，瓜，吃瓜(吃-瓜)，菜瓜(菜-瓜)，南瓜(菜-瓜)
瓦 ŋa⁴⁴	瓦窑(瓦-寮)
花 fa⁴⁴	衣服上的"花边"(花-边)，花轿(花-轿)，花椒(花-椒)，桂花(放-花)

　　油岭瑶语的音系中没有 u 介音，所以用开口 a 来对写麻韵合口二等的 ua。这个现象也见于两广、江西、福建、安徽、湖北如下一些汉语方言：安徽怀远、淮南、滁州、礼山；广东东莞、五华、台山、广州、开平、恩平、惠州、揭西、梅县、河源、深圳、珠海、翁源、花县、连南、郁南；广西北海、南宁、宾阳、富宁、扶绥、昭平、来宾、桂平、横县、藤县、贵港、贺州、运江、龙州；福建武平、邵武；湖北大悟；江西万安、万年、万载、上高、丰城、乐安、于都、井冈山、余江、修水、全南、分宜、兴国、南丰等地。

10. 果摄

　　中古汉语的果摄为歌韵，有开口一等，合口一等与三等。现有油岭瑶语材料中，果摄三等汉借词太少，所以对三等的主借层不予讨论。油岭瑶语果摄汉借词的主借层如下：

　　果摄一等为 ɔ：

拖 tɔ²²	拖延(拖-久)，拖，"拖"声唱，"拉"车
锣 lɔ²⁴²	小锣(锣-子)，铜鼓(铜-锣)，锣声(筝-声)，打锣(打-锣)

挪 n o^{242}	挪
哥 k o^{44}	外孙(外-哥)，外甥(外-哥)
饿 ŋ o^{22}	饿，饿极(饿-很)，饿鬼(饿-鬼)，饿
磨 m o^{22}	水碾(水-磨)，石磨(石-磨)，磨眼(磨-孔)，磨架(磨-架)，磨谷(磨-稻)，磨柄(磨-柄)，磨，"磨"苞谷
婆 p o^{242}	姨妈(姨-婆)，瑶女(瑶-婆)，五婆(五-婆)，婆婆，老婆婆(老-婆)，姑母(父之姐)(小姑-婆)，伯母(伯-婆)
砣 t o^{242}	秤砣(秤-砣)
锁 h o^{24}	锁头(锁-头)，锁门(锁-门)，"锁"箱子
果 k o^{22}	结果(结-果)
科 k o^{44}	内科(内-科)
货 f o^{24}	销售(卖-货)，货
火 f o^{51}	炉子(火-炉)，火镰(火-镰)，火车(火-车)
和 v o^{31}	和气(和-气)

中古汉语果摄读作 ɑ，根据拉波夫的"长元音高化"规则，ɑ>ɔ。这种音变普遍存在，现代汉语方言中，歌韵读作 ɔ 的主要分布在广东、广西、江西、海南、福建的一些汉语方言中，例如：

广东怀集	广西贺州	江西南城	海南乐东	福建建阳
多 t o^{1}	波 p o^{1}	多 t o^{1}	驼 t $^{\mathrm{h}}\mathrm{o}^{2}$	多 t o^{1}
拖 t $^{\mathrm{h}}\mathrm{o}^{1}$	菠 p o^{1}	拖 h o^{1}	舵 t $^{\mathrm{h}}\mathrm{o}^{3}$	拖 t $^{\mathrm{h}}\mathrm{o}^{1}$
驼 t $^{\mathrm{h}}\mathrm{o}^{2}$	玻 p o^{1}	驮 h o^{2}	罗 l o^{2}	驼 l o^{2}
驮 t $^{\mathrm{h}}\mathrm{o}^{2}$	簸 p o^{5}	挪 n o^{2}	锣 l o^{2}	舵 l o^{2}
舵 t o^{2}	播 p o^{5}	罗 l o^{2}	箩 l o^{2}	舵 t $^{\mathrm{h}}\mathrm{o}^{2}$

广东怀集	广西贺州	江西南城	海南乐东	福建建阳
挪 nɔ²	坡 pʰɔ¹	左 tsɔ³	左 tsɔ³	舵 lɔ⁶
罗 lɔ²	婆 pʰɔ²	歌 kɔ¹	哥 kɔ¹	罗 lɔ²
锣 lɔ²	破 pʰɔ⁵	哥 kɔ¹	歌 kɔ¹	锣 lɔ²
箩 lɔ²	魔 mɔ¹	个 kɔ⁵	可 tʰɔ³	箩 lɔ²
左 tsɔ³	磨 mɔ²	可 tʰɔ³	蛾 nɔ²	左 tsɔ³
佐 tsɔ⁶	科 fɔ¹	鹅 ŋɔ²	鹅 nɔ²	搓 tʰɔ³
歌 kɔ¹	火 fɔ³	我 ŋɔ³	饿 nɔ¹	哥 kɔ¹
哥 kɔ¹	伙 fɔ³	饿 ŋɔ⁶	河 hɔ²	歌 kɔ¹
个 kɔ⁵	货 fɔ⁵	何 hɔ²	何 hɔ²	柯 tʰɔ³
可 tʰɔ³	朵 tɔ³	河 hɔ²	贺 hɔ⁴	个 kɔ⁵
蛾 ŋɔ²	堕 tɔ⁶	贺 hɔ⁶	阿 øɔ¹	可 tʰɔ³

其中,油岭瑶语所在地广东连南、广东怀集和广西贺州在地理位置上非常接近。

11. 宕摄

中古汉语宕摄包括:一等舒声唐韵、一等入声铎韵、三等舒声阳韵、三等入声药韵,这四个韵均分开合。油岭瑶语汉借词中宕摄的主借层为:

宕摄一等开口读 ɔŋ:

帮 ɓɔŋ⁴⁴	帮
芒 mɔŋ²⁴²	汒汒(芒-芒),茫茫(芒-芒),芒种(芒-种),芒花(芒-花),芒草杆(芒-梗),芒,蛋黄(蛋-芒)
当 ɗɔŋ⁴⁴	当中(当-中),当兵(当-兵)

堂 tɔŋ²⁴²	以父亲为代表的"家"(家-堂),一"家"人,学校(学-堂),位置(处-堂),头发(鸡-家)
糖 tɔŋ²⁴²	米糖(米-糖),黄糖(馋-糖),红糖(松-糖),冰糖(冰-糖),白糖(白-糖)
汤 tɔŋ⁴⁴	汤圆(汤-圆)
廊 lɔŋ⁴⁴	走廊(廊-街)
囊 nɔŋ²⁴²	胆囊(胆-囊)
桑 sɔŋ⁴⁴	桑叶(桑-叶),桑树(桑-树)
葬 tɔŋ⁵¹	葬,送葬(送-葬)
钢 kɔŋ⁵¹	钢铁(钢-铁),钢笔(钢-笔),钢板(钢-板),钢

中古宕摄一等舒声《切韵》拟音为 ɑŋ。ɑŋ 发生后高化音变:ɑŋ>ɔŋ。一等读 ɔŋ 反映《切韵》时代的中古层次。很多现代汉语方言中宕摄一等也读 ɔŋ。广东绝大部分、广西和江西大部、福建部分和浙江少数地区的汉语方言唐韵开口字也读 ɔŋ,尤其油岭瑶语分布的广东连南周边的怀集和广西贺州一带,都是读作 ɔŋ。下文将讨论到,宕摄一等借到瑶语的时候还是 ɑŋ,后来在瑶语内部发生了后高化:ɑŋ>ɔŋ。

知系宕摄三等开口在中原汉语中声母变为卷舌音,i 介音失落,混到一等去,所以它们在油岭瑶语中与一等相同,主借层为 ɔŋ:

丈 tɔŋ²²	"拄"拐杖
场 tsɔŋ²⁴	赶场(赶-场)
账 tsɔŋ²⁴²	账
张 tsɔŋ²²	姓"张"

长 tsɔŋ⁵¹	瑶长(瑶-长)
疹 hɔŋ⁴⁴	麻疹(麻-疹),疥疮(词头-疮),冻疮(冷-疮),疮
霜 sɔŋ⁴⁴	下霜(下-霜),霜降(霜-降),霜
闯 tsɔŋ²²	"闯"见鬼
装 tsɔŋ⁴⁴	假装(假-装)
状 tsɔŋ⁵¹	告状(告-状)
上 sɔŋ⁴⁴	上学(上-学)
常 sɔŋ²⁴	非常(非-常)
商 sɔŋ⁴⁴	店铺(商-店)
章 tsɔŋ⁴⁴	文章(文-章)

非知系宕摄三等开口读 iaŋ:

想 siaŋ²⁴	想着(想-着),"想"家
墙 siaŋ²⁴²	砖墙(砖-墙),围墙(大-墙),石墙(石-墙),墙,木板墙(板-墙)
想 siaŋ³¹	"想"去
箱 siaŋ⁴⁴	皮箱(皮-箱),蜂箱(蜂-箱),风箱(风-箱)
象 siaŋ⁵¹	大象(大-象)
浆 tsiaŋ⁴⁴	浆糊(浆-糊)
奖 tsiaŋ⁵¹	赏赐(奖-励)
凉 liaŋ²⁴	凉粉(凉-粉)
粮 liaŋ²⁴	粮店(粮-店),口粮(口-粮)
向 hiaŋ²⁴	向东(向-东),向,方向(方-向),"向"太阳
香 hiaŋ⁴⁴	神位(香-坛),神坛(香-坛),神台(香-案),神龛(香-坛)

宕摄合口字读作 ɔŋ:

旺 vɔŋ²²	旺盛(旺-很),使"兴旺"(兴-旺),人旺(人-旺),健康(人-旺)
王 vɔŋ²⁴²	王,龙王(龙-王),皇殿(王-殿),皇帝(王-帝),蜂王(蜂-王)
框 kɔŋ⁴⁴	门框(门-框)
方 ɓɔŋ⁴⁴	南方(南-方),东方(东-方),北方(北-方)
放 ɓɔŋ⁵¹	用心(放-心),委婉"大便"(放-松),认真(放-松),宽大(放-大),降低(放-矮),灌水(放-水),放映(放-映),放羊(放-羊),放心(放-心),放水(放-水),放手(放-手),放假(放-假),放大(放-大),放,"放"水出去,"放"牛
方 fɔŋ²²	四方(四-方),方向(方-向),方便(方-便),方
防 fɔŋ²⁴	"防"火
房 fɔŋ²⁴	房间(房-间)
方 fɔŋ⁴⁴	一"方"柴
网 mɔŋ⁴⁴	一"网"鱼,捞网(拉-网)

上文已经论述,宕摄开口读作 ɔŋ,合口字在开口前多加一个 u 介音,在被借入的汉语方言中应为 uɔŋ。由于油岭瑶语没有 uɔŋ,根据词汇借用的最小改动原则和最大相似原则,用 ɔŋ 来代替。

宕摄开口一等入声读 ɔ:

恶 ʔɔ⁴⁴	野兽"凶",人"恶"
鹤 hɔ²²	鹭鸶(白-鹤),白鹤(白-鹤)
各 kɔ²⁴²	各自(各-各),各个(各-各),各
错 sɔ²⁴	错

宕摄开口一等入声《切韵》拟音为 ɑk,后发生高化音变:ɑk> ɔk。油岭瑶语 k 韵尾在借入时代已经舒声化,用 ɔ 代替汉语的 ɔk。

12. 梗摄

中古梗摄的舒声韵类有：二等耕韵、三等清韵、二三等庚韵、四等青韵。入声韵为：二等麦云、三等昔韵、四等锡韵、二三等陌韵。由于油岭瑶语材料中梗摄字的有些韵类汉语借词极少，无法准确分辨其主借层，在此只讨论材料足以支撑分辨主借层的韵类。以下是梗摄油岭瑶语汉借词的主借层：

梗摄开口二等读 aŋ：

撑 $haŋ^{51}$	支撑(撑-着),用竹竿"撑"岸边,撑,"划"船,"撑"墙,"撑"船
生 $saŋ^{44}$	医生(医-生),先生(先-生),生育(生-孩),生活(生-活),生长(长-大),活人(生-人),繁殖(生-多),苂粉(生-粉),出生(生-世),长大(生-大),长出(生-出),糙米(生-米),"生"锈,"生"食物,"长"大
省 $saŋ^{51}$	"省"城
争 $tsaŋ^{22}$	争,缺钱(用)(争-银),缺点(争-点)
梗 $kaŋ^{24}$	阴茎(阴-梗),叶柄,烟杆(烟-梗),伞骨(伞-梗),芒草杆(芒-梗),杆,秤杆(秤-梗),菜梗(菜-梗),笔杆(笔-梗)
鲠 $kaŋ^{24}$	"鲠"喉咙
羹 $kaŋ^{242}$	一"匙"汤,调羹(口-匙)
耕 $kaŋ^{22}$	春耕(春-耕)
硬 $ŋaŋ^{24}$	硬
撆 $haŋ^{51}$	撆

梗摄二等庚、耕在油岭瑶语中都已合流,这说明主借层比《切韵》晚。

梗摄开口三、四等读 εŋ：

京 keŋ²²	北京(北-京)
命 meŋ²²	占卦(算-命),性命幸运(命-好),算命(算-命),生命,命,卜卦(数-命)
明 meŋ²⁴²	阳诰(明-玟),坦白(明-白),申冤(讲-明),清明(清-明),明白(明-白),澄清(讲-清)
平 peŋ²⁴²	崎岖(无-平),平路(平-路),平地(平-地),价钱"贱","平"屋基
坪 peŋ²⁴²	水滩(沙-坪),沙滩(沙-坪),坪
瓶 peŋ²⁴²	油壶(油-瓶),一"坛"醋,一"瓶"醋,瓶盖(瓶-盖),酒瓶(酒-瓶),壶"嘴"(瓶-口)
灵 leŋ²⁴²	灵验
铃 leŋ²⁴²	巫师铃(铃-丸),庙里的"钟"(庙-铃),铃
零 leŋ²⁴²	零
星 heŋ⁴⁴	秤星(秤-星)
成 seŋ²⁴²	一成(一-成)

开口三等在《切韵》中分别是庚韵 iæŋ、清韵 iɛŋ。四等青韵是 eŋ,在唐以后增生出前滑音 i,与三等合流。以上三韵在唐以后合并成一个韵。油岭瑶语所借入的汉语方言可能是 iɛŋ 之类的音,因为油岭瑶语音系中没有 iɛŋ,就用接近的 ɛŋ 借用。可见,油岭瑶语中的这个音反映的是《切韵》以后的层次。

梗摄开口二等入声读 a:

百 ɓa⁴⁴	汕
伯 ɓa⁴⁴	大伯(大-伯),伯母(伯-婆),伯伯,伯父(大-伯)
麦 ma²²	高粱(麦-米),麦
脉 ma²²	手脉(手-脉)

白 pa²²	雪白(冰-白),悬崖(山-白),坦白(明-白),明白(明-白),鹭鸶(白-鹭),空手(白-手),鸽子(白-鸽),蛋清(蛋-白),大白菜(菜-白),白天(白-日),白糖(白-糖),白说(白-讲),白旗(旗-白),白米(白-米),白露(白-露),白酒(白-酒),白鹤(白-鹤),白鸽(白-鸽),白菜(菜-白),白布(布-白),白白(白-白)

这些字的声调在油岭瑶语并不是入声调,但是跟其他瑶语方言比较,它们显然从入声变来。下表取自王辅世、毛宗武(1995:P441):

语言	百 pɛk⁷	白 bɛk⁸
养蒿	pa⁵	
吉卫	pa⁵	
先进	pua⁵	
石门	pa⁵	
青岩	po⁵	
高坡	pɑ⁵	
复元	piᶜ	
宗地	pa⁵	
枫香	pa⁵	
七百弄	pai⁶	
瑶里	pai⁵	
文界	pe⁵	
长垌	pa⁵	
多祝	pa⁵	
江底	pɛ⁷	pɛ⁸
湘江	pɛ⁷	pɛ⁸

语言	百 pɛk^{7}	白 bɛk^{8}
罗香	pe^{7}	pe^{8}
长坪	pe^{7}	pje^{8}
梁子	pe^{7}	pe^{6}
览金	pe^{7}	pe^{6}
东山	pɛ^{7}	pʰɛ^{8}
三江	ba^{7}	
大坪	ba^{7}	pa^{8}

　　大坪与油岭同属藻敏瑶语，"百、白"二字在大坪瑶语中读入声调，说明油岭的"百"ɓa^{44}、"白"pa^{22}当从入声调ɓa^{4}、pa^{2}舒化过来。《切韵》的陌 ak、麦 ɛk 后来合流为 ɛk，与王、毛二位先生的拟音相合。油岭瑶语 ɛk 低化为 ak，以后韵尾失落，变为舒声 a。

13. 曾摄

　　中古曾摄包括的韵类有：一等舒声登韵、三等舒声蒸韵、一等入声德韵、三等入声职韵。各分开合。

　　曾摄开口一、三等读 aŋ：

崩 ɓaŋ^{44}	山的塌裂处(崩-处)，房子"塌"了，倒(塌)，崩
鹏 paŋ^{242}	架棚(架-棚)
等 ɗaŋ^{24}	等人(等-人)，等
灯 ɗaŋ^{44}	灯芯(灯-心)，灯花(灯-花)
凳 ɗaŋ^{51}	竹凳(竹-凳)，小椅子(凳-子)，凳子，长板凳(长-凳)
层 taŋ^{24}	一"层"楼，活结(层-绊)，层，双层(二-层)
蒸 tsaŋ^{44}	"蒸"饭

中古汉语《切韵》曾摄开口一等为 əŋ、三等为 iiŋ,后来二韵合流。油岭瑶语曾摄开口一、三等也合流,说明借入瑶语的年代应该晚于《切韵》。əŋ 中的 ə 为短元音,发生低化的音变:əŋ>εŋ>aŋ。

曾摄开口一等入声读 a:墨 ma^{22}, 砚台(墨-盘),墨水(墨-水),墨黑(墨-黑),墨斗(墨-杯)。

开口一等入声《中原音韵》为 ək,借入瑶语后发生短元音低化的音变,与梗摄入声一等合流:ək>εk>ak>a。

曾摄开口三等入声读 it:

逼 pit^2	逼迫(逼-着),逼
鲫 tsit^2	鲫鱼(鲫-鱼)
直 tsit^4	直
织 tsit^2	"编"毛衣
亿 jit^4	亿

开口三等入声《中原音韵》为 ək,但油岭瑶语主元音为 i,可见反映的是比《中原音韵》略早的层次。借入油岭瑶语时,汉语的 iik 大致已经变为 ik,可见借入时间应该是比《切韵》稍晚一些。k 尾受前元音 i 的同化,发音部位前移变 t 尾:ik>it。

14. 流摄

中古流摄包括的中古韵类有:一等侯韵、三等尤韵和幽韵。油岭瑶语流摄汉借词的主借层为:

流摄一等读作 εu:

勾 ŋeu^{44}	勾,"扣"板机
口 heu^{24}	口粮(口-粮)

扣 kɛu²⁴²	"扣"钱
钩 ŋɛu⁴⁴	帐钩(帐-钩)
头 tɛu²⁴	馒头(馒-头)
投 tɛu²⁴	投降(投-降),"投"票
斗 tɛu²⁴²	斗
偷 tʰɛu⁴⁴	偷懒(偷-懒)
亩 mɛu⁴⁴	亩

中古侯韵的《切韵》读音为单元音 u,后来元音发生裂化,并且低化:u>əu>ɛu。可见,其主借层 ɛu 反映比《切韵》晚一些的层次。

流摄三等读作 iu:

流 liu²²	水"流",流
秋 hiu²²	秋,秋季(秋-季)
修 siu⁴⁴	修路(修-路),修理(修-好)
酒 tsiu²⁴	酒精(酒-精)
就 tsiu²⁴²	就是(就-是),"就"是他
收 siu⁴⁴	收,"收"信,"收"钱,"收"工,"收"东西,"收"稻谷
手 tsiu²⁴²	毛巾(手-巾)
守 tsiu²⁴	服侍(守-着),把守(守-着),"守"苞谷
求 kiu²⁴	求人(求-人),求
球 kiu²⁴	地球(地-球)
究 tsiu⁴⁴	"到底"去不去(究-竟)
鬏 jiu²⁴²	"漆"桌子

| 油 jiu²⁴² | 猪油(猪-油),植物"油",油榨(油-榨),油渣(油-屎),油枯(油-枯),油壶(油-瓶),桐油(桐-油),树胶(树-油),煤油灯(油-火),酱油,菜油(菜-油),芝麻油(芝麻-油) |
| 又 jiu²⁴² | "又"来了 |

中古流摄三等《切韵》尤韵为 iu、幽韵为 iu,后两韵合流,油岭尤韵和幽韵已经合流为 iu,说明借入时间晚于《切韵》时期。

15. 深摄

中古深摄只有开口三等,舒声韵为侵韵,入声韵为辑韵。

《切韵》侵韵为 im,与真韵 in 应该有平行的变化。油岭瑶语的真韵主借层为 in,侵韵的主借层应该为 im。但是油岭瑶语的音系中,im 只有一个词"杉树"him⁴⁴,可能有些带 im 的词变到其他韵中去了,如"阴玫"jiŋ⁴⁴kau⁵¹中的"阴"-m 尾已经变作-ŋ 尾。

深摄的入声主借层读作 ip,正可印证对应的舒声韵侵韵的主借层应该为 im:

| 急 kip² | 性子(性-急) |
| 吸 kip⁴ | 吸附,"巴"在墙上 |

16. 咸摄

中古咸摄有以下韵类:一等开口覃韵和谈韵,二等开口咸韵和衔韵,三等开口盐韵和严韵,三等合口凡韵,四等开口添韵。油岭瑶语咸摄汉借词主借层为:

咸摄一等舒声读 ɔm:

胆 ɗəm²⁴	胆小(胆-细),胆大(胆-大)
担 mɓ⁴⁴	为首(担-头),扁担(担-柴),"挑"水,"挑"东西
淡 təm²⁴	酒"淡",淡,菜"淡","冲淡"酒(冲-淡)
三 həm⁴⁴	十三(十-三),三十(三-十),第三(第-三),初三(先-三)

一等舒声覃韵《切韵》拟音为 əm,谈韵拟音为 ɑm,油岭瑶语主借层为 əm。说明首先是覃韵与谈韵合流为 ɑm,再发生后高化的音变：ɑm＞əm。

二等舒声读 am：减 kam²⁴

二等舒声咸韵拟音为 ɣɛm,衔韵为 ɣam,后咸韵与覃韵合流为 am,借入瑶语后也为 am。

三、四等舒声读 iam：

染 ȵiam²²	染,"染"蛋
钳 kiam²⁴	铁钳(铁-钳),钳子(词头-钳)
淹 ʔiam⁵¹	淹没(淹-跌),"灌"田
厌 ʔiam⁵¹	吃"腻"了
点 ɗiam²⁴	优点(好-点),一"点"钟,缺点(争-点),点火(点-火),点,"点"苞谷
店 tiam²⁴²	铺子,粮站(米-店),粮店(粮-店),店铺(商-店)

中古汉语咸摄三等舒声《切韵》音系盐韵为 iɛm,严韵为 iɐm,凡韵为 iom。《中原音韵》中三者合流为 iam。油岭瑶语主借层 iam 反映的正是《切韵》以后的历史层次。

咸摄一等入声读 əp：

合 həp²	合,"合"拢
盒 həp²	盒子(词头-盒)

一等入声也是覃韵并入谈韵为 ɑp,再发生后高化音变：ɑp＞
ɔp,反映的是晚于《切韵》的历史层次。

咸摄二等入声读 ap：

闸 kap⁴	闸门(闸-门)
压 ʔap²	压
鸭 ʔap⁴	野鸭(野-鸭),鸭蛋(鸭-蛋),鸭
甲 kap⁴	甲

二等入声也是洽韵并入狎韵为 ɣap,油岭瑶语没有 ɣ 介音,ɣap
借入瑶语时用 ap 来对译。

咸摄三、四等入声合流读 iap：

蹑 ȵiap²	"蹑手蹑脚地"走(蹑-蹑)
业 ȵiap⁴	副业(副-业)
跌 ɗiap²	淹没(淹-跌)
碟 tiap⁴	一"碟"菠菜

三、声调的主借层

瑶语同汉语一样,也是四声八调系统,即平、上、去、入四个古
声类,分别用 A、B、C、D 来表示。后来因为声母的清浊分化为阴阳
两类,即阴平、阳平、阴上、阳上、阴去、阳去、阴入、阳入八个调。油
岭瑶语从汉语借入词汇的时候,往往用油岭瑶语固有词的声调中
与被借入汉语方言调形和调值在听感上最接近的声调来代替,遵
循词汇借用的最大相似原则和最小改动原则。由于油岭瑶语在漫
长的历史时期和汉语都有着广泛深入的接触,所以不同历史时期

都有汉语借词借入瑶语,这些借词借入瑶语后的声调都会和当时被借入的汉语方言的声调比较接近,这样一来,油岭瑶语汉借词在声调上也会形成不同的历史层次。通过对现代油岭瑶语汉借词声调的分析研究,并根据词汇借入的单位是整个音节这个原则,参照声母和韵母的情况,可以划分油岭瑶语汉借词声调的历史层次。其中,主借层是最重要的,我们首先来看各个声调的主借层:

1. 阴平

阴平调的主借层为:44,例如:

崩 ɓaŋ⁴⁴	山的塌裂处(崩-处),房子"塌"了,倒(塌),崩
拴 hɔn⁴⁴	乱拴(乱-拴)
筛 hɛ⁴⁴	"筛"米
边 hen⁴⁴	外人(外-人),外面(外-边),外科(外-边),外边(外-边),附近(边-边)
机 ki⁴⁴	设备(机-械),飞机(飞-机)
包 pau⁴⁴	麦包(面-包)
衰 sɔi⁴⁴	"衰"老
修 siu⁴⁴	修路(修-路),修理(修-好)
筝 tsa⁴⁴	风筝(风-筝)
砖 tsin⁴⁴	砖墙(砖-墙),砖房(砖-屋),火砖(熟-砖),打砖(打-砖)
挨 ʔai⁴⁴	"挨"饿
医 ʔi⁴⁴	医治(医-病),医院(医-院),医生(医-生)
偏 ɓian⁴⁴	偏心(偏-心),偏
挑 hiu⁴⁴	挑刺儿(挑-刺)
葱 huŋ⁴⁴	葱(词头-葱)

枯 ku⁴⁴	油枯(油-枯)
汤 toŋ⁴⁴	汤圆(汤-圆)
摊 tɛn⁴⁴	"摊"开
偷 tɛu⁴⁴	偷懒(偷-懒)
亲 tsian⁴⁴	"亲"兄弟
春 tsun⁴⁴	春分(春-分)
通 tuŋ⁴⁴	不"通"气,"通"煤火,"通"广州

2. 阳平

阳平调的主借层为 242,例如:

裙 kən²⁴²	围裙(新-裙),裙褶(裙-磕),裙
茄 kia²⁴²	茄子(词头-茄)
杷 pa²⁴²	枇杷(杷-杷)
扒 pau²⁴²	扒
平 pɛŋ²⁴²	崎岖(无-平),平路(平-路),平地(平-地),价钱"贱","平"屋基
皮 pi²⁴²	橡皮(胶-皮),钱癣(癫-皮),皮箱(皮-箱)
承 sɛŋ²⁴²	奉承(奉-承)
茶 ta²⁴²	茶籽(茶-药)
塘 toŋ²⁴²	一"坑"尿,火塘(火-坑),火坑(火-坑),厕所(屎-坑)
填 tian²⁴²	填坑(填-坑),填,培土(填-泥),"填"表
横 vaŋ²⁴²	"横"着放,"横"在路上
黄 viaŋ²⁴²	蜡黄(蜡-黄)

湖 ʔu²⁴²	湖
盐 jiam²⁴²	盐水(盐-水),盐
烊 jiŋ²⁴²	溶化
篮 lam²⁴²	筷篓(箸-篮)
铃 lɛŋ²⁴²	巫师铃(铃-丸),庙里的"钟"(庙-铃),铃
炉 lu²⁴²	一"炉"火,香炉(香-炉),炉子(火-炉)
龙 luŋ²⁴²	龙王(龙-王),龙,风水(龙-路),大龙(大-龙),打闪(龙-闪)
蛮 maŋ²⁴²	蛮,发狠(蛮-发狠)
猫 mɛu²⁴²	野猫(野-猫),母猫(猫-婆),猫,花猫(猫-斑),公猫(猫-公)
揉 nɔ²⁴²	"揉"眼睛
粘 nɛn²⁴²	贴,"粘"邮票
衙 ŋia²⁴²	衙门(衙-门)
王 vɔŋ²⁴²	王,龙王(龙-王),皇殿(王-殿),皇帝(王-帝),蜂王(蜂-王)
圆 vin²⁴²	圆凿(圆-凿),圆形(圆-团),圆(绕-团),圈(绕-团),"绕"过来
文 vun²⁴²	文章(文-章)

3. 阴上

阴上调的主借层为 24,例如:

摆 ɓai²⁴	"摆"阔气,"摆"故事
斧 ɓu²⁴	斧头(词头-斧)
等 ɗaŋ²⁴	等人(等-人),等
火 fɔ²⁴	炉子(火-炉),火镰(火-镰),火车(火-车)

锁 hɔ²⁴	锁头(锁-头),锁门(锁-门),"锁"箱子
椅 ji²⁴	椅轿(死人坐的)(词头-椅)
假 ka²⁴	虚的(假-的),冒充(假-起),假装(假-装),假
笕 kɛn²⁴	笕
缴 kiau²⁴	缴,"纳"税,"缴"公粮
九 ku²⁴	十九(十-九),九十(九-十),九,第九(第-九),初九(先-九)
洒 sia²⁴	筛酒(筛-酒),倒酒(斟-酒)
点 tiam²⁴	"点"名
指 tsi²⁴	指责(指-你),指头(手-头),指节(手-节),指点(指-),指
整 tsiaŋ²⁴	"整"人
守 tsiu²⁴	服侍(守-着),把守(守-着),"守"苞谷
稳 vɔn²⁴	稳,紧密(跟-稳)
碗 vian²⁴	竹碗(竹-碗),一"碗"油,一"碗"水,一"盘"菜,一"碟"菠菜,碗裂(碗-裂),碗柜(碗-柜),碗,涮碗(洗-碗),饭碗,大碗(大-碗)
拗 ʔau²⁴	折弯(折-弯),比手劲(拗-扳),"拗"断
矮 ʔɛi²⁴	人"矮小貌",降低(放-矮),低矮的房子(矮-屋),低,矮,"矮"墩墩的
苦 fu²⁴	艰苦(困-苦)
铲 han²⁴	"铲"锅
炒 hau²⁴	翻炒(翻-炒),"炒"菜
请 hɛŋ²⁴	邀请,申请(申-请),请
吵 hɛu²⁴	闹,很"吵",赌咒(吵-鬼),嘈杂
抢 hiŋ²⁴	抢
肯 kam²⁴	肯
考 kau²⁴	考试(考-试)

4. 阳上

阳上调的主借层为44,例如:

雨 hu⁴⁴	谷雨(谷-雨)
养 jɔŋ⁴⁴	培养(培-养)
已 ji⁴⁴	已
养 jiŋ⁴⁴	抚养,"养"一家人,"养"老
酉 jiu⁴⁴	酉
懒 lan⁴⁴	偷懒(偷-懒),懒人(懒-人)
老 lɔu⁴⁴	老实(老-实),诚实(老-实)
了 lɛu⁴⁴	做完(做-了),消灭(杀-了),灭绝(死-了)
理 li⁴⁴	管理(管-理),道理(道-理)
鲤 li⁴⁴	鲤鱼(鱼-鲤)
岭 liaŋ⁴⁴	岭
领 liaŋ⁴⁴	衣领(衣-领),领子,裤腰(裤-领),裤带(裤-领),"领"东西
马 ma⁴⁴	自行车(铁-马),未阉公马(马-公),木马(树-马),母马(马-婆),马圈(马-牲口圈),马料(马-草),马驹(马-子),马鞍(马-垫),马,划拳(猜-马),公马(马-公),猜拳(猜-马)
买 mai⁴⁴	买
蠓 mɔŋ⁴⁴	蝇子,牛虻(牛-蠓),粪蝇(屎-蠓),饭蝇(词头-蠓),苍蝇
网 mɔŋ⁴⁴	一"网"鱼,捞网(拉-网)
哪 na⁴⁴	哪
咬 ŋau⁴⁴	咬一口(咬-口),蚊子"咬",老鼠"咬"衣服,虎"咬"人,"咬"核桃
父 fu⁴⁴	师父(师-父)

续　表

巳 hi⁴⁴	巳
件 kian⁴⁴	一"套"衣服,一"件"衣,条件(条-件),件(一-件)
伴 pian⁴⁴	伴
辫 pin⁴⁴	辫子(词头-辫)
是 sɛi⁴⁴	总是(总-是),是,就是(就-是),反正(反-是),但是(但-是),"是"不是
道 tɔ⁴⁴	道理(道-理)
杖 tiŋ⁴⁴	丈

5. 阴去

阴去调的主借层为 51,例如:

柄 ɓaŋ⁵¹	伞把(伞-柄),磨柄(磨-柄),刀把儿(刀-柄),锄头"柄",柄,鞭把儿(鞭-柄)
闭 ɓɛi⁵¹	盗汗(闭-汗),闭(嘴),闭
凳 ɗaŋ⁵¹	竹凳(竹-凳),小椅子(凳-子),凳子,长板凳(长-凳)
倒 ɗɔ⁵¹	"倒"米
对 ɗui⁵¹	一"对"手镯,对面(对-面),对岸(对-边),对,不对(无-对),"对"号码
绊 fan⁵¹	绊倒(绊-着),绊
救 ɠɛu⁵¹	救,"饶"命,"救"命
数 hu⁵¹	总数(总-数),算账(算-数),赊账(赊-数),"数"量
映 iaŋ⁵¹	放映(放-映)
假 ka⁵¹	放假(放-假)
告 kau⁵¹	告状(告-状)

罐 kɔi⁵¹	用以舀米的竹器(米-罐)
榨 ta⁵¹	榨,油榨(油-榨),"榨"油
胀 tiŋ⁵¹	胀,发胀,"挺"起肚子,腮帮"鼓"起
振 tsan⁵¹	拂,"抖"麦草,"抖"灰
转 tsɔn⁵¹	转弯(转-弯),"拐"弯儿
正 tsiaŋ⁵¹	坐"正",证人(正-人),正
照 tsiu⁵¹	照,太阳"照",镜子(铜-照),玻璃(铜-照)
痹 ɓi⁵¹	手麻(手-麻)
沤 ʔu⁵¹	"沤"肥
破 ɓai⁵¹	碗裂(碗-裂),皮肤"破",罐子"破"
粜 ɗiu⁵¹	"粜"米
破 fai⁵¹	剖开(破-开),"破"肚子
铺 fu⁵¹	铺板(铺-板),床铺(词头-铺),床架子(铺-架),床底(铺-底),床(词头-铺)
剃 hi⁵¹	剃,去毛(剃-头儿),理发(剃-头)
蜕 hui⁵¹	脱皮(蜕-皮),蜕
寸 hun⁵¹	寸

6. 阳去

阳去调的主借层为 22,例如:

晕 huŋ²²	月晕(月-晕)
易 ji²²	容易(容-易)
露 lu²²	寒露(寒-露)

慢 man²²	慢,迟,"慢慢"地走(慢-慢)
庙 miu²²	庙神(庙-鬼),庙里的"钟"(庙-铃),庙
雾 mu²²	雾(云-雾)
耐 nɔi²²	耐心(耐-心)
认 nɛn²²	相识(认-识),认字(认-字),谦虚(认-好),"识"字,"认"干爹
饿 ŋɔ²²	饿,饿极(饿-很),饿鬼(饿-鬼),饿
旺 voŋ²²	旺盛(旺-很),使"兴旺"(兴-旺),人旺(人-旺),健康(人-旺)
润 ʔin²²	润湿,润
夏 ha²²	夏至(夏-至),夏季(夏-季),夏,立夏(粒-夏)
柜 kui²²	箱子(柜-子),碗柜(碗-柜),木箱(板-柜),家具"耳子"(柜-耳),柜子(词头-柜),大箱子(大-柜),抽屉(柜-袋)
共 kuŋ²²	相像(同-像),相等(同-样),同辈(共-辈)
败 pai²²	败家(败-家)
垫 tiam²²	马鞍(马-垫),垫,衬垫(衣-垫),霸占(垫-着),"铺"被子,"垫"桌腿,"垫"鞋垫,"垫"高
垫 tiam²²	垫付(垫-付)
撞 tsoŋ²²	恰巧"碰"上,碰,"撞"在墙上
毒 tu²²	"毒"耗子(在闽语、南部吴语中动词"毒"有去声一谈)
画 va²²	涂改,描,画,"划"线
换 vian²²	游泳时"换气"(换-气),换,化装(换-成),颠倒(换-转),"换"钱,"换"工

7. 阴入

阴入调本应是促调,但是由于在油岭瑶语中入声尾正在逐渐消失,例如 k 韵尾已经没有了,有的 t 韵尾和 p 韵尾也在失落,这些入声韵消失在声调上的表现就是促调舒声化,由短调拉长,变成了一个相应的舒声调。

因此,阴入调的主借层为 4 和舒声化了的 44。

阴入调调值为 4,例如:

八 ɓɛt⁴	十八(十-八),第八(第-八),初八(先-八),八十(八-十),八
跌 ɗiat⁴	推倒(推-跌),树叶"落"了,跌跤(跌-着),跌倒(跌-着),跌"倒"了
夹 g̊ɛp⁴	钳,夹子(夹-夹),夹衣(衣-夹),钳子(夹-夹)
结 kɛt²	结束(结-束),结婚(结-婚),结果(结-果)
色 sɛt⁴	青色(青-色)
挖 vɛt⁴	用手指挖孔(挖-孔),挖田(挖-田),挖沟(挖-沟),抠,划破(挖-坏),"凿"眼,"剜"个洞,"挖"洋芋,"挖"土,"挖"耳朵,"掘"土
鸭 ʔap⁴	野鸭(野-鸭),鸭蛋(鸭-蛋),鸭
押 ʔat²	抵押(债-押)
乙 ʔiat⁴	乙
剔 ɗɛp⁴	"剔"牙
渴 g̊ɔt⁴	口渴(水-渴),渴
插 hɛp⁴	上插羽毛(插-花),刀"插"鞘,戴花(插-花),插,"插"棍子,"插"刀于地
七 hut⁴	十七(十-七),七十(七-十),七,第七(第-七),初七(先-七)
托 tɔp⁴	"托"起

阴入调的调值为 44,例如:

百 ɓa⁴⁴	一百(一-百),百
伯 ɓa⁴⁴	大伯(大-伯),伯母(伯-婆),伯伯,伯父(大-伯)
北 ɓia⁴⁴	东北(东-北),北京(北-京),北方(北-方),北边(北-边),北
角 kɔ⁴⁴	羊角(羊-角),屋角(屋-角),牛角(牛-角),牛"顶撞"(撞-角),房角落(屋-角)
叔 su⁴⁴	叔公(叔-公)
节 tɛ⁴⁴	节气(节-令)
烛 tsu⁴⁴	蜡烛(蜡-烛)
恶 ʔɔ⁴⁴	噩梦(恶-梦)

8. 阳入

与阴入调一样的情况,由于入声韵尾的逐渐消失和弱化,使得入声调拉长,变成了相应的舒声调。因此阳入调的主借层也有两个声调,为 2 和舒声化了的 22。

阳入调读作 2,例如:

舌 ɓet²	舌头,舌尖(舌-尖),舌根(舌-头),火焰(火-舌),火苗(火-舌)
鼻 ɓit²	鼻涕直淌(鼻-流),鼻涕(词头-鼻)
滑 gʼut²	鱼"滑",平滑,路"滑",滑,光滑(光-滑)
合 hɔp²	合,"合"拢
盒 hɔp²	盒子(词头-盒)
狭 hɛp²	窄

十 siap²	五十(五-十),四十(四-十),十一(十-一),十年(十-年),十六(十-六),十九(十-九),十斤(十-斤),十二(十-二),十八(十-八),十,三十(三-十),七十(七-十),六十(六-十),九十(九-十),二十(二-十),第十(第-十),初十(先-十),八十(八-十)
实 siat²	扎实,土"紧",老实(老-实),结实,诚实(老-实)
拾 sut²	梳理(拣-整齐),拾,把所晒衣服"收","抓"药,"拣"起,"收"东西
迭 tap²	"堆"垒堆,"堆"苞谷杆
习 tsap²	学习(学-习)
笠 jup²	竹笠(竹-笠),斗笠(词头-笠),草帽(词头-笠)
腊 lap²	腊肉(肉-腊),腊黄(黄-腊)
蜡 lap²	蜡烛(蜡-烛),蜡纸(蜡-纸),蜡黄(蜡-黄)
捋 lɔt²	抚摸
立 lɛp²	立夏(立-夏),立冬(立-冬)
粒 lɛp²	一"粒"米,药丸(药-粒),丸,粒,谷粒(谷子-粒)
抹 mat²	抹
袜 mat²	袜子,手套(袜-手)
篾 miat²	篾条,篾
捻 nɛt²	捻,"捻"跳蚤,"挤"奶,"扼"死
蹑 ȵiap²	"蹑手蹑脚地"走
日 ȵiat²	太阳"很亮"(日-清楚),晒太阳(晒-太阳)

阳入调读作[22],例如:

核 ha²²	眼珠(眼睛-核),瞳仁(眼-核),核,果核(果-核)
鹤 hɔ²²	鹭鸶(白-鹤),白鹤(白-鹤)
学 hɔ²²	学校(学-堂),学习(学-习),学生(学-子),学,上学(上-学),大学(大-学)
白 pa²²	雪白(冰-白),悬崖(山-白),明白(明-白),鹭鸶(白-鹤),空手(白-手),鸽子(白-鸽),蛋清(蛋-白),大白菜(菜-白),白天(白-日)白说(白-讲),白旗(旗-白),白米(白-米),白露(白-露),白酒(白-酒),白鹤(白-鹤)
薄 pia²²	书"薄",穿的"薄",薄膜(皮-薄),薄锅(锅-薄),薄
赎 sɔ²²	赎
熟 sɔ²²	熟悉,熟人(熟-人),熟,火砖(熟-砖)
读 tu²²	读书(读-书)
六 lia²²	十六(十-六),六十(六-十),六,第六(第-六),初六(先-六)
麦 ma²²	高粱(麦-米),麦
脉 ma²²	手脉(手-脉)
墨 ma²²	砚台(墨-盘),墨水(墨-水),墨黑(墨-黑),墨斗(墨-杯),墨
袜 ma²²	袜底(袜-底)
木 mu²²	棉絮(木-棉),棉桃(木-棉),棉花(木-棉)

以上是油岭瑶语汉借词声调的主借层,我们认为这是油岭瑶语和汉语接触最频繁的某个历史时期,油岭瑶语从被借入的汉语方言中借入这些声调的调值分别为:

阴平 44	阴上 24	阴去 51	阴入 2/22
阳平 242	阳上 44	阳去 22	阳入 4/44

这些汉语借词的四声八调的调值,大体反映了当时被借入的

汉语方言的声调情况和实际调值。从调类来看,该被借入方言还有入声,阳上并入阴平。从调形来看,有两个促调(高促和低促),两个平调(高平和低平),一个降调、一个升调,一个曲拱调。

四、主借层年代考

民族语中汉借词的主借层,在民族语和汉语的关系研究中最为重要。不只是数目最多,更重要的是具有最强的构词能力。但是,因为许多少数民族没有文字,缺少古代的历史记录,汉文献对他们的历史记录也过少过简,所以对汉借词的借入年代和借源,考证起来都有一定难度。通过对借词历史层次的分析,是一种比较可靠、可行的方法。本节以油岭瑶语为代表,讨论藻敏瑶语汉借词的主借层,考证得出其借入之时当为朱翱反切之后与邵雍《皇极经世》之前的年代,即在南唐之后,北宋之前。

上文讨论过藻敏瑶语汉借词主借层,整理如下:

声母主借层:

帮	ɓ	精	t/ts	章昌	ts
滂并	p	清	h/s	船书禅	s
明	m	从	s/ts	见溪群	k
非敷奉	f	心邪	h/s	疑	ŋ
微	m	知彻澄	ts	晓	h
端	ɗ	娘	n	匣	h/v
透定	t	庄	ts	影	ʔ
泥	n	初生	h/s	云以	j/v

韵母主借层:

通摄舒声	uŋ	蟹摄开口二等	ai
通摄入声	up/u	蟹摄开口三四等	ɛi
江摄舒声	ɔŋ	蟹摄合口一等	ui
江摄入声	ɔ	蟹摄合口二等	ai/a
止摄开口	i	蟹摄合口三等	ui
止摄合口	ui	臻摄开口三等	in/it
遇摄	u/ŋ̩(疑)	臻摄合口一、三等	un/ut
蟹摄开口一等	ɔi	山摄开口一等舒声	an/ɔn(钝)
效摄一等	ɔu	山摄合口一等舒声	ɔn
效摄二等	au	山摄二等舒声	an
效摄三四	ɛu	山摄开口三、四等舒声	ian
假摄二等	a	山摄合口二、三等舒声	ɔn(知系)
假摄三等开口	ia	山摄合口三等舒声	an(非组)
果摄一等	ɔ	山摄开口一等入声	at/ɔt(钝)
宕摄一等开口 知系宕摄三等开口	ɔŋ	山摄开口二等入声	at
非知系宕摄三等开口	iaŋ	山摄三、四等入声	iat/ɛʒ
宕摄合口	ɔŋ	流摄一等	ɛu
宕摄开口一等入声	ɔ	流摄三等	iu
梗摄开口二等	aŋ	深摄舒声	—
梗摄开口三四	ɛŋ	深摄入声	ip
梗摄开口二等入声	a	咸摄一等舒声	ɔm
曾摄开口一、三等	aŋ	咸摄二等舒声	am
曾摄开口一等入声	a	咸摄三、四等舒声	iam
曾摄开口三等入声	it	咸摄一等入声	ɔp
咸摄二等入声	ap	咸摄三、四等入声	iap

说明：1. 个别声类由于调查所得汉借词太少，没有讨论其主借层，例如果摄三等、深摄舒声。

2. 汉语词汇借入藻敏瑶语之后，也可能发生类似汉语的音变，这些音变后的词汇可能会混入后来的历史层次，无法分辨。这些内容不包括在本节讨论范围之内。

词汇的借用通常是在相邻的语言或者方言间发生。学界普遍认为，排瑶最早分布在湖南省的洞庭湖一带，后迁入广东地区，所以藻敏瑶语主借层的借源最有可能是当时湖南的某个汉语权威方言。但是由于瑶语缺乏文献，我们还无法直接考证这个权威方言是什么方言，更无从了解这一权威方言的真实面貌。在这种情况下，我们只能借助于年代比较确定、音系比较明确的文献材料。但是，这里会有一个问题：这些文献与上面所说的权威方言肯定不会等同，用瑶语材料跟这些文献材料的比较，来代替跟古代这个权威方言的比较，到底有多大的可信度。

潘悟云《吴语韵母的主借层》的研究表明，吴语韵母主借层的形成年代与中古汉语相去不远。汉越语借自中古西南的一种权威方言，可能是广信郡方言，它的音值与中古汉语也区别不大（王力1948）。浙江为一端，越南为另一端，湖南居于其中。如果两端的音系与中古音相差不大，两者之间的湖南古代方言，也很可能与中古音差别不大。此外，本书的历史层次分析基本上在音类层面进行。一组字在两个方言中的音值可能差别很大，音类却没有什么不同。例如，"帮芒塘葬钢"瑶语的韵母 ɔŋ，中古音为 ɑŋ，音值不同，但是它们都属于宕摄一等这个音类。鱼韵在吴语中有读 y、i、ɯ、u 等等读音，但是语言学家讨论吴语中鱼韵的历史层次的时候，只是根据音类层面讨论鱼虞有别与鱼虞无别，把鱼韵分为文读与白读两个历史层次。所以，在音类层次面进行历史层次分析，更可以拉近我们所要讨论的湖南古代方言跟中原地区古文献音系的距离。

因而,通过藻敏瑶语主借层读音与中原地区音韵文献的比较,来考证出藻敏瑶语汉借词主借层的借入年代大致可信。

借入年代的考证,以精准为佳,最理想状态是能精确到具体的时间点,但是由于文献的缺乏,考证到具体的时间点,不太可能。我们只能是依据音韵文献,确定一个时间段,这个时间段跨度越短越好。本书的考证所涉及音韵文献有以下几种:

《切韵》是现今可考的最早的韵书,记录的是公元 6 世纪前后的音系。

朱翱的反切。朱翱与徐锴同是南唐人,徐锴著《说文声传》,朱翱又给徐锴作反切,他的反切是根据当时实际语音而作的,反映的是南唐的音系。

《皇极经世》作者邵雍,成书于北宋,记录公元 11 世纪的范阳音系(冯蒸 1987)。

《蒙古字韵》,是用八思巴字拼写汉语(也称八思巴字汉语)的韵书,编著于 1269~1292 年之间,反映公元 13 世纪前后(元代)的音系。

《中原音韵》(周德清著,1324 年出版)是代表近代官话的一部韵书,反映的是元代的大都音系。

以下是能反映主借层年代的音类考证:

1. 疑母二、三、四等

《切韵》疑母为一类,都读 ŋ。

据王力(1982)考证,朱翱反切中疑母为一类,都是鼻音。

《皇极经世》中,零声母影母字在音三,而疑母字玉瓦仰五牙月尧在音二,说明疑母还没有变成零声母。

《蒙古字韵》中部分疑母字开始变成零声母,如"皑艾碍"声母为 ŋ(ᠴ),而"崖涯额"的声母已经变成零声母 j(ᡁ)。

《中原音韵》疑母读作零声母(杨耐思 1981)。

藻敏瑶语疑母主借层没有分化,都读作鼻音 ŋ。

2. -k 韵尾

《切韵》有-k 尾。

朱翱反切中还保留了完整的-p、-t、-k 韵尾,例如,药铎(九)ak、月薛(五)at、叶业(十三)ap。

《皇极经世》声四、声五中,《切韵》的-t、-k 尾字配阴声字;声七中,《切韵》-p 字配-m 尾字,说明韵尾-p 还保留,但-k、-t 尾已经消失。

《蒙古字韵》中《切韵》的入声字全部与舒声字归在一个韵部,如十三麻,还包括"雪月夹节"等入声字,十二歌包括"合脱客"等入声字,可见已经入派三声。

《中原音韵》入声消失。

藻敏瑶语主借层中,还保留-p\-t 入声字,但-k 尾已经失落。

3. 非组

《切韵》没有轻唇音,非组和帮组为一类。

朱翱反切中非组与帮组分离,已经轻唇化。其中非敷母为一类,奉母、微母各为一类。

《皇极经世》的音四和音五对立,音五为帮组,音四为非组,已经轻唇化。

《蒙古字韵》中帮滂并明分别用 ꡎꡛꡌꡏ 表示,但是微母用 ꡤ,非敷用 ꡮ 加合口,奉用 ꡤ 加合口表示。

《中原音韵》非组已经轻唇化。

藻敏瑶语汉借词主借层中非组已经从帮组分离,轻唇化为 f-。

4. 麻韵二、三等

《切韵》麻韵二、三等是一类。

朱翱反切中的麻蛇韵包括麻韵二、三等。

《皇极经世》麻韵只有一个"化"字,出现于一声翕,与果摄字合为一列,说明果假二摄已经合流为一韵,因为没有麻韵三等字出现于图中的其他韵类,所以麻韵二、三等应该还没有分化。

《蒙古字韵》第十五麻,既包括二等麻、假、家、加、虾、瓜、花等字,也包括三等且、舍、者、车等字,所以二、三等还没有分化为两个韵。

《中原音韵》麻韵二、三等已经分化。

藻敏瑶语汉借词主借层中麻韵二、三等是同一类,没有分化。

5. 真谆的分合

《切韵》真韵是一类,不分开合。

朱翱反切中真文韵包括开合两类。

《皇极经世》声三的臻摄又根据开合分作两类,开口"臣引艮"为一类,合口"君允巽"为一类。

《蒙古字韵》真韵的开合口都归为七真,实际上这个韵部中的开合口的主元音是不同的,开口记作 in 룡,合口记作 jun 룡。

《中原音韵》的真文韵虽然包括《切韵》真韵的开合口,但是"宾"字在早于它的《蒙古字韵》中读 in,在晚于它的现代北京话中也读 in,所以它在《中原音韵》中也只能是 in,它与合口字放在同一个韵部,与《蒙古字韵》的情况当相似。

藻敏瑶语汉借词臻摄三等主借层为两类,开口元音为 i,合口主元音为 u。

6. 寒桓韵

《切韵》寒韵包括《广韵》的寒桓韵。

朱翱反切中寒恒为一类,说明山摄一等开合还没有分化。

《皇极经世》声三中,开千典旦、合元犬半,其中"旦"为寒韵,"半"为恒韵,两者韵类不同,说明开合已经分化。

《蒙古字韵》八寒包括寒桓,但是寒为 an,桓为 on,主元音并不相同。

《中原音韵》寒韵在寒山韵部,桓韵在桓欢韵部。

藻敏瑶语汉借词主借层山摄一等开合是一类,没有分化。

7. -p 韵尾

《切韵》有-p 韵尾。

朱翱反切中,《切韵》-p 类韵仍然保持为一类。

《皇极经世》声七中,《切韵》-p 字配-m 尾字,而其他入声字都配阴声字,这说明-p 尾还保留。

《蒙古字韵》入声字的韵尾都已消失,并入阴声韵。

《中原音韵》入声已经消失。

藻敏瑶语汉借词主借层有-p 韵尾。

8. -t 韵尾

《切韵》有-t 韵尾。

朱翱反切的-t 类韵与《切韵》同。

《皇极经世》-t 尾韵均与阴声韵相配,说明-t 尾已经消失。

《蒙古字韵》所有的入声均消失。

《中原音韵》入声消失。

藻敏瑶语汉借词主借层还有-t 韵尾。

9. 曾梗舒声

《切韵》曾摄和梗摄舒声是不同的两类。

朱翱反切中,有蒸登和庚青两类,蒸登为曾摄字,庚青为梗摄字,说明二者没有合流。

《皇极经世》声二有两类,一类是开丁井亘,其中有曾摄也有梗摄字;一类是合兄永莹,也都是曾摄和梗摄的舒声字,说明曾梗舒声已经合流。

《蒙古字韵》二庚,包括曾、梗二摄。

《中原音韵》曾梗摄舒声已经合流。

藻敏瑶语汉借词主借层中曾摄梗摄舒声已经合流。

10. 蟹摄开口一、二等分合。

《切韵》蟹摄一、二等是不同的韵类。

朱翱反切反映,蟹摄一等合为一类,二等合为一类,三、四等合为一类。

《皇极经世》一声闢,仅有的"开宰爱"三个都为一等字,但这并不能说明蟹摄开口一、二等尚未合流,因为此前的《尔雅音图》(冯蒸 2007)与此后的《蒙古字韵》,都已经合流。

《蒙古字韵》六佳,包括蟹摄的开口一、二等。

《中原音韵》皆来韵,包括蟹摄的开口一、二等。

藻敏瑶语汉借词主借层中蟹摄开口一等为 ɔi,二等为 ai。

由于汉语词汇借入藻敏瑶语后发生类似汉语音变的情况不在讨论范围内,所以本书的假定前提是:主借层的读音就是借入年代的实际读音。整理上述各个音类的讨论,可以逐条分析主借层的借入年代:

	隋 切韵	南唐 朱翱	北宋 皇极	元代 蒙古	元代 中原	藻敏瑶语 主体层	借入年代
-k 失落	−	−	+	+	+	+	朱翱反切之后
轻唇化	−	+	+	+	+	+	《切韵》之后
真谆分 为两类	−	−	+	+	+	+	朱翱反切之后
寒桓分 为两类	−	−	+	+	+	+	朱翱反切之后
疑母读 零声母	−	−	−	+	+	−	《蒙古字韵》之前
-p 尾 失落	−	−	−	+	+	−	《蒙古字韵》之前

	隋	南唐	北宋	元代	元代	藻敏瑶语主体层	借入年代
	切韵	朱翱	皇极	蒙古	中原		
-t尾失落	－	－	＋	＋	＋	－	《皇极经世》之前
麻韵二、三等分化	－	－	－	－	＋	－	《中原音韵》之前
效摄合为一类	－	－	＋	＋	＋	－	《皇极经世》之前
曾梗舒声合流	－	－	＋	＋	＋	－	《皇极经世》之前
蟹摄开口一、二等合流	－	－	＋	＋	＋	－	《皇极经世》之前

　　上表第 1 列反映借入年代的音类或者语音现象,第 2～6 列为该音类在各历史时期汉语文献中的语音面貌,第 7 列是藻敏瑶语主借层的语音面貌,第 8 列是对比之后得出的借入年代范围。凡是借入年代的汉语的创新,瑶语主借层中一定存在;借入年代之后的汉语的创新,瑶语主借层中一定不存在。例如,-k 韵尾失落是一种创新,藻敏瑶语主借层中-k 韵尾失落,那么主借层的借源 k 韵尾也已经失落了,朱翱反切中还有-k 尾,皇极经世-k 韵尾失落,这说明主借层一定是在朱翱反切之后的年代借入的。又如,疑母读零声母是创新,藻敏瑶语主借层疑母还没有变成零声母,还是读作鼻音,那么其借源的疑母也还是鼻音,《皇极经世》疑母还是鼻音,《蒙古字韵》开始有疑母为零声母,这说明其主借层借入年代一定是早于《蒙古字韵》。

　　上述表中几个特征表明,藻敏瑶语主借层借入年代应是在朱翱反切之后与邵雍《皇极经世》之前的年代,即在南唐之后,北宋之前。史料记载"排瑶先民最早可能在唐宋之间的五代或稍早从湖南迁入"与之相符(练铭志 马建钊 李筱文 1992)。这说明排瑶正是在这个年代大量地从汉语借入词语,形成汉借词的主借层。

五、主借层借源考

本节从油岭瑶语汉借词的主借层中提取多项语音特征,如梗摄开口二等主元音为 a、哈韵主元音为圆唇元音等,采用潘悟云最新研发的"汉语方言地理信息系统"绘制语音特征组图并加以分析,进而发现藻敏瑶语主体层的多项特征与江西方言一致,说明其地域来源应是江西一带,藻敏瑶语汉借词主借层的借源为南唐之后、北宋之前的江西方言。

隋唐时代,瑶族南迁,五岭地区成为其主要居住地,后又向广西、贵州、云南迁徙。藻敏虽为瑶语最小方言,但却属于源头的一方,所以还原藻敏方言的历史面貌,对整个瑶语史的研究至关重要。瑶语没有文字,缺乏古代文献,所以历史比较的结果会有不确定性,历史层次分析则可补其不足。排瑶和汉族有着长期持续的密切来往,有着大量的汉语借词,确定这些汉借词的历史层次及其性质,通过汉语历史音韵学与方言学的研究成果,能够确定这些借词的古代读音,再与现代读音比较,就能得到瑶语的历史音变规则,从而能够与历史比较法相结合,研究瑶语的历史面貌,更为瑶族移民史的研究提供了线索和证据。

排瑶与汉族的接触是一个漫长的历史过程,其中排瑶还经历了长途迁徙,不断与周边的汉语发生接触和借用关系,不同历史时期借入的汉借词形成了不同的历史层次,所以藻敏方言汉借词有多个历史层次。由于期间排瑶不断迁徙,不同历史时期排瑶周边的汉语方言可能不同,不同历史层次的借源差异可能不仅是时间上的差异,还可能是地域差异。前文提到,藻敏方言诸多的汉借词历史层次中,有一个历史时期与汉语接触最为密切频繁,借入的词汇最多,受汉语的影响也最大,这便是汉借词的主借层。除了这段时间之外,其他任何时期的汉借词都是非主借层。显然,其中对藻敏瑶语影响最大的就是汉借词主借层的借源。最大相似和最小改动是词汇借用最重要两条原则,基于此,如果我们能知道主借层的借源和年代,由于汉语语音史的研究已经取得较好成果,根据借源的语音面貌就能推求借入年代藻敏瑶语语音面貌,再根据现代藻敏瑶语读音,得出藻敏瑶语的历史音变。这就是历史层次分析法对历史比较法的补充,也是历史层次分析对语音历史研究的贡献和意义所在。

上节将藻敏瑶语汉借词主借层与中原地区各个时期音韵文献(《切韵》、《皇极经世》、《蒙古字韵》、《中原音韵》等)做比较,考证得出藻敏方言主借层的借入当在朱翱反切(南唐)之后与邵雍《皇极经世》(北宋)之前的年代。历史层次研究中,年代考是借源考的基础,南唐之后、北宋之前这一段时期排瑶周边的权威汉语方言就是借源。那么,当时的排瑶究竟分布在中国的什么地域?

学界通常认为,苗瑶族群较早时期分布在长江中下游洞庭湖一带,秦汉时期称其"长沙·武陵蛮"、魏晋南北朝时期称"荆蛮"。由于自然环境和战争等原因,苗瑶先民不断向西、向南迁徙发展,逐渐形成现在复杂而广泛的分布格局。八排瑶族主要集中于粤北湘南交界地区。据史料记载,粤北排瑶似由两部分组成,一是若干莫瑶的遗裔;二是五代以来徙抵的族体。前者数目不多,后者是主体。莫瑶后裔的先祖于隋代或稍前由湘入粤,主体大部分是继汉族之后自唐代起陆续从湖南的辰州和道州等一带进入粤北的(练铭志、马建钊、李筱文,1992)。依据这些史料,笔者起初认为八排瑶族的迁徙路线当为从湖北和湖南的洞庭湖一带在湖南境内由北向南直接迁徙,那么藻敏瑶语汉借词主借层的借源可能是当时湖南的权威汉语方言(龙国贻,2012)。然而,史料记载只能作为参考,语言学本身的研究结果才能真正探究到语言事实,况且关于排瑶迁徙的具体路线没有十分详细的记载,仅仅依靠有限的史料进行想当然的推测不是科学的做法。

那么,什么方法可以求得藻敏瑶语汉借词主借层的借源呢?词汇的借用原则提供了一个可靠的途径。根据语言借用的最大相似和最小改动原则,借入语言与被借入语言在借入之时的语音特征应该是相同或相近的,也就是说藻敏瑶语汉借词主借层的语音特征应该与被借入的汉语方言借入之时的语音特征相一致。所以,藻敏瑶语汉借词主借层的语音特征就是我们探求主借层借源的重要依据。诚然,借入语言和被接入语言在借入之后都可能发生不同的语音变化,但是,总有一些特殊的语音特征还是能得以保留,这些得以保留的语音特征就是借源考证的秘钥。根据前人的研究,藻敏瑶民的原居地可能在洞庭湖一带,他们一路南下到达广东北部,最便捷的路线只能有两条,或者在湖南境内,或者在江西境内。我们提取藻敏瑶语汉语借词的语音特征,如果这些特征更接近湘语的语音特征,就可能借自湖南境内汉语;如果与客赣方言更接近,就有可能借自江西境内的汉语。

于是,笔者首先提取藻敏瑶语的汉借词主借层的大量语音特征,绘制了它们的特征地图,并与这些特征在江西与湖南的方言的地理分布进行比较。有些特征与两省都一样的,没有比较意义,舍弃不用。但是有些特征,只出现于客赣,却不出现于湘语,而且不只是一个两个特征,可见不是一种偶然现象。同时,也不见有相反的情况,即只出现于湘语不见于客赣的特征。要说明这些现象,只能有一个原因,藻敏瑶民一定是在江西境内南下,沿途向当地汉族居民借词。

出于篇幅的限制,本书不可能穷举藻敏方言主借层的各项语音特征,仅以十一项语音特征为例来说明问题。全国方言特征图的绘制要依据大量的全国方言材料,因为瑶语从历史上到今天主要分布在中国的东部和南部一带,所以本书所依据的是上海师范大学语言研究所建立的 1 029 个汉语方言字音库,该 1 029 个方言点绝大部分都是中东部和南部地区的材料,实际上是十分密集和全面地反映了瑶语从古至今在国内的分布区域的汉语方言情况。方言特征图的绘制工具采用的是上海师范大学潘悟云教授研发的"汉语方言地理信息系统"。为了看起来更加明晰,每幅特征图北京以北地区都截去,只保留北京以南地区。每张特征地图上都覆盖了三个底图层,一是现代中国行政区划图,现代行政区划图的各个省界线只是隐现,每个省都注明了省名,便于查看。一是历史行政区划图(五代十国时期地图),由于藻敏瑶语主借层的借入年代是在南唐之后、北宋之前,所以五代十国地图正好反映主借层借入之时的行政区划,为了看起来清晰,该地图的行政区界限以粗线勾勒。一是现代汉语方言分区图,由于上文已经把藻敏瑶语的借源锁定湖南和江西这片区域,由于多个驳杂图层覆盖会影响视觉效果,所以只显示了这一区域湘语和赣语的分区(赣语用右斜纹标示,湘语用墨绿色横纹标示),其他地域和该区域其他方言都隐去不显。

1. 梗摄开口二等主元音为 a。

藻敏瑶语汉借词中,梗摄开口二等字主元音为 a,例如:撑 haŋ⁵¹、生 saŋ⁴⁴、省 saŋ⁵¹、争 tsaŋ²²、梗 kaŋ²⁴、鲠 kaŋ²⁴、羹 kaŋ²⁴²、耕 kaŋ²²、硬 ŋaŋ²⁴、擤 haŋ⁵¹、百 ɓa⁴⁴、伯 ɓa⁴⁴、麦 ma²²、脉 ma²²、白 pa²²。下图中圆点表示这个特征,三角表示主元音不是 a。这个特征显然分布在江西,湖南有少数点读 a,基本上是客赣移民。

2. 哈韵带圆唇元音。

藻敏瑶语汉借词中，哈韵读 ɔi，主元音为圆唇元音。如：害 hɔi²²、海 dɔi²⁴²、开 hɔi⁴⁴、改 kɔi²⁴、盖 kɔi⁵¹、材 sɔi²⁴²、财 sɔi²⁴²、耐 nɔi²²、带 dɔi⁵¹、袋 tɔi²²。下图中圆点表示该特征，三角表示主元音为展唇元音。显然，这个特征主要分布在江西,湖南南部仅有几个点,也为客赣移民。

3. 寒韵开口见组带圆唇元音。

藻敏瑶语汉借词寒韵开口见组读 ɔn,为圆唇元音,如:汗 hɔn²², 干 kɔn⁴⁴、竿 kɔn⁴⁴ 等。下图中圆点表示这个特征,三角表示寒韵开口见组为展唇元音。这个特征也主要在江西,湖南仅是南部有零星几个点,基本是客赣移民。

4. 果摄一等为 ɔ 类元音。

藻敏瑶语汉借词的果摄一等为 ɔ,例如:拖 tɔ²²、锣 lɔ²⁴²、挪 nɔ²⁴²、哥 kɔ⁴⁴、饿 ŋɔ²²、磨 mɔ²²、婆 pɔ²⁴²、砣 tɔ²⁴²、锁 hɔ²⁴、果 kɔ²²、科 kɔ⁴⁴、货 fɔ²⁴、火 fɔ⁵¹、和 vɔ²²。下图中圆点表示该特征;三角表示果摄一等不是 ɔ。

5. 江摄韵核为 ɔ 类元音。

藻敏瑶语汉借词江韵主体层为 ɔŋ,例如:幢 tɔŋ²⁴²、撞 tsɔŋ²²、讲 kɔŋ²⁴、杠 kɔŋ⁵¹、降(霜降)kɔŋ⁵¹、双 sɔŋ²²、降(投降)hɔŋ²⁴、巷 hɔŋ²²。觉韵主体层为 ɔ,如:角 kɔ⁴⁴、学 hɔ²²。下图中圆点表示江摄主元音为 ɔ,三角表示江摄主元音不是 ɔ。显然,这个特征主要分布在江西,湖南只有少数几个点,应为客赣移民。

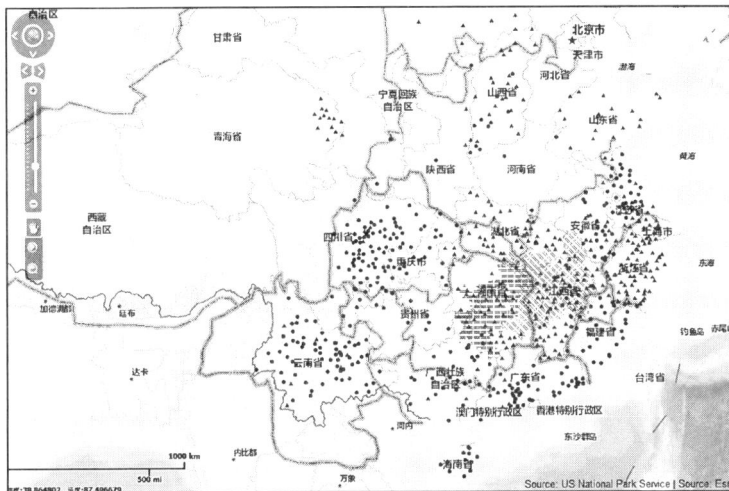

6. 咸摄一等舒声韵核为圆唇元音。

藻敏瑶语汉借词咸摄一等舒声读 ɔm,为圆唇元音,例如:胆

ɗem²⁴、担("挑"水)ɗem⁴⁴、淡 tem²⁴、三(序数词)hem⁴⁴。下图中圆点表示该特征,三角表示咸摄一等舒声主元音为展唇元音。这个特征主要分布在江西,湖南的南部也有零星分布,多为客赣移民。

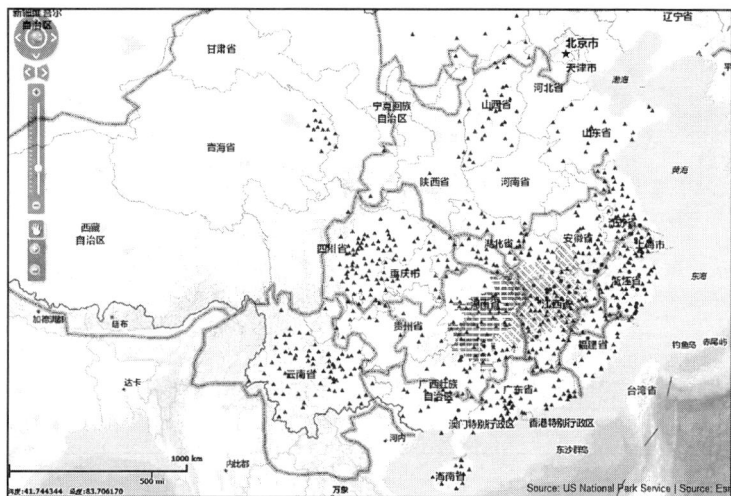

7. 章组遇摄韵核为 u 类元音。

藻敏瑶语汉借词中章组遇摄主元音都为 u,例如：书 su⁴⁴、煮 tsu²⁴、输 su⁴⁴、蛀 tsu⁵¹、铸 tsu²⁴、主 tsu⁵¹。下图中,圆点表示该特征,三角表示章组遇摄主元音不是 u。特征图显示,章组遇摄主元音为 u 在江西十分明显,分布集中。但是湖南除了个别点之外,都不具备这一特征。

8. 山摄一等合口带圆唇元音。

藻敏瑶语汉借词主借层的山摄一等合口读作 ɔn,为圆唇元音,如：盘 pɔn²⁴、乱 lɔn²⁴²、蒜 hɔn²⁴、算 sɔn²⁴、管 kɔn²⁴、官 kɔn⁴⁴、棺 kɔn²²、灌 kɔn⁵¹、冠 vɔn⁴⁴。下图圆点表示汉语方言中符合该特征的点,三角表示山摄一等合口元音为展唇。图中可见,江西大部分地区呈现该特征,但湖南大部分地区山摄一等合口元音为展唇。

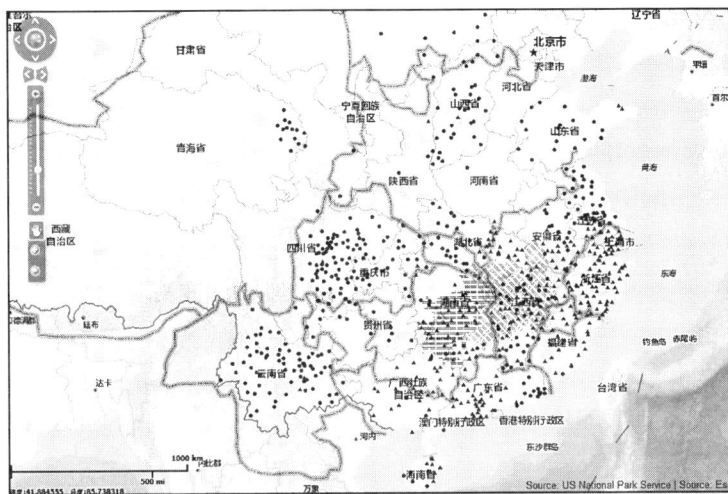

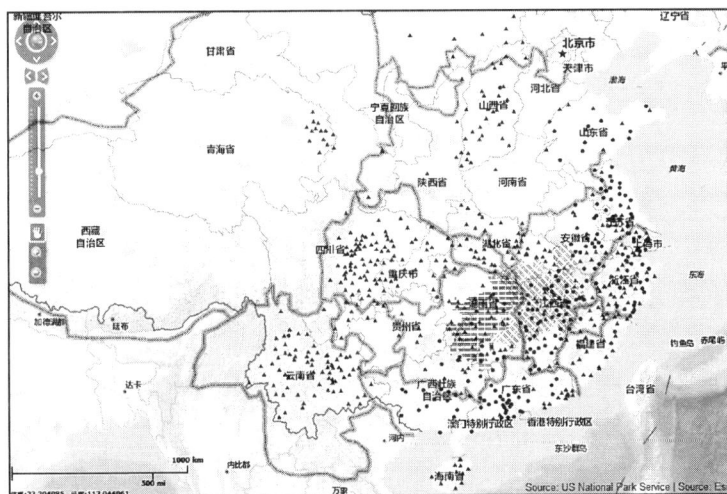

9. 通摄舒声韵核为 u 类元音。

藻敏瑶语汉借词通摄舒声字的主借层为 uŋ，主元音为 u，例如：冬 ɗuŋ⁴⁴、同 tuŋ²²、懂 tuŋ²⁴²、筒 tuŋ⁵¹、通 tʰuŋ⁴⁴、桶 tʰuŋ⁵¹、聪 huŋ²²、楤 tsuŋ⁴⁴、总 tsuŋ⁵¹、工 kuŋ⁴⁴、空 kʰuŋ⁴⁴、红 huŋ²⁴²、风 fuŋ⁴⁴、奉

puŋ³¹、龙 luŋ²⁴²、众 tsuŋ⁴⁴、冲 tsuŋ⁴⁴、种(芒种)tsuŋ⁵¹、用 juŋ²²。下图中圆点表示这个特征,三角表示通摄舒声主元音不是 u。特征图显示:该特征最为集中的区域就在江西赣方言区,在湖南仅有零星分布,多为客赣移民。例如,湖南北部仅有一个点呈现此特征,该点位于岳阳境内,恰好是赣语分布区。

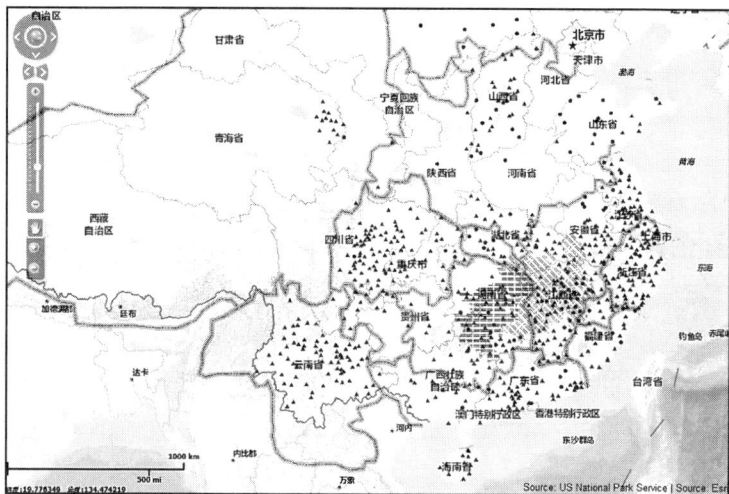

10. 宕摄主元音为 ɔ 类元音。

藻敏瑶语汉借词主体层宕摄主元音为 ɔ,例如:帮 ɓɔŋ⁴⁴、芒 mɔŋ²⁴²、当(当中)dɔŋ⁴⁴、汤 tɔŋ⁴⁴、囊 nɔŋ²⁴²、葬 tɔŋ⁵¹、钢 kɔŋ⁵¹、王 vɔŋ²⁴²、框 kɔŋ⁴⁴、放 ɓɔŋ⁵¹、房 fɔŋ²⁴、网 mɔŋ⁴⁴、恶 ʔɔ⁴⁴、鹤 hɔ²²、各 kɔ²⁴²、错 sɔ²⁴。下图中圆点表示这一特征,三角表示这些方言的宕摄主元音不是 ɔ。这一特征在江西十分明显,但在湖南宕摄主元音几乎都不读 ɔ,只有少数点呈现该特征。

11. 知系阳韵带圆唇元音。

藻敏瑶语知系阳韵汉借词主借层与唐韵相同,读作 ɔŋ,如:丈 tɔŋ²²、场 tsɔŋ²⁴、账 tsɔŋ²⁴²、张 tsɔŋ²²、长(瑶长)tsɔŋ⁵¹、疮 hɔŋ⁴⁴、霜

son^{44}、闯 tsoŋ^{22}、装 tsoŋ^{44}、状 tsoŋ^{242}、上 soŋ^{44}、常 soŋ^{24}、商 soŋ^{44}、章 tsoŋ^{44}。下图圆点表示这一特征，三角表示知系阳韵为展唇元音。图中可见，江西全境几乎都呈现该特征，但湖南大部分地区知系阳韵为展唇元音。

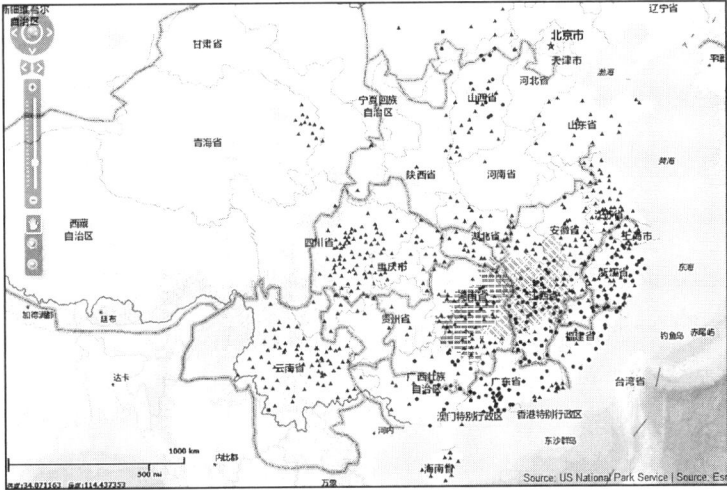

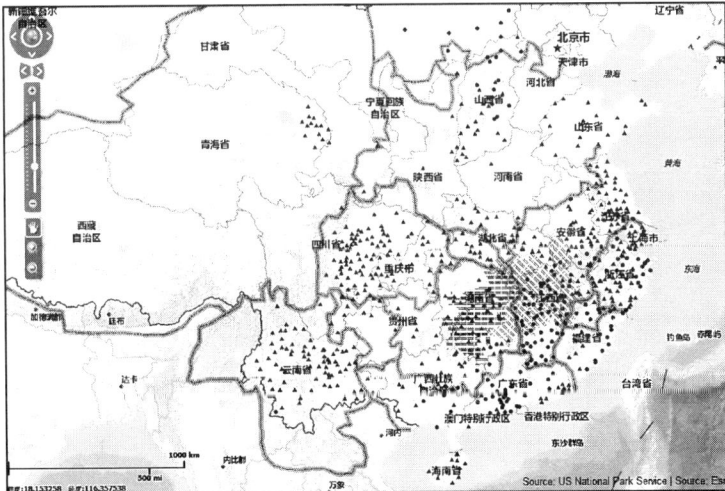

　　以上列举的十一幅语音特征图,都呈现出高度的一致性:这些特征主要分布在江西,而不在湖南,主要分布在赣语区,而不是湘语区。藻敏瑶语主体层的特征与江西方言一致,而这些特征都未出现在湖南或在湖南不典型。

　　南唐到北宋前期这段时间,战乱不休,人口迁徙流动频繁。南方相对稳定繁荣,北方人口不断南下。我们的研究表明:在南唐朱翱之后、北宋邵雍之前这 100 年间,排瑶与汉人接触最为频繁的时期,他们主要在江西一带生活繁衍、相互影响,尤其是排瑶受汉语影响很深,从江西方言中借入大量词汇。藻敏瑶语汉借词主借层的借源并非湖南方言,而是江西方言。这些汉借词中鲜少有湘方言土语词的痕迹,倒是存在不少典型的赣方言特色词。此外,排瑶大多都是瑶汉双语人,他们所说的汉语方言不是湘语,而是客家话,也能说明这个问题。

第五章　藻敏瑶语汉借词的非主借层

本章讨论藻敏瑶语汉借词的非主借层,还是依据油岭瑶语材料展开分析,包括以下内容:声母的非主借层、韵母的非主借层、上古层次、声调的非主借层。由于上古层次比较特殊,不仅包括汉语借词,还包括同源词,统称为上古层次,所以单列一节讨论。

一、声母的非主借层

油岭瑶语声母非主借层主要有三个,一是很晚近的现代官话层,一是借自广东粤语和海南闽语的广东粤语层,一是早于《切韵》时代借入的前中古层。其中官话层和广东粤语层不同于主借层,也不同于较早借入的前中古层,它们是个开放的系统,至今还在不断地进入瑶语,而主借层和前中古层的借用过程已经结束,是封闭的系统。

1. 现代官话层

本书以见组为例,论述油岭瑶语汉借词中的现代汉语借词层。上章讨论过中古见组油岭瑶语汉借词的主借层,见、溪、群母的合流,主体层为 k。但是,见组中有一部分字读作 ts,如:

巾 tsan⁴⁴	毛巾(千-巾)
斤 tsan⁴⁴	十斤(十-斤),斤,"一斤"肉(一-斤)
筋 tsan⁴⁴	捏瘩(捏-筋),筋,抽筋(牵-筋)

举 tsi^{24}	举
竟 tsin^{51}	"到底"去不去(究-竟)
究 tsiu^{242}	"到底"去不去(究-竟)
近 tsan^{22}	最近(最-近),近,接近(挨-近)
仅 tsan^{24}	仅仅

　　油岭瑶语中的 ts 发音部位比较靠后、主动部位和被动部位接触面很宽,主动部位大致为舌叶甚至舌面前,被动部位大致为齿龈和龈后,其实际音值近似 tɕ。在归纳音位时,我们将之处理为 ts,是出于音系对应整齐的考虑。因此,油岭瑶语中 ts,实际对应汉语中的 tɕ,而且南方很多汉语方言中的 tɕ,实际和油岭瑶语中的 ts 读音一致。油岭瑶语见组中读作 ts 的是见母和群母仄声,见组的现代汉语普通话读音也是见母和群母仄声读作 tɕ。此外,依据借词借入的单位是整个音节的原则,我们结合油岭瑶语读作 ts 的见组字的韵母和声调情况来看,其韵母和声调也是很晚近的层次。

2. 前中古层

　　在此,我们以知组为例,讨论油岭瑶语汉借词中的前中古层。上章论述过中古知组油岭瑶语汉借词的主借层,知母、彻母和澄母合流,读作塞擦音 ts。这一主借层之外,知组中还有一部分字在油岭瑶语中读作塞音,如:

　　知母洪音读 ɗ:

转 ɗun^{51}	转身(翻-转),筋斗(摔-转),回"转"头来,颠倒(换-转)

　　知母细音读 t:胀(胀,发胀,"挺"起肚子,腮帮"鼓"起)tiŋ^{51}
　　澄母洪音平声读 t:

茶 ta²⁴²	茶籽(茶-药),茶叶
幢 tɔŋ²⁴²	幢
缠 tɛn²⁴²	缠绕
沉 tuŋ²⁴²	沉没,"沉"底

澄母洪音仄声读 ɗ 和 t：

撞 ɗɔŋ⁴⁴	牛"顶撞"(撞-角)
撞 ɗun⁵¹	撞
丈 tɔŋ²²	"拄"拐杖
坠 tui⁴⁴	坠子,脱肛(肛-坠),耳环(耳-坠)

我们知道,中古知组中的知、彻、澄母读作塞擦音,但在中古以前,知组有端组的来源,即中古以前,知、彻、澄母分别为端、透、定母,皆为齿龈塞音。油岭瑶语汉借词中知组字读作塞音的这批词借入瑶语时,这些词在被借入的汉语方言中是读作塞音,即知、彻、澄母还没有从端组分离出来,这批字借入年代非常早,应为比《切韵》略早一些的前中古层。

3. 广东粤语层

现代瑶语有一大批词汇与汉语粤方言和闽南方言有着密切的关系(赵春金 1994)。油岭瑶语汉借词声母的非主借层中,最丰富的一个层次是借自广东一带的粤语,甚至有些非主体层读音和广东粤语、海南闽语都相同,我们将之统称为广东粤语层。广东粤语借词来源非常复杂,有许多可能是两广地区少数民族语言的底层。广东粤语层的汉借词以帮、端、见三组为例展开讨论。

(1) 塞音擦化为 h——帮、端、见组读作 h。

前一章已经分析过,油岭瑶语汉借词中端组的端、透、定母的主

体层为塞音 d/t,但是还有一些字读作擦音 h,例如,以下透母读作 h:

梯 hai⁴⁴	竹梯(竹-梯),梯子,木梯(树-梯),楼"梯"
蜕 hui⁵¹	脱皮(蜕-皮),蜕
脱 hui⁵¹	脱离(脱-离)

见组汉借词的中见、溪、群的主体层为塞音 k,但也有一些字读 h,如下列溪母字:

敲 hau⁴⁴	敲
开 hɔi⁴⁴	开头(开-头),开口(开-口),开关(开-关),公开(公-开)
壳 hɔp2	壳
坑 heŋ⁴⁴	山沟(坑-窝),过坑(过-坑)
口 heu⁵¹	口粮(口-粮)
牵 hun⁴⁴	握手(牵-手),握,手"挽"手,牵牛(牵-牛),牵,扶起(牵-起),抽筋(牵-筋),"握"住,"握"手,"拉"手,"扶"起来
空 huŋ⁴⁴	闲(得-空)
欺 hi²²	欺负(欺-负)
气 hi⁵¹	游泳时"换气"(换-气),天气(天-气),叹气(叹-气),态度(性-气),声音(词头-气),生气(生-气),生"气",汽车(气-车),气味(有-气),脾气(脾-气),口气(词头-气),空气(空-气),和气(和-气),发气(发-气)

透母和溪母都是送气塞音,在油岭瑶语中都有读作擦音 h 的。现代汉语方言中,送气塞音读作擦音的现象也有,主要分布在广东、江西、海南、福建一带的方言中。例如,以下一些方言透母读作 h:广东(台山、开平、恩平、斗门镇、新会、江门、鹤山)江西(南丰、南城、宜黄、崇仁、广昌、泰和、金溪、黎川)、海南(定安、屯昌、海口、澄迈、琼山)、福建(建宁、建阳、武夷山)的一些方言中都存在。下

为四个方言点的几个例词：

广东开平	拖 hu³³	江西南城	拖 hə¹	海南海口	拖 hua¹	福建建宁	土 hu³
广东开平	态 hai³³	江西南城	探 han⁵	海南海口	吐 hou⁵	福建建宁	挑 hiau¹
广东开平	滔 hə³³	江西南城	塔 hai?⁷	海南海口	替 hi⁵	福建建宁	脱 hot⁷
广东开平	添 him³³	江西南城	铁 hieʔ⁷	海南海口	退 he⁵	福建建宁	吞 hən¹
广东开平	剔 het⁵⁵	江西南城	脱 høi?⁷	海南海口	贪 ham¹	福建建宁	踢 hik⁷

　　与透母不同，现代汉语各方言中，溪母主要读作擦音 h 的，则集中分布在广东(台山、开平、恩平、斗门镇、新会、江门、鹤山)、广西(南宁、北海、宾阳、富宁、扶绥、昭平、桂平、藤县、横县、贵港、贺州、玉林、龙州)的粤方言中，如：

广东开平	可 hə⁵⁵	广东顺德	勘 hɐm³²	广西南宁	欺 hei¹	广西贺州	欺 hei¹
广东开平	汽 hei³³	广东顺德	遣 hin²⁴	广西南宁	口 hɐu³	广西贺州	虚 høy¹
广东开平	考 hau⁵⁵	广东顺德	犬 hyn²⁴	广西南宁	糠 hoŋ¹	广西贺州	谦 him¹
广东开平	谦 him³³	广东顺德	轻 hɛŋ⁵³	广西南宁	轻 hiŋ¹	广西贺州	糠 hoŋ¹
广东开平	空 hoŋ³³	广东顺德	酷 hok²¹	广西南宁	哭 hok⁷	广西贺州	克 hɐk⁷

　　以上透母主要读作 h 的海南、江西、福建各方言，溪母则主要还是读作塞音。

　　在油岭瑶语的汉借词中，除了送气塞音透母、溪母擦化为 h 外，不送气清塞音帮母也有读作 h 的例子：

跛 hai²²	跛子(脚-跛)，跛
爆 hau²⁴	"爆"苞谷花
背 hɔi²²	一"背"柴
边 hɛn⁴⁴	外人(外-人)，外面(外-边)，外科(外-边)，外边(外-边)，附近(边-边)

但是在现代汉语方言中,极少有帮母读作 h 的,但是在广东粤方言中就有这类情况,如广东鹤山方言中帮母读作 h 的例字如下:

例　　字	读　　音
谱	hʌu⁵⁵
豹	hɛ³³
编	hin³³
遍	hin³⁵

端组与帮组类似,油岭瑶语中不送气清塞音端母也有读作 h 的,例如:hiu²² 圆凿(圆-凿);hiu²² 雕,"雕"章。

全国的现代汉语方言中,端母读作 h 的方言极少,但在广东台山方言中,端母也读 h,如:妒 hu⁵⁵;呆 huɔi³³;堤 hai²²;祷 hau⁵⁵。

综上可知,油岭瑶语的帮、端、见组中读作擦音的这些词应是借自粤方言,为广东粤语层。

(2)塞音唇齿化为 f——帮、端、见组中读作 f、v。

油岭瑶语汉借词的帮、端、见组中,还有一部分已经唇齿化,读作 f,如:

苦 fu²⁴	艰苦(困-苦)
吐 fu⁴⁴	"吐"气
破 fai⁵¹	剖开(破-开),"破"肚子
番 fan²²	花生(番-豆),肥皂(番-碱)
抛 fɛu⁴⁴	抛
铺 fu⁵¹	铺板(铺-板),床铺(词头-铺),床架子(铺-架),床底(铺-底)
喷 fun⁵¹	喷水(喷-水)

读作 f 的这些词在现代油岭瑶语中都是合口字,即后接主元音

介音 u 或滑音ʷ。和很多南方汉语方言和民族语一样,油岭瑶语的 u 圆唇化程度很低,近乎展唇。通常发圆唇的 u,因为嘴巴撅起成圆状,嘴唇中间形成一个圆孔,气流从圆孔中流出,同时声带振动。而油岭瑶语的 u 或者ʷ在发音时嘴唇基本是平展的,所以以嘴唇间没有一个可以供气流流出的孔,如果嘴唇不进行调整,气流就会堵住在口腔内,这样无法持续声带的振动,从而不能发出元音来。为了让气流有一个进出的通道从而维持声带的振动,同时发ʷ时又能保持嘴唇的展平,势必要把上唇撅起来,流出一个窄缝供气流冲出,因为这样的供气流进出的空间不可能很大,只能是一个窄缝,会形成湍流,同时上唇一旦撅起,上齿就很自然地会接触到下唇,从而使得ʷ变成了一个唇齿的擦音ᵛ。因此,油岭瑶语帮、端、见组今读 f 的这些词,都发生了塞音唇齿化的音变。

此外,还有帮、见组字读作 v,如:

冠 vɔn⁴⁴	鸡"冠"
关 vɔn⁵¹	"关"牲口
缺 vet²	缺口,刀"缺"口,牙"崩掉"

这些词和 f 的情况一样,只是由于现代油岭瑶语合口音的进一步影响,声母保留了浊音的特征,或者清声母浊化,变成了 v。

现代汉语方言中,海南闽语的一些汉语方言点也有类似情况。如:

海南澄迈	海南安定
编 fien²²	编 fin²¹³
遍 fien³⁵	遍 fin³⁵

又如:"巴"字在海南屯昌、澄迈、琼山都读 va。

此外,海南临高话也有类似情况,如:

闭 vəi²	dai¹ vəi² 倒闭
簸 vɔʔ⁸	vɔʔ⁸ 簸
翩 vin¹	vin¹ 飞
裤 va³	xo³ dap⁷ va³ 唐装裤,一种旧式裤子
胯 va²	dau² va² 胯下 ;va² 大腿

在越南语中也有帮组读作 v:

本 von⁵	~kɔ⁵ ① 固有,天赋。② 拥有资金。
鸣 vit⁸	~kai⁵ 母鸭
龅 vo³	龅牙
拔 vʌt⁸	拔,摘
簿 vɐ³	簿册,本子

在粤语的一些方言中,帮母读 v,如广东开平方言以下例子:

波 vu³³	菠 vu³³	簸 vu³³	并 ven²¹	巴 va³³	芭 va³³
疤 va³³	把 va⁵⁵	霸 va³³	把 va³³	坝 va³³	壁 vet⁵⁵
爸 va⁵⁵	补 vu⁵⁵	布 vu³³	璧 vet⁵⁵	拜 vai³³	摆 vai⁵⁵
蔽 vai³³	蓖 vɛ³³	闭 vai³³	箅 vɛ²¹	杯 vuɔi³³	辈 vuɔi³³
碑 vei³³	卑 vei³³	俾 vei³³	臂 vei²¹	悲 vei³³	比 vei⁵⁵
秘 vei⁵⁵	泌 vei⁵⁵	髻 vei⁵⁵	庇 vei⁵⁵	痹 vei⁵⁵	褒 vau³³
保 vɔ⁵⁵	堡 vɔ⁵⁵	宝 vɔ⁵⁵	报 vɔ³³	包 vau³³	胞 vau³³
饱 vau⁵⁵	豹 vau³³	爆 vau³³	标 viu³³	表 viu⁵⁵	表 viu⁵⁵
彪 viu³³	贬 vin⁵⁵	禀 ven⁵⁵	扮 van³¹	八 vat³³	班 van³³
斑 van³³	板 van⁵⁵	版 van⁵⁵	鞭 vin³³	变 vin³³	并 ven³¹

鳖 vit³³	别 vit²¹	边 vin³³	蝙 vin⁵⁵	扁 vin⁵⁵	匾 vin⁵⁵
憋 vit³³	般 vuan	搬 vuan³³	半 vuan³³	绊 vuan³¹	钵 vuat²¹
拨 vuat³³	彬 ven³³	宾 ven³³	槟 ven³³	殡 ven³³	鬓 ven³³
笔 vet⁵⁵	毕 vet⁵⁵	必 vit⁵⁵	奔 ven³³	本 vuan⁵⁵	帮 voŋ³³
榜 voŋ⁵⁵	谤 voŋ⁵⁵	博 vok⁵⁵	邦 voŋ³³	绑 voŋ⁵⁵	驳 vok²¹
崩 vaŋ³³	北 vak⁵⁵	冰 ven³³	逼 vet⁵⁵	百 vak⁵⁵	柏 vak⁵⁵
伯 vak⁵⁵	迫 vet⁵⁵	兵 ven³³	丙 ven³³	秉 ven⁵⁵	柄 viaŋ³³

综上所述,帮、端、见组中读作 f、v 可能是广东海南一带某个民族语的底层,后从广东粤语借入油岭瑶语。

(3) 见母读作零声母。

油岭瑶语汉借词中,见母的主借层为 k,但也有少部分词读作零声母,如:

盖 ʔɔp⁴	盖印(盖-印),盖上(盖-起)
叫 ʔɛu⁴⁴	名"叫"什么,叫唤,"托付"你办事,"叫"门,"叫"魂,"喊"他来

在广东一些粤方言中,也有不少见母字读作零声母,如广东顺德方言:

锅 uɔ⁵⁵	蜗 uɔ⁵³
勾 ɐu⁵³	钩 ɐu⁵³
讫 ɐt⁵⁵	

二、韵母的非主借层

油岭瑶语韵母的历史层次除了主借层以外,还有一些非主借层,主要可以分为：上古层、现代官话层,早期西南方言层和华南方言层。上古层是很早的层次,由于油岭瑶语上古汉语借词和瑶汉同源词已经很难区分,而且数量很少,所以我们把它们合在一起,暂统名为上古层,并单列一节讨论。本节只分析油岭瑶语韵母的现代官话层、华南方言层、粤语层和早期西南方言层。

1. 现代官话层

油岭瑶语韵母的非主借层中,最大的一个层次就是现代官话层,我们以蟹摄、效摄和梗摄为例,展开论述。

（1）蟹摄一等读 ai

全文已经论述,蟹摄一等的主借层读 ɔi,但有一些词语读 ai,如：

开 gʰai⁴⁴	移动(移-移),掀开(掀-开),脱离(脱-离),推开(推-开),松脱(松-开),散开(散-开),让开(让-开),剖开(破-开),抛弃(脱-开),开朗(心-开),开会(开-会),开花(开-芳),开,"开"门,剖开(破-开),劝解(垮-开)
赖 lai²²	"依赖"别人,"赖"账,"赖"别人干了什
癞 lai²²	钱癣(癞-皮),癞

结合声母和声调来看,很显然上述例字都是现代词语,与现代官话读音非常接近。

（2）效摄读作 iau 和一三等读作 au。

效摄一等的主借层为 ɔu,三等的主借层为 ɛu。但有些效摄一等读 au：

考 kau²⁴	考试(考-试)
膏 kau⁴⁴	牙膏(牙-膏)

糕 kau⁴⁴	发糕(发-糕)
靠 kau²⁴²	"靠"他
告 kau⁵¹	告状(告-状)
老 lau²⁴	老师(老-书)
萄 tau²⁴	葡萄(葡-萄)

上述例词中,"膏"、"糕"、"告"、"萄"和现代官话读音一致。"考"和"老"在普通话中是曲折调 214。油岭瑶语中没有先降后升的曲折调,因此只能用其音系中调值最接近的 24 来代替,我们知道,油岭瑶语中的 24,有一个略微曲折的 214 变体。"靠"在普通话中是送气清塞音 tʰ,油岭瑶语音系中没有送气塞音,所以用不送气塞音 k 来对译。油岭瑶语的不送气音 k,有略带送气的变体 tʰ。

效摄三等也有的读作 au:

舀 jau²⁴	捞鱼(舀-鱼),"舀"饭
瑶 jau²⁴²	瑶人(瑶-人),瑶女(瑶-婆),瑶练(瑶-练),瑶话(瑶-话),瑶官(瑶-头),瑶歌(瑶-歌),瑶长(瑶-长),瑶,姑娘(妇-瑶)
招 tsau⁴⁴	招待(招-待),招财(招-财)

jau 读音和现代官话 iau 一致。"舀"的情况和上文的"考"、"老"一样,也是用有 214 变体的 24 调来对译现代官话的 214。招 tsau⁴⁴,就是现代官话 tʂau⁵⁵ 的读音。

效摄读作 iao:

条 tiau²⁴	面条(面-条)
调 tiau²⁴	调节(调-节)
报 ɓau⁵¹	禀报,报信,报告

票 ɓiau²²	车票
秒 miau³¹	一"秒"钟

这些也与现代官话的语音较为一致,应为现代官话层。

(3) 梗摄三、四等 iŋ,是现代官话的来源

油岭瑶语汉借词梗摄的三、四等的主借层为 εŋ,但也有不少读作 iŋ:

萍 piŋ²⁴²	浮萍(词头-萍)
顶 ɗiŋ⁵¹	鞋面(鞋-顶),屋脊(屋-顶),屋顶(屋-顶),天上(天-顶),树上(树-顶),房子上面(屋-顶)

很显然,这些也与现代官话的读音一致,是很晚近的现代借词。

2. 华南方言层

瑶语中的这个方言层,还无法确定具体的地点,只能说是长江以南地区,更可能是两广一带。

(1) 遇摄三等字的主借层为 u,但有些遇摄三等字的读音为 i:

ki⁴⁴	区
tsi²⁴	举

遇摄三等读 i,是华南许多方言一个特征。比如:

广东增城	安徽无为	江西南昌	浙江湖州	海南三亚	湖北宜都	福建建宁
猪 tsi⁵⁵	夫 fi³¹	女 ɲi³	女 ɲi³	吕 li²¹	女 ni³	女 ŋi³
储 tsʰi¹³	麸 fi³¹	吕 li³	驴 li²	旅 li²¹	吕 ni³	吕 li³

广东增城	安徽无为	江西南昌	浙江湖州	海南三亚	湖北宜都	福建建宁
苎 tsʰi¹³	扶 fi³⁵	蛆 tɕhi¹	虑 li⁵	虑 li¹³	巨 tɕi⁵	徐 tsʰi²
处 tsʰi³³	芙 fi³⁵	徐 ɕi²a	滤 li⁵	着 tsi¹³	娶 tɕi⁵	除 tsʰi²
书 si⁵⁵	符 fi³⁵	绪 ɕi⁵	蛆 tɕhi¹	处 si⁴²	聚 tɕi⁵	书 si¹
舒 si⁵⁵	脯 fi²¹³	语 ni³	絮 ɕi⁵	舒 si³³	句 tɕi⁵	鼠 si³
暑 si³⁵	父 fi⁵⁵	虚 ɕi¹	徐 ɕzi2	居 ki³³	枢 tɕhi¹	语 ŋi³
署 si³³	附 fi⁵⁵	许 ɕi³	序 ɕzi1	举 ki⁵	区 tɕhi¹	虚 xi¹
鱼 ji¹¹	付 fi⁵⁵	余 i²a	居 tɕi¹	巨 ki⁵¹	去 tɕhi⁵	许 hi³
渔 ji¹¹	庐 ni³⁵	预 i⁵	车 tɕi¹	拒 ki⁵¹	虚 ɕi¹	余 i²
余 ji¹¹	阳 tsi²¹³	娶 tɕhi³	距 dzi6	御 zi¹³	须 ɕi¹	须 si¹
余 ji¹¹	珠 tʂi³¹	须 ɕi²a	鱼 ji²	虚 hi³³	徐 ɕi²	厨 tsʰi²
豫 ji²²	蛛 tʂi³¹	句 tɕi²a	渔 ji²	许 hi⁴²	许 i³	柱 tsʰi²
诛 tsi⁵⁵	猪 tʂi³¹	区 tɕhi¹	御 ni³	取 si⁴²	序 ɕi⁵	住 tsʰi6
注 tsi³³	柱 tʂi⁵⁵	雨 i³	虚 ɕi¹	趣 tsʰi¹³	鱼 øi²	朱 tsi¹
厨 tsʰi¹¹	着 tʂi⁵⁵	芋 i⁵	嘘 ɕi¹	需 si³³	于 øi²	主 tsi³

（2）蟹摄四等的主借层为 ɛi，但也有一些词读作 ai，比如：

梯 hai⁴⁴	竹梯(竹-梯)，梯子，木梯(树-梯)，楼"梯"
箄 pai²⁴²	排筏

广东、江西一带的汉语方言，蟹摄四等就读作 ai，以"梯"字为例，油岭瑶语的读音 hai⁴⁴ 与下面一些方言的读音都非常相似：

江西 上高	hai	广东 台山	hai
江西 高安	hai	广东 开平	hai

广东 恩平	hai	广东 四会	tʰai
广东 新会	hæi	广东 广宁	tʰai
广东 斗门镇	hɐi	广东 怀集	tʰai

尤其广东的怀集,紧邻油岭瑶语的所在地广东连南。

（3）阳韵知系的主借层为 ɔŋ,非知系阳韵主体层为 iaŋ。但除此之外,还有一部分阳韵字读 iŋ,例如:

凉 liŋ²⁴²	凉快
梁 liŋ²⁴²	梁,阁楼(阁-梁)
两 liŋ⁴⁴	一"两","一两"酒　(一—两)
抢 hiŋ²⁴	抢
杖 tiŋ⁴⁴	丈
胀 tiŋ⁵¹	胀,发胀,"挺"起肚子,腮帮"鼓"起
羊 jiŋ²⁴²	羊蹄(羊-蹄),羊肉(羊-肉),羊皮(羊-皮),羊毛(羊-毛),羊角(羊-角),未阉公羊(羊-公),山羊(山岭-羊),母羊(羊-母),绵羊(绵-羊),公羊(羊-公),放羊(放-羊)
烊 jiŋ²⁴²	溶化
养 jiŋ⁴⁴	抚养,"养"一家人,"养"老

阳韵的中古汉语拟音为 *iaŋ,由于阳韵字的主元音为长元音,根据拉波夫提出的长元音高化音变规则,汉语的许多方言中阳韵字发生了一种后高化的音变,即:iaŋ＞iɔŋ＞ioŋ＞iuŋ。

阳韵字在现代很多汉语方言中读作 iɔŋ,如:

| 广东 三水 | iɔŋ | 广东 恩平 | iɔŋ |
| 广东 宝安 | iɔŋ | 广东 惠州 | iɔŋ |

广东 揭西	iɔŋ	湖南 娄底	iɔŋ
广东 斗门镇	iɔŋ	福建 厦门	iɔŋ
广东 新会	iɔŋ	福建 宁化	iɔŋ
广东 梅县	iɔŋ	福建 建宁	iɔŋ
广东 花县	iɔŋ	福建 建瓯	iɔŋ
江西 分宜	iɔŋ	福建 建阳	iɔŋ
江西 奉新	iɔŋ	福建 政和	iɔŋ
江西 宁化	iɔŋ	福建 武平	iɔŋ
江西 崇仁	iɔŋ	福建 泉州	iɔŋ
江西 都昌	iɔŋ	福建 紫湖	iɔŋ
浙江 苍南	iɔŋ	福建 隆都	iɔŋ

也有一些方言点读作 ioŋ，如：

江西 南雄	ioŋ	福建 尤溪	ioŋ
江西 峡江	ioŋ	福建 松溪	ioŋ
江西 瑞金	ioŋ	福建 福安	ioŋ
湖南 兰山	ioŋ	福建 福鼎	ioŋ
湖南 新田	ioŋ	福建 邵武	ioŋ
湖南 株州	ioŋ		

还有个别点读作 iuŋ，如：广东丰开 iuŋ。

但是，我们还会发现，在某些汉语方言中，阳韵字的今读音与前一音变链上的各个方言的读音不同，其主元音皆为前元音，如：

江苏 盛泽	iæ̃	广西 百色	ɛŋ
浙江 常山	iæ̃	广西 藤县	ɛŋ
浙江 桐庐	iæ̃	广西 马山	ɛŋ
浙江 萧山	iæ̃	广西 龙州	ɛŋ
湖南 武冈	iæ̃	江苏 南通	iẽ
陕西 吴堡	iæ̃	江苏 灌南	iẽ
上海 松江	iɛ̃	广东 德庆	eŋ
山西 介休	iɛ̃	广东 郁南	eŋ
浙江 嘉善	iɛ̃	广西 来宾	iŋ
广西 临桂	iɛn	广西 融水	iŋ
广西 富宁	ɛŋ	广西 运江	iŋ
广西 扶绥	ɛŋ	福建 大田	iŋ
广西 横县	ɛŋ	福建 沙县	iŋ
广西 田东	ɛŋ		

这些方言韵母的主元音都是前元音,虽然同样长元音高化的通则,却是一种前高化的音变,即:iaŋ>iɛŋ>iɛŋ>ieŋ>iŋ。

综上可知,阳韵字在汉语中有两条高化的音变链,一是前高化,一是后高化。油岭瑶语阳韵字今读 iŋ 的非主借层可能来自华南地区的某处方言。我们发现,广东一些方言阳韵字今读 iŋ,如广东电白方言:

粮 niŋ²	梁 niŋ²	量 niŋ²	两 niŋ³
浆 tsiŋ⁵	酱 tsiŋ⁵	枪 tsʰiŋ¹	箱 siŋ¹
镶 siŋ¹	想 siŋ⁴	相 siŋ⁵	象 tsʰiŋ⁴
像 siŋ⁵	张 tiŋ¹	帐 tiŋ⁵	胀 tiŋ⁵

续　表

丈 tiŋ⁴	掌 tsiŋ³	尚 siŋ¹	上 tsiŋ¹
姜 kiŋ¹	姜 kiaŋ¹	香 hiŋ¹	向 hiŋ⁵
羊 iŋ²	杨 iŋ²	疡 siŋ²	痒 tsiŋ⁴

此外,阳韵字读作的 iŋ 的汉语方言在广西和广东、福建、云南一带都有分布。例如,广西运江方言阳韵读 iŋ:

娘 niŋ¹	良 liŋ²	梁 liŋ²	粮 liŋ²
梁 liŋ²	量 liŋ²	两 liŋ²	亮 liŋ⁶
谅 liŋ⁶	量 liŋ⁶	浆 tsiŋ¹	将 tsiŋ¹
墙 tsiŋ²	祥 tsiŋ²	详 tsiŋ²	奖 tsiŋ³
蒋 tsiŋ³	匠 tsiŋ⁶	将 tsiŋ⁶	枪 tsʰiŋ¹
抢 tsʰiŋ³	箱 siŋ¹	厢 siŋ¹	相 siŋ¹
想 siŋ³	象 siŋ⁵	像 siŋ⁵	橡 siŋ⁵
相 siŋ⁵	张 tɕiŋ¹	章 tɕiŋ¹	长 tɕiŋ²
肠 tɕiŋ²	场 tɕiŋ²	掌 tɕiŋ³	长 tɕiŋ³
涨 tɕiŋ³	丈 tɕiŋ⁴	账 tɕiŋ⁵	胀 tɕiŋ⁵
仗 tɕiŋ⁵	帐 tɕiŋ⁵	障 tɕiŋ⁵	昌 tɕhiŋ¹
厂 tɕhiŋ³	唱 tɕhiŋ⁵	倡 tɕhiŋ⁵	让 niŋ⁶
伤 ɕiŋ¹	商 ɕiŋ¹	常 ɕiŋ²	裳 ɕiŋ²
偿 ɕiŋ²	赏 ɕiŋ³	姜 kiŋ¹	强 kiŋ²
疆 tʰiŋ¹	劈 tʰiŋ¹	强 tʰiŋ³	香 hiŋ¹
乡 hiŋ¹	享 hiŋ³	响 hiŋ³	向 hiŋ⁵
央 øiŋ¹	秧 øiŋ¹	殃 øiŋ¹	羊 øiŋ²
洋 øiŋ²	杨 øiŋ²	扬 øiŋ²	阳 øiŋ²

221

我们猜测,在古代可能存在一个大方言,分布于云南、两广一带,其阳韵采取前高化的路线。

三、上 古 层

尽管学者们对苗瑶语的系属看法不一,但是近年来,很多学者还是认为苗瑶语和汉藏语有着同源关系。比如,藻敏瑶语中的"月"有两种读音形式,一种是 la,一种 ŋou,ŋou 为中古汉语借词,la 是固有词。上古汉语中的"月"义为"夕"* ljag 字,它在藏文中的同源词是 zla,和瑶语的 la 非常接近。但是苗瑶族与藏族相隔甚远,不可能有语言的接触,所以苗瑶的 la 自然不可能从藏语借来。汉语的"夕"为铎部字 * -ag,瑶语的 la 则不带韵尾,也不可能是汉语借词,所以它更可能是苗瑶与汉藏之间的同源词。由于年代久远,上古层次的借词和同源词已经很难区分,所以本书讨论的上古层也包括这些瑶汉同源词。

藻敏瑶语汉借词上古层的借源为当时周边的权威汉语方言,应是楚语。上古时期楚地方言的实际语音面貌已经很难追溯,但是其音类以及语音演变的类别和当时的中原地区的权威方言却是相当一致的。比如,从《诗经》韵脚系联得到的上古韵部,跟《楚辞》韵脚系联得到的上古韵部几乎相同。由于中原地区的上古韵类研究已经比较充分,本书就用中原地区的汉语上古音类构拟来代替上古楚地的权威方言。这样,判断上古汉语借词的基本方法是去除中古层和近代现代层等其他可以确定的历史层次以后,剩下的词汇中语音形式与各家的上古汉语拟音一致的大体可以划为上古层。除了参考各家上古拟音以外,音变通则和《诗经》押韵、谐声关系等都是确定上古语音面貌的重要方法。此外,亲属语言的语音形式也是重要的参考依据。由于篇幅限制,本书分析得出的十三组上古层例字中,只重点介绍侵部和歌部郑张尚芳、潘悟云的拟音根据,其他各组只是简单列出,不做详细展开论述。

1. 上古汉语的侵部,李方桂(1971)、王力(1982)都拟作 *-əm,郑张尚芳(1984,2003)、潘悟云(2000)、Baxter(1992)都认为有一类是 *-um。下面的例子取自潘悟云(2000)。

凡声:"风"中古东韵三等,如顺推上古音应是冬部 *-uŋ。但是该字从"凡"得声,应该收 *-m 尾。而且该字在《诗经》的《邶·绿衣》、《邶·谷风》、《秦·晨风》、《大雅·桑柔》中都与侵部字押韵,说明当时的"风"还带 *-m 尾,后来受圆唇主元音 u 的异化变作 *-ŋ: *plum＞*pluŋ＞piuŋ。亲属语言中,"风"也作 um,如:壮语ɣum² ＜rum²,布依语 zum²,西双版纳傣语 lum²。

咸声:"鍼" *kljum,其同源词的主元音都是 u,如:列布查语rjŭm针,藏文 drub缝,缅文 tʰjup缝＜*tʰlup,水语 sum针。与之谐声的"鹹"基兰提语 rum盐,景颇语 tʃum盐,ʃum咸,卡拉语 sum盐。Benedict 1973。韵母都是 um。

心声:"心" *slum。在藏缅语中的同源词有:景颇语的sã³¹lum³³心脏,载瓦语 nik⁵⁵lum²¹,阿昌语 lum³¹,缅文 lum³,水语汉借词 ɕum²⁴。

参声:《诗·小戎》二章"骖"叶"中"。"中"为东韵三等,上古为冬部 *-uŋ。"骖"的上古韵母为 *-um,才能解释它为什么与冬部字 *-uŋ 押韵。

甚声:《诗·荡》一章"谌"与"终"押韵。《楚辞·九辩》"湛"叶"中豐"。"终"和"中豐",上古都是冬部字,冬部是 *uŋ,都带主元音u。"谌"、"湛"的韵母是 *-um,所以才能与冬部字 *-uŋ 押韵。

《切韵》侵韵为 im,与真韵 in 应该有平行的变化。油岭瑶语的真韵主借层为 in,侵韵的主借层应该为 im。但是油岭瑶语的音系中,im 只有一个词"杉树"him⁴⁴,可能有些带 im 的词变到其他韵中去了,如"阴玹"jiŋ²⁴²kau⁵¹中的"阴"-m 尾已经变作-ŋ 尾。但是有好几个侵韵作 um,与汉语中古音相差甚远,应该属于上古层。如:"心"的上古音为*slum＞sum,藻敏瑶语今读 hum⁴⁴与之一致,声母发生了 s-＞h-的变化。"沉"的上古音为*g-lum＞dum,汉语的浊音在藻敏瑶语今读清塞音,所以"沉"藻敏今读 tum²⁴²,与上古拟音一致。"针"的上古音为*kljum,后发生音变 kjum＞tɕum,藻敏瑶语音系没有 tɕ,其 ts 发音部位靠后,主被动发音器官接触面较大,实际读音近似 tɕ,所以"针"藻敏瑶语今读 tsum⁴⁴,与汉语上古拟音一致。

2. 上古汉语的歌部,Baxter(1992)认为是*-aj,他在汉语方言与其他语言的借词中找到许多带-aj 的例证。下面是他的材料:

舵 duò＜daX＜*lajʔ,福州 tuai⁶,潮阳 tai⁴,越南 lái

磨 mó＜ma＜*maj,福州 muai²,越南 mài,朝鲜 may

个 gè＜kaH＜*kajs,潮阳 kai²,温州 kai⁵,越南 cái,龙州壮语 kaːi⁵

我 wǒ＜ngaX＜*ngajʔ,福州 ŋuai³,梅县(客家)ŋai²;可比较原始藏缅语*ngay

蛾 é＜nga＜*ngaj,越南 ngái

破 pò＜pʰaH＜*pʰajs,福州 pʰuai⁵,勉瑶(兴安)pʰai⁵

跛 bǒ＜paX＜*pajʔ,福州 pai³,梅县 pai²

簸 bò＜paH＜*pajs,福州 puai⁵,温州 pai⁵;可比较原始藏缅语*pwaˑy

郑张尚芳(1984)列举了更多的材料,所以他以前也曾主张歌部是*-aj:

温州:饿 ŋai⁶、蛾 ₉ₗ灯~mai²＜ŋwai²,剄~肉 tsʰai⁵、裸 lai⁴、朒 lai²、唾 tʰai⁵

福州:箩 lai²、河~溪 xai²、大 tuai⁶、我 ŋuai³、火 xuěi³、粿 kuěi³、

捼 nuĕi²、麻 muai²

福安：螺 lɔi²、蓑 sɔi¹、坐 sɔi⁶、剑~草 tsʰiɔi⁵、火 hui³、伙 hui³、粿 kui³、卵~鸟 lɔi²

兴安勉瑶语：左 tsai⁵、箩 lai²、搓 tsʰai¹、蕤戚 dzai²、沙 fai¹、坐 tswĕi⁴、惰《集韵》庐卧切 lwĕi⁶、蓑 fĕi¹

龙州壮语：左 hlaːi⁴、沙 hlaːi²、螺 hoːi¹

泰文：左 zaːjᶜ²、胹 raːjᴮ²、歌 gaːjᴬ²、架 kaːjᴮ¹ 架放;搭起来、唾 tʰujᴬ¹ 吐痰;唾

越南：左 trai⁵、剑~肉 tʰai⁵、梭 tʰoi¹、瓦 ngoi⁵、咳嗽使 xui⁵〔sui〕

朝鲜：个 kai、锁 soai、倭 uai

藻敏瑶语汉借词的中古层次是 ɔ：拖 tɔ²²、锣 lɔ²⁴²、挪 nɔ²²、哥 kɔ⁴⁴、饿 ŋɔ²²、磨 mɔ²²、婆 pɔ²⁴²、砣 tɔ²⁴²、锁 hɔ²¹、果 kɔ²²、科 kɔ⁴⁴、货 fɔ²⁴、火 fɔ⁵¹、和 vɔ²²。但是有几个借词读 ai：破(皮肤"破")ɓai⁵¹、跛 hai²²、大(大雨)tai²²等，与以上诸家的上古拟音一致。

3. 盍 3 部

藻敏瑶语合韵的中古层次是-ap。但也有作 ɔp 的，如：盖(盖上)ʔɔp⁴，其本字应是"合"字，为合韵，盖 ʔɔp⁴ 与"合"的上古音"*gop"一致。

4. 缉部

藻敏瑶语缉韵中古层次为 ip，如："急 kip²"和"吸 kip⁴"。但也有读作 up 的，如："笠 jup²：竹笠(竹-笠)，斗笠(词头-笠)，草帽(词头-笠)"。上古汉语缉部李方桂、王力都拟作 əp，郑张、潘、白一平都认为可以再分为三类，其中一类是 *up。"笠 jup²"对应汉语上古拟音为 *g-rup。

5. "老"

"老"来母豪韵，藻敏瑶语豪韵的中古层次为 ɔu，来母 l-。但是一个"衰老"义的词 ku⁵¹，对应的上古汉语"老"*g-ruʔ＞ru＞lɑu。"考"*tʰluʔ＞tʰu＞tʰɑu。

6. "铁"

藻敏瑶语透母的中古层次为 t-，但是"铁"读作 lia⁴⁴，据郑张尚芳、潘悟云的拟音，"铁"来自上古声母为 ɬ-，中古变作 tʰ-。

7. "塘"

藻敏瑶语定母中古层次为 t-。但是"塘"读 ɠɔŋ²⁴²，其对应的上古汉语为"塘"ᵃ ɡ-laaŋ ＞ daŋ。藻敏瑶语的变化为 ᵃ ɠ-laŋ ＞ ɠaŋ ＞ ɠɔŋ。

8. "田"

"田"中古定母先韵，藻敏瑶语先韵中古层次为 ian，如：边 ɓian²²、天 hian²² 等，定母中古层次为 t-。但"田"义的词读 lian²⁴²，显然不属于中古层。据王辅世、毛宗武(1995)构拟的原始苗瑶语中"田"为 ᵃ liːŋ，与汉语上古拟音 ᵃ ɡ-liiŋ ＞ din 相似。

9. "泻"

藻敏瑶语麻韵三等字的中古层次为 ia，如：写 sia²⁴、斜 sia⁵¹ 等，心母为 s-。但"泻"读 la²²，与"泻"的上古汉语 ᵃ lja 对应。

10. "肠"

"肠"澄母，藻敏瑶语中古层次为 t-，如：搽"ta²⁴²。但"肠"读 kiaŋ²⁴²，与"肠"的上古汉语 ᵃ ɡ-laŋ ＞ daŋ 对应。

11. "枝"

"枝"章母，章母在藻敏瑶语中的中古层次是 ʦ-。但"枝"读 ki⁴⁴，与它的上古汉语 ᵃ kje 对应。

12. 真 1 部 in

"肾"为禅母字，藻敏瑶语禅母中古层次为 s-，如：是 sɛi⁴⁴、熟 sɔ²²、城 saŋ²⁴、尝 siaŋ⁵¹。但"肾"读作 kin⁴⁴，与它的上古汉语 ᵃ ɡjinʔ ＞ dʑin 对应。

13. 中古匣母 ＜ɡ

藻敏瑶语匣母中古层次是 h，如：核 ha²²、夏 ha²² 等。但匣母还

有读作 ɡ̬ 的,如:嫌 ɡ̬ɛm²⁴²、下 ɡ̬a²²、滑 ɡ̬ut²。上古汉语匣母的拟音为 g。"嫌"的上古汉语为 *ɡem,藻敏瑶语读音为 ɡ̬ɛm²⁴²。"下"的上古汉语为 *ɡraʔ,藻敏瑶语读音为 ɡ̬a²²。"滑"的上古汉语为 *ɡot,藻敏瑶语"滑"ɡ̬ut²。

四、声调的非主借层

油岭瑶语汉借词的声调的非主借层中,比较显著的主要是两个层次:一是晚近的现代官话层,一是借自历史上某南方方言的西南官话层。

1. 现代官话层

(1) 阳平读 24

阳平调的主体层为 242,是个曲拱调。但在油岭瑶语的汉借词中,有不少阳平字读作上升调 24。比如:

防 foŋ²⁴	"防"火
寒 hɔn²⁴	小寒(小-寒),寒露(寒-露),大寒(大-寒)
奇 ki²⁴	奇怪(奇-怪)
排 pai²⁴	排队(排-队),"排"列
盘 pɔn²⁴	算盘(算-盘)
评 pin²⁴	"评"工分
谈 tam²⁴	"谈"话
弹 tan²⁴	"弹"琴
坛 tan²⁴	神坛(香-坛)
层 taŋ²⁴	一"层"楼,活结(层-绊),层,双层(二-层)

萄 tau²⁴	葡萄(葡-萄)
投 tɛu²⁴	投降(投-降),"投"票
提 ti²⁴	"提"意见
条 tiau²⁴	面条(面-条)
传 tsɔn²⁴	宣传(宣-传)
场 tsɔŋ²⁴	赶场(赶-场)
糊 vu²⁴	浆糊(浆-糊)
摇 jiau²⁴	"摇"尾,"晃"旗子
圆 jian²⁴	汤圆(汤-圆)
凉 liaŋ²⁴	凉粉(凉-粉)
粮 liaŋ²⁴	粮店(粮-店),口粮(口-粮)
煤 mui²⁴	煤
捱 ŋai²⁴	捱
熊 suŋ²⁴	熊

　　我们知道,现代汉语普通话中,阳平调就是个上升调,调值为 35。现代油岭瑶语中的 24 和普通话的阳平调 35 调值十分接近。结合声母和韵母的情况来看,油岭瑶语以上这些读作 24 的字,其声母和韵母和普通话也十分相似。由此,我们可以断定油岭瑶语汉借词中阳平调读作 24 的是相当晚近的现代官话层。

　　(2) 去声读 242

　　油岭瑶语汉借词去声的主体层为:阴去 51、阳去 22。阴去是个高降调,阳去是个低平调。但除此之外,油岭瑶语汉借词的去声,还有不少读作曲拱调 242 的。比如:

付 fu²⁴²	垫付(垫-付)
更 kɛŋ²⁴²	更加(更-加),"更"好
寄 ki²⁴²	寄,"寄"信
试 si²⁴²	考试(考-试),"试"刀锋
店 tiam²⁴²	铺子,粮站(米-店),粮店(粮-店),店铺(商-店)
最 tsui²⁴²	"最"慢
扣 kɛu²⁴²	"扣"钱
欠 kian²⁴²	"欠"钱
配 pui²⁴²	"配"药方
脆 tsui²⁴²	干脆(干-脆)
械 hai²⁴²	设备(机-械)
具 ki²⁴²	家具(家-具)
轿 kiau²⁴²	花轿(花-轿)
耙 pa²⁴²	耙田(耙-田),耙绳(耙-藤),耙,粪耙(屎-耙),"耙"田,"耙"谷
垒 pi²⁴²	一"层"皮,一"层"布,双层(二-层)
背 pui²⁴²	背诵(背-讲),背书(背-书)
会 vui²⁴²	开"会"
让 jaŋ²⁴²	推让,让开(让-开),让
院 jian²⁴²	医院(医-院)
又 jiu²⁴²	"又"来了
累 lai²⁴²	拖累(害-累),疲劳(累-很),累
乱 lɔn²⁴²	乱拴(乱-拴),乱砍(乱-砍),乱打(乱-打),乱吃(乱-吃),乱,胡说(乱-讲)
务 mu²⁴²	任务(仟-务)
那 na²⁴²	那边(那-边),那
验 ʔɛn²⁴²	经验(经-验)

首先,我们看到以上这些词的声母和韵母读音和普通话非常相近。其次,去声在普通话中都是一个高降调,调值为51,但是油岭瑶语的²⁴²确是一个曲拱调,从词汇借入的最大相似原则来看,似乎一个曲拱调和一个高降调并不相似。但是,我们知道,人类发音声调的自然状态是在五度制的2、3之间,一个高降调51要保证声调高到5,然后再降至1,这就决定了发音的时候,必须首先从人类发音的初始调2、3之间迅速升高至5,然后再陡然下降到1,只是我们感知这个声调的时候,不去注意从初始态2、3之间迅速升高到5的这个调头。但是正是这个现代汉语普通话去声的高降调那段上升段调头,和油岭瑶语曲折调中的24部分比较类似,使得现代汉语去声51和油岭瑶语的242有了听感上的相似。我们在调查的时候也发现,油岭瑶语中的242的一个变体(上升段较短、下降段较长的那个变体),非常难以听辨,如果不注意,很容易错听成51。

综合以上两点,我们可以判断油岭瑶语去声读242的属于现代官话层。

(3)阳去读51

上文论述过,油岭瑶语汉借词中的阳去调主借层为低平调22。但是,除此之外,油岭瑶语汉借词中的阳去调还有一部分读作高降调51。如:

调 dʲiu⁵¹	"调"好,"调"遣,"调"动
撞 dʲun⁵¹	撞
饭 fan⁵¹	拌桶(饭-桶)
赠 hiŋ⁵¹	赠送
大 tai⁵¹	大象(大-象),大寒(大-寒)
地 ti⁵¹	地窖(地仓)(地-窖)

就 tsiu⁵¹	"就"菜下饭
戊 mɔ⁵¹	戊

现代汉语普通话中的去声读高降调 51,油岭瑶语的去声主体层是低平调,以上这些读作高降调 51 的,显然是很晚近的时候从普通话借入的词汇,而且从例词中可以看到,这些词的声韵和普通话比较接近。

2. 西南官话层

油岭瑶语汉借词上声的主借层为:阴上 24,阳上 44。一个是上升调,一个是高平调。但是除此之外,还有一些上声字都读作高降调 51。如:

把 ɓa⁵¹	一"把"扫帚,一"把"剪刀,一"把"刀,一"把"锄头
底 ɗɛ⁵¹	彻底(彻-底)
顶 ɗiŋ⁵¹	鞋面(鞋-顶),屋脊(屋-顶),天上(天-顶),树上(树-顶),房子上面(屋-顶)
反 fan⁵¹	造反(反-事),写"倒"了,反正(反-是),反问(反-问),"翻"眼睛
伞 hɔn⁵¹	伞套(伞-包),伞骨(伞-竿),伞把(伞-柄),伞
紧 kin⁵¹	紧急
拱 kuŋ⁵¹	拱,"驼"背
选 sen⁵¹	选举(选-头),选
顶 tin⁵¹	抵住(顶-着),"顶"嘴,"顶"住,"顶"名字,"顶"包袱
长 tsɔŋ⁵¹	瑶长(瑶-长)
奖 tsiaŋ⁵¹	赏赐(奖-励)

肿 tsuŋ⁵¹	患"水肿"(水-肿)
拌 fan⁵¹	拌,"拌"饭
市 si⁵¹	城市(城-市)
桶 tuŋ⁵¹	一"桶"水,桶梁(桶-梁),桶底(桶-底),桶,米桶(米-桶),箍桶(箍-桶),粪桶(屎-桶),拌桶(饭-桶)
老 ku⁵¹	衰老,干妈(老-母),干爹(老-公),老翁(老-人),老婆婆(老-婆),老年人(老-人),老,夫妻俩(二-老),长辈(老-辈)
晚 moŋ⁵¹	天黑(天-黑),太晚(太-晚)

　　首先,高降调与上升调和高平调区别迥异,说明这些读音不属于油岭瑶语上声的主体层。

　　其次,现代汉语普通话中读作高降调去声的,都是阳上字,但是油岭瑶语上声中读作高降调的,有大量的阴上字。说明这些也不属于现代官话层。

　　我们知道,现代西南官话中,上声多数都读作高降调,所以我们推测,油岭瑶语汉借词上声读作高降调51的,有可能是从油岭瑶语周边早期的某个汉语西南官话中借入的。

第六章　藻敏瑶语的历史音变

一、方　法　论

我们上文讨论过,在历史语言学中历史比较法一直起着主要的作用,但是它有其严重的缺陷,即不确定性。印欧历史比较所以能取得辉煌的成就,是依靠丰富的印欧历史文献来弥补其缺陷,用以增大比较的确定性。汉语因为有丰富的古代文献,运用历史比较法于中古音、上古音的构拟,也取得很大的成功。但是中国境内的少数民族缺少丰富的历史文献,但是早期借入民族语的汉借词,正可以起到历史文献的作用。本文就是利用比较确定的汉语古代读音来推求古瑶语的读音,能从某种程度上弥补苗瑶语没有文献反映古音面貌的不足,使得前人所做的苗瑶语历史比较的结论有了更大的确定性。

此外,通过历史层次而推求的那个时期瑶语面貌,还可以验证通过历史比较而求得的古音构拟。下面,我们就用这种方法讨论瑶语历史上的几个问题。

有两种语言 L_1 与 L_2,L_1 后来分化为两个方言,分别为 L_{11} 与 L_{12},其母语 L_1 中读 P_1 的音,在这两个方言中分别读作 P_{11} 与 P_{12},于是就形成了一种语音对应关系:$P_{11} \sim P_{12}$。L_2 后来也分化为两个方言 L_{21} 与 L_{22},L_2 中读 P_2 的音,在这两个方言中分别读作 P_{21} 与 P_{22},于是也形成了一种语音对应关系:$P_{21} \sim P_{22}$。但是,并不能由此得出结论 L_{12} 中读 P_{12} 的音,在 L_{11} 中一定读 P_{11}。因为这个语言

L_{11} 中可能有另一个音 Q_1，它在 L_{12} 中也变作 P_{12}，但是在 L_{11} 中却变作 Q_{11}。历史比较实际上是一种类的比较。在 L_1 语言读作 P_1 的我们称作 P_1 类，读作 Q_1 的我们称作 Q_1 类。在 P_1 类中有语音对应关系：$P_{11} \sim P_{12}$；在 Q_1 类中有语音对应关系：$Q_{11} \sim P_{12}$。一个节点连同它的下位的节点构成一个音变类，一个音变类内部的各节点存在语音对应关系。如下图：

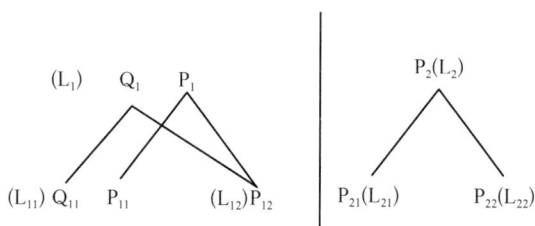

图中，P_1 是一个节点，P_1 和 P_{11} 之间是 L_1 的一种音变，即：$P_1 > P_{11}$，P_1 和 P_{12} 之间也是 L_1 的一种音变，即：$P_1 > P_{12}$。语言 L_{11} 与 L_{12} 之间存在一种对应关系：$P_{11} \sim P_{12}$。

假设在某个历史时期 A，P_2 的读音与 P_1 相同，或者非常接近 P_1。L_1 向 L_2 借用了一个读 P_2 的词，把它读作 P_1。这个词在 L_1 中就跟其他读作 P_1 的词一道成为一类，在两种方言中分别变作 P_{11} 与 P_{12}，也就是说，这个词在 L_1 中就遵守语音对应规则：$P_{11} \sim P_{12}$。

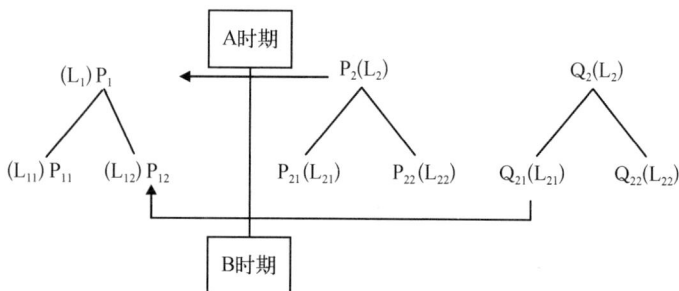

假设在这之后的某一个时代 B, L_{12} 方言从 L_{21} 方言中借入一个读作 Q_{21} 的词, 因为 Q_{21} 的读音与 P_{12} 相同或相近, 借到 L_{12} 以后就读作 P_{12}, 但是它在 L_{11} 方言中并不一定读 P_{11}, 也就是说这个借词形成了另一个历史层次, 它并不遵守语音对应关系 $P_{11}\sim P_{12}$。当然, 这个词在 L_{11} 中也恰巧读作 P_{11} 也是有可能的, 但是, 随着方言点的增多, 这种偶然性会降低。我们把借入的那个节点叫做借入点, 如 P_1 和 P_{12}。借入点连同它的下位节点构成的音变类, 有语音对应关系。我们可以通过语音对应关系的分析来确定借入点的位置。例如, 上图中从 Q_{21} 所借入的词在 P_{12} 以上的各位点与其他方言没有语音对应关系, 从 P_{12} 开始才享有 P_{12} 音变类的语音对应关系, 我们据此就可以断定 P_{12} 为借入点。

我们就用这种方法, 通过借词主借层与构拟形式的比较, 来探讨下面几个古瑶语中的历史音韵问题。

二、古瑶语中的浊阻音

在现代藻敏瑶语中已经没有浊塞音了, 但是在古代瑶语中是不是也没有呢? 如果古代瑶语中还有浊塞音, 那么它的清化年代在什么时候?

苗瑶语专家普遍认为, 原始苗瑶语有四个声调: A、B、C、D, 对应于汉语的平、上、去、入, 后来因为声母的清浊分化, 各调又分化为阴阳两调。请看下面 A 调类的例子:

汉义	石门	复员	养蒿	先进	高坡	瑶里	长坪	览金	大坪
知道	pau^1		pu^1	pou^1	po^1	pja^1	pei^1	pei^1	$b\varepsilon i^1$
藤子	mau^1	$mo\eta^A$		$ma\eta^1$	$mha\eta^1$	mo^1	ηai^1	mei^1	mei^1

汉义	石门	复员	养蒿	先进	高坡	瑶里	长坪	览金	大坪
跳蚤	mu¹	m̥en^A	m̥hen¹	mo¹	m̥həŋ¹	mə¹	moŋ¹	muŋ¹	məŋ¹
我们	pi¹	pei^A	pi¹	pe¹	pæ¹	pei¹	bu¹	pu¹	bu¹
绿	ntsa¹	m̰ʔpja^A	zo²	ŋ̍tʂua¹	mplu¹	mptsau²	mjeŋ¹	meːŋ¹	meŋ¹
毛	tḻau¹	plou^A	ɭu¹	plou¹	plo¹	tlja¹	plei¹	pjei¹	pɛi¹
千	tsʰie¹	tsʰen^A	shaŋ¹	tsʰa¹	shɛ¹	tθai¹	θin¹	tin¹	hun¹
初	sie¹	sen^A		sa¹	shɛ¹	tθhɒ¹			hɛŋ¹
蒸	tɕu¹	tɕaŋ^A	tɕi¹	tɕo¹	tɕəŋ¹	tɕɔ¹	tsaŋ¹	saŋ¹	tsaŋ¹
答	ti¹	ti^A	ta¹	te¹	tæ¹	tei¹	ta¹	tau¹	du¹
蛇	naɯ¹	ʔnen^A	naŋ¹	naŋ¹	nɑŋ¹	nɒ¹	naŋ¹	naːŋ¹	nɔŋ¹
个	lu¹	ʔlaŋ^A	lɛ¹	lo¹	nəŋ¹	lo¹	noːm¹	nɔ¹	nɔ¹
儿子	tu¹	taŋ^A	tɛ¹	to¹	təŋ¹	tə¹		tɔːn¹	dan¹
天	ṋu¹	ṋa^A	n̥hɛ¹	ṋo¹	n̥həŋ¹	nɒ¹	nwai¹	nɔːi¹	nai¹
布	ntau¹	nʔtu^A		ntou¹	nto¹	ntja¹	di¹		dɛi¹
种子		ṋo^A	n̥hu¹	noŋ¹	n̥hoŋ¹	ȵua¹	ȵim¹	ŋjim¹	num¹
大	ḻo¹	ḻu^A	ɭhə¹	ḻo¹	lhə¹	lhjua¹	lu¹	lu¹	lou¹
新	tʂhie¹	sen^A	xhi¹	tʂha¹	shɛ¹	shai¹	θjaŋ²	saŋ¹	sjaŋ¹
嫂嫂	ȵaɯ¹	ʔȵen^A	ȵaŋ¹	ȵaŋ¹	ȵɑŋ¹	ȵei¹	ȵam¹	ȵaːm¹	ȵɛm¹
穿	tɕho¹	tɕhoŋ^A	tɕhaŋ¹	tɕhau¹	tɕhoŋ¹	tɕhe¹	soːn⁵	sen	tsui¹
金	ku¹	tɕen^A	tɕen¹	ko¹	kəŋ¹	tɕɔ¹	kjəm¹	sam¹	kɛm¹
药	ka¹	ka^A	tɕa¹	kua¹	ku¹	tɕuɔ¹		gjaːi¹	tsɛi¹
菌子	ȵ̍tɕi¹	nʔtɕi^A	tɕi¹	ȵ̍tɕe¹	ȵ̍tɕæ¹	ȵ̍tɕe¹	kjəu¹	sou¹	ku¹
斤	ki⁵	tɕen^A	tɕaŋ¹	ki³	tɕɛ¹		kwjan¹	san¹	tsan¹
虫	kaɯ¹	tɕen^A	kaŋ¹	kaŋ¹	koŋ¹	cei¹	kjeŋ¹	kjeːŋ¹	tsaŋ¹

续　表

汉义	石门	复员	养蒿	先进	高坡	瑶里	长坪	览金	大坪
角	ku1	ka^A	ki1	ko1	ku1	cɔ1	kjo:ŋ1	kjɔ:ŋ1	kou1
菜	zau1	ˀwju^A	ɣu1	z̩ou1	z̩ɔ1	ɣja1	ðai1	gjai1	ɛi1
石头	və1	ˀwji^A	ɣi1	z̩e1	z̩æ1	ɣei1	ðau1	gjau1	dzu1
高	sie1	sen^A	xhi1	ʂa1	ʂhɛ1	hai1	ðaŋ1	gjaŋ1	dzɔŋ1
鸡	qai1	qe^A	qei1	qai1	qe1	kja1	kai1	ƚai1	kui1
后边	quɯ1		qaŋ1	qaŋ1	qoŋ1				kɔŋ1
茅草	Nquɯ1		qɛ1	Nqen1	Nqin1	ŋkou1	ga:n1	ga:n1	gɔn1
干燥	Nqha1		qha1	Nqhua1	Nqhɑ1	ŋtʰai1	ga:i1	ga:i1	gɔi1
脖子	tɭaɯ1			tɭaŋ1		tlɔ1	kla:ŋ1	kla:ŋ1	kan1
远	tɭi1	qwei^A		tɭe1	kæ1	kwei1	ku1	ku1	kou1
黄瓜	tɭi1	qwa^A	fa1	tɭi1	kɑ1	kɔ1	kwa1	kwa1	ka1
一	i1		i1	i1	i1	i1			a1
苦	ie1		i1	a1	ɛ1	ai1	im1	im1	jɛn1
花	bɦau2	ven^A	paŋ2	paŋ2	poŋ2	pɒ2	pwaŋ2	faŋ2	pjaŋ2
人	muɯ1	na^A	nɛ2	nen1	n̩in2	nou2	mo:n2	mun2	min2
耳朵	mbɦə2	mpji^A	zɛ2	ŋtʂe2	mplæ2	mptse2	ba2		bju2
稻子	ndlɦi2		na2	mple2	mplæ2	mjuə2	blau2	blau2	bjau2
叶子	ndlɦau2	mploŋ^A	nə2	mploŋ2	mploŋ2	ntlɔŋ2	no:n2	nɔ:n2	num2
钱	dzɦie2	zen^A	saŋ2	tsa2	sɛ2	tθai2	θin2	tθin2	hɛn2
来	dɦa2	ða^A	ta2	tua2	tu2	tuə2	ta:i2	ta:i2	tɛi2
铜	dɦau2	ðoŋ^A	tə2	toŋ2	toŋ2	tɔŋ2	təŋ2	tɔŋ2	duŋ2
久	lɦi2	li^A	la2	le2	læ2	lei1	lau2	lau2	lu2
白薯			na2		ntu2	ntuə2	dwai2	dɔ:i2	dai2

汉义	石门	复员	养蒿	先进	高坡	瑶里	长坪	览金	大坪
镰刀	lie¹	len^A	ɭen²	la¹	lɛ²	ljei⁴	ðim⁴		dzjam²
田	lɦie²	len^A	ɭi²	la²	lɛ²		ðiŋ²	gi:ŋ²	ljaŋ²
嘴	ȵdzɦau²	ȵtɕo^A	ȵu²	ȵtɕou²	ȵtɕə²	ȵtɕau²			dzi²
银子	ȵɦie²	ȵen^A	ȵi²	ȵa²	ȵɛ²	ȵi²	ȵwan²	ȵa:n²	ȵan²
骑	dzɦɯ²	ze^A	tɕi²	tɕai²	tɕæ²		kjei²	ȶei²	ki²
九	dzɦa²	za^A	tɕə²	tɕua²	tɕu²	tɕau²	du²	du²	ku²
溶化	zɦau²		zaŋ²	zaŋ²	zəŋ²	joŋ²			dziŋ²
羊	zɦau²	zi^A	zoŋ²	zaŋ²	zaŋ²	jɒ²	joŋ²	ju:ŋ²	dziŋ²
牛圈	ŋgɦa²	ŋka^A	ŋə²	ŋkua²			gju²	gu²	dzu²
水牛	ȵɦu²	ȵen^A	ȵen²	ȵo²	ŋəŋ²	ȵau²	ŋoŋ²	ŋɔ:ŋ²	ŋ²
梨	zɦa²	wja^A	ɣa²	ʐua²	ʐu²	ɣuɒ²	ðei²	gei⁴	dzai²
龙	zɦau²	wjoŋ^A	ɣoŋ²	ʐaŋ²	ʐɑŋ²	ɣɒ²			luŋ²
肉	Nɢɦai²	Nqe^A	ŋa²	Nqai²	Nqe²	ŋkja²			hɔi²
黄	vɦau²	ʁwen^A	faŋ²	tɭaŋ²	koŋ²	kwa²	vaŋ²	vaŋ²	vjaŋ²

其中复员的声母尚未分化,其他点都因为声母的清浊分化为A1、A2两个调(表中用调号 1、2 表示)。其中许多浊声母已经清化,但是石门苗语还保持浊声母未变,而且与声调的阴阳两类严格对应,清声母读 A1,浊声母读 A2。养蒿、先进、高坡的浊塞音已经清化,但是浊擦音还保留浊音,也都与 A2 对应。长坪、览金瑶语中,有些浊阻音还没有清化,也基本上与 A2 对应。所以,原始苗瑶语中,声母的阻音有清、浊对立,A 调类因声母的清浊分为 A1、A2两类。

　　苗瑶语 B、C、D 类中的声调变化规则也与 A 类相同,清声母变为 B1、C1、D1，浊声母变为 B2、C2、D2，各种语言对应得非常整齐。

现在我们要证明的是，藻敏瑶语的汉语借词主借层借入的年代，全浊声母是不是已经清化了。

东南亚一些语言中的声调与汉语有整齐的对应关系，与汉语平、上、去、入对应，举侗台、苗瑶、越南语为例：

汉语	平<-Ø	上<-ʔ	去<-s	入<-p、-t、-k
越南	平、玄<-Ø	锐、重<-ʔ	问、跌<-s	锐、重<-p、-t、-k
侗台	A<-Ø	B<-ʔ	C<-s	D<-p、-t、-k
苗瑶	A	B	C	D

其中汉语与越南语的来源，取奥德里古尔（Haudricourt, A. G. 1954）之说，侗台语的来源采取王敬骝、陈相木（1983）之说。只有苗瑶语的来源，还没有人作出系统的证明。

因为来源相同，所以调类也大致相同，这就是这些语言的调类互相对应的原因。而且，因为来源的原因相同，所以它们产生的调值类型也会差不多。如喉塞韵尾会引起声带拉紧，进而引起声调升高；-s>-h 韵尾会引起声带松弛，进而引起声调的下降；塞韵尾会引起声调的短促；零韵尾，会采取最常见的平调。语言的借用，只能是音值的借用。但是我们发现，这些民族语中的古代汉语借词，调类与固有词也有整齐的对应关系，这只能说明，在借词的年代汉语与这些民族语之间，各对应调类的调值差别也不大。后来，因为声母的清浊不同，引起各个调类分化为阴阳两类，各种语言的调值的差别就增大了。我们通过下图来说明，瑶语借词与固有词的阴阳两类有相同的对应关系，可见在借用年代，浊阻音还没有清化。

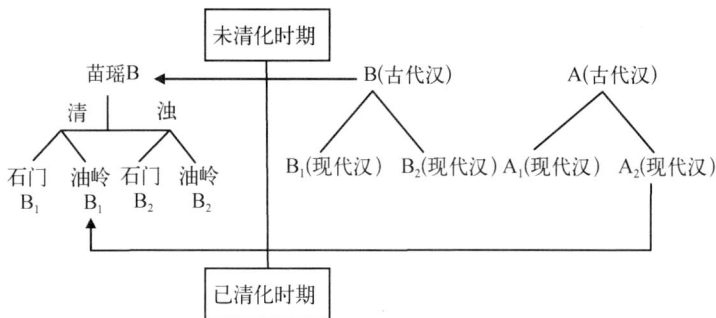

古苗瑶语中的 B 调,后来因为声母的清浊,分化为 B_1、B_2 两类,在各个方言中有整齐的对应关系,如"短"油岭瑶语读 $naŋ^{24}$,属于 B1,石门苗语读 lu^{55},也属于 B_1。汉语的老借词同样服从这个对应关系,如"酒",油岭瑶语读 diu^{24},属于 B_1,石门苗语读 $tɕey^{55}$,也属于 B_1。这说明苗瑶语 B 这个节点同下面的节点构成一个音变类,在这个节点下的汉语借词与固有词有相同的音变:清声母变成阴调类,浊声母变成阳调类。这只有一种可能:借入年代的汉语与苗瑶语中,浊阻音还没有清化,否则无法解释汉语借词会与固有词享有相同的阴阳分化。后来,现代汉语中有个阳平字"船",调值是35,与油岭瑶语的 B_1 类的调值 24 很像,根据借用的最大相似原则,借到瑶语中就成了 $dɔŋ^{24}$,成了 B_1 调,它在石门苗语中读 $ŋgɦo^{35}$,属于 A_2 类,而不是 B_1 类,因而就不存在语音对应关系。

此外,从瑶语的声母变化本身,也可以证明其主借层中,浊阻音还没有清化。

藻敏瑶语中没有送气与不送气的对立,所以帮母与滂母是一类,绝大多数读 ɓ-,但是并母借词绝大多数读 p-。可见,当并母字借入的时候,它们并没有混同于帮、滂母,这只能有一种可能:它们借到古瑶语中的时候,仍读浊塞音,后来在瑶语中发生了清化。

三、ɑŋ>ɔŋ

宕摄一等,油岭瑶语读ɔŋ,在华南的许多汉语方言也都读ɔŋ。这里会有两种可能,一种可能是所借入的方言中已经发生了音变ɑŋ>ɔŋ,以后借入到瑶语;另一种可能是 ɑŋ 借入到瑶语以后再变作ɔŋ。

王辅世、毛宗武(1995)通过与其他苗瑶语的历史比较,认为大坪藻敏瑶语读ɔŋ的,来自原始苗瑶语的 ɑːŋ:

汉　义	看	香₂	蛇	穿 穿衣
古苗瑶语韵类	ɑːŋ	ɑːŋ	ɑːŋ	ɑːŋ
养蒿			naŋ¹	naŋ¹
古卫			nei¹	nhei³
先进			naŋ̍¹	naŋ̍³
石门	maɯ⁵		naɯ¹	naɯ³
青岩			ɲo¹	ɲo³
高坡			naŋ¹	nhaŋ³
复元			ˀnen^A	
宗地			na¹ᵃ	na³ᵇ
枫香			noŋ¹	noŋ⁴
七百弄		nteŋ¹	nəŋ¹	nəŋ⁴
瑶里			nɑ¹	nɑ³
长垌		nten¹	nen¹	nen⁴
江底	maŋ	daːŋ¹	naːŋ¹	
湘江	maŋ	daŋ¹	naŋ¹	

汉　义	看	香二	蛇	穿　穿衣
罗香		da:ŋ¹	na:ŋ¹	
长坪		daŋ¹	naŋ¹	
梁子	maŋ	daŋ¹	naŋ¹	
览金	ŋwa:ŋ	da:ŋ¹	na:ŋ¹	
东山	mə	daŋ¹	naŋ¹	
三江		tɔŋ¹	ni¹	
大坪	mɔŋ	dɔŋ¹	nɔŋ¹	nɔŋ³

通过上面讨论过的方法,我们可以断定宕摄一等借入瑶语的时候还是读 ɑ:ŋ,后来在瑶语中发生了长元音高化的音变,变作 ɔŋ。同时我们还可以推论,藻敏瑶语中的 ɑ:ŋ 一直到汉借词的主借层年代,即宋代,还没有变作 ɔŋ。

四、i:ŋ＞iaŋ

油岭瑶语的梗、曾三等还有一个非主借层读 iaŋ。梗、曾三等在《中原音韵》属于庚青韵部,读 iŋ,借入藻敏瑶语中演变作 iaŋ。

剩 siaŋ²⁴　　　剩(有-还)

餅 ɓiaŋ²⁴　　　酒饼(酒-饼)

兵 ɓiaŋ⁴⁴　　　当兵(当-兵),兵

名 miaŋ²⁴²　　　名字(名-本)

令 liaŋ²²　　　节气(节-令)

岭 liaŋ⁴⁴　　　岭

领 lian⁴⁴　　　　衣领（衣-领），领子，裤腰（裤-领），裤带

　　　　　　　　（裤-领），"领"东西

整 tsian²⁴　　　　"整"人

正 tsian⁵¹　　　　坐"正"，证人（正-人），正

　　可见，藻敏瑶语中，有部分的 ian 在《中原音韵》时代还是读 i:ŋ 的。

　　根据王辅世、毛宗武(1995)的历史比较，大坪藻敏瑶语的 ian，正来自原始苗瑶语的 i:ŋ：

汉　义	藏　躲藏	猴子二	田	醒　酒醒	声音二	嗦囊二
韵类音标	i:ŋ	i:ŋ	i:ŋ	i:ŋ	i:ŋ	i:ŋ
先进			la²			
石门			lɦie²			
青岩			len²			
高坡			lɛ²			
复元			len^A			
宗地			læin²			
枫香			len²			
文界			lɦẽ²			
长垌			leŋ²			
多祝			nin²			
江底	pi:ŋ⁵	bi:ŋ¹	li:ŋ²	fi:ŋ³	si:ŋ¹	i:ŋ³
湘江	piŋ³	biŋ¹	liŋ²	fiŋ³	siŋ¹	iŋ³
罗香		biŋ¹	giŋ²		ɕiŋ¹	tɕiŋ³
长坪	piŋ⁵		ðiŋ²	θiŋ³		iŋ³
梁子	piŋ⁵	biŋ¹	giŋ²	tθiŋ³		dɨŋ³

汉　义	藏　躲藏	猴子₌	田	醒　酒醒	声音₌	嗉囊₌
览金		biːŋ¹	giːŋ²	tθiŋ³	tθiːŋ¹	dʑiŋ³
东山	pjɛ⁵		ljɛ²	ɕɛ³	ɕɛ¹	
三江			ljaŋ²	sjaŋ³		
大坪	bɔŋ⁵	bjaŋ¹	ljaŋ²			
油岭	ɓiaŋ⁵	ɓiaŋ¹	liaŋ²			

从梗、曾三的读音 iaŋ 与《中原音韵》时代的读音 iŋ 相比较,可以得到藻敏瑶语的历史音变:iŋ＞iaŋ,这正与王辅世、毛宗武(1995)通过苗瑶语历史比较所得的苗瑶语历史音变 iːŋ＞iaŋ 相一致。

上表中的"田"在藻敏瑶语中读 liaŋ,由此可以推断来自原始苗瑶语的 liːŋ,它可能是汉-苗瑶语的同源词,因为这个形式出现于东亚地区的许多语言:

潘悟云(2000)把"田"拟作＊＊g-liːŋ＞g-liːn＞liːn＞中古 den

Benedict(1973)把"田"的原始藏缅语拟作 gliŋ。

它在一些藏缅语中有以下的同源词,都可以说明苗瑶语"田"与其他东亚语的同源关系。

藏　文	景　颇	缅　文	错那门巴
gliŋ	kriŋ	kraŋ＜kriŋ	leŋ³⁵

五、内　爆　音

从以下几个点的材料可以看出,瑶语的内爆音可能来自鼻冠音(材料来源:王辅世、毛宗武 1995):

汉义	古声类	先进音节	石门音节	青岩音节	高坡音节	宗地音节	大坪音节
梦	mp	mpou^5	mpu^5	mpu^5	mpo^5	mpɔ^5	ɓɛi^5
沸	mpw	mpou^5	mpau^5	mpu^5	mpo^5	mpɔ^5	bui^5
名子	mpwts	mpe^5	ntsi^5	mpa^5	mpæ^5	mpæ^5	bu^5
雪	mpwts	mpo^5	mpu^5	mpoŋ^5	mpəŋ^5	mpoŋ^5	ban^5
舌头	mbl	mplai^8	ndlɦai$^{8\,II}$	mplai^8	mple^8	mple^{1b}	bɛt^8
耳朵	mbdʐ	ȵtʂe^2	mbɦə^2	mpæ^2	mplæ^2	mpzʐæ^2	bju^2
鱼	mbdʐ	ȵtʂe^4	mbə^4	mpæ^4	mplæ^4	mpzʐe^4	bju^4
辣	mbdʐ	ȵtʂɿ^8	mbɦɯ$^{8\,II}$	mpe^8	mplɑ^8	mpzʐɿ^8	bjɛt^8
稻子	mbl	mple^2	ndlɦi^2	mpla^2	mplæ^2	mplæ^2	bjau^2
补 补锅	mpwj	ntsi^3	ntsi^3	mpji^3	mpa^3	mpi^3	bjɛ
生 鸡生蛋	nd	nte^6	ndi$^{6\,II}$	nta^6	ntæ^6	nte^6	du
长	nt	nte^3	nti^3	nta^3	ntæ^3	ntæ^3	du^3
砍 砍树	nt	nto^3	nto^3	ntau^3	ntə^3	nto^3	dau^3
烤 烤火	nt	nte^5	ntey^5	ntau^5	ntə^5	ntæ^{5a}	du^5
戴 戴帽	nt	ntoŋ^5	ntau^5	nten^5	ntoŋ^5	ntaŋ^{5a}	dɔŋ^5
布	ntj	ntou^1	ntau^1	ntu^1	nto^1	ntɔ^{1a}	dɛi^1
洗 洗手	nts	ntsua^3	ntsa^3	ntso^3	nza^3	ntsa^{3a}	dɔu^3
茅草	ɴq	ɴqen^1	ɴqɯ^1	ɴqe^1	ɴqin^1	ŋkæin^{1a}	gən^1
干燥	ɴqh	ɴqhua^1	ɴqha^1	ˉɴqho^1	ɴqhɑ^1	ŋka^{1b}	gəi^1
粑粑	ȵcwj	ȵtɕua^3	ȵtɕa^3	ȵtɕo^3	ŋku^3	ȵtɕa^{3a}	gu^3

　　土辅世、毛宗武(1995)的大坪瑶语记作 b、d、g 的音,实际读音为内爆音ɓ、ɗ、ɠ,它们在先进、石门、青岩、高坡、宗地方言中都是鼻冠音,这说明内爆音很可能来自鼻冠音。

除了苗瑶语各方言的历史比较以外,从藻敏瑶语的内部拟测也可以证明这一点,下面我们就举军寮话为例,通过对军寮瑶语 h-的历史来源的探讨来证明藻敏瑶语的内爆音来源于古苗瑶语的鼻冠塞音声母。

军寮瑶语的 h-来源复杂:

首先,军寮瑶语汉借词中的 h-,主要来自汉语的晓母、匣母、心母等擦音:

义 项	军寮	中古汉语声母	义 项	军寮	中古汉语声母
害(人)	$h\mathfrak{o}i^{22}$	匣	(烟)盒	$\varepsilon n^{44}\ hap^2$	匣
含(一口水)	ham^{242}	匣	海	$h\mathfrak{o}i^{24}$	晓
合(得来)	$h\mathfrak{o}p^2$	匣	喝	$h\mathfrak{o}p^4$	晓
(布)鞋	hai^{242}	匣	很	$he\eta^{22}$	晓
亥	$h\mathfrak{o}i^{44}$	匣	(冒)险	$hian^{22}$	晓
汗	$h\mathfrak{o}n^{22}$	匣	松(树)	$hu\eta^{242}$	邪
旱	$h\mathfrak{o}n^{44}$	匣	(良)心	hum^{44}	心
焊	$h\mathfrak{o}n^{22}$	匣	蒜	$h\mathfrak{o}n^{24}$	心
盒	hap^4	匣	孙(子)	hun^{44}	心
葫(芦)	hu^{44}	匣	西	$h\varepsilon^{44}$	心
还	han^{24}	匣	姓	$he\eta^{51}$	心
(立)夏	ha^{22}	匣	筛(米)	$h\varepsilon^{22}$	生
(拼)合	hap^4	匣	伞	$h\mathfrak{o}n^{51}$	生
行(李)	$ha\eta^{24}$	匣	生(命)	$he\eta^{44}$	生
学	$h\mathfrak{o}u^{22}$	匣			

因为军寮瑶语的浊擦音已全部清化,所以匣母与晓母合流,邪

母与心母合流。我们知道,很多南方汉语的卷舌擦音在语音历史演变中与齿擦音合并,所以上表中的生母与心母合流。这样一来,军寮瑶语来源于晓母、匣母、心母、邪母、生母的 h-实际上可分为 h-(晓匣)与 s-(心邪生)两大类。s->h-是常见的自然音变,该音变在瑶语和汉语中都可能发生,至于是汉借词的 s-变成 h-后借入军寮瑶语,还是这类 s-借入瑶语后发生 s->h-的音变,无法推知。

　　其次,军寮瑶语汉借词的 h-还有少部分来自汉语的初母、从母、清母、透母、溪母等塞/塞擦音。

义　项	军寮	中古汉语声母	义　项	军寮	中古汉语声母
插	$h\epsilon p^4$	初	请	$h\epsilon \eta^{24}$	清
铲(菜)	han^{24}	初	(平)坦	$h\epsilon \eta^{22}$	透
炒(菜)	hau^{24}	初	梯	hai^{44}	透
擦	$h\sigma t^4$	初	吞	$h\sigma n^{44}$	透
前	$h\epsilon n^{44}$	从	烤(谷子)	hau^{24}	溪
鳅	hiu^{44}	清	(健)康	$h\sigma \eta^{44}$	溪
凄	$h\epsilon^{22}$	清	开(朗)	$h\sigma i^{44}$	溪
千	hun^{44}	清	客气	$hap^2 \, hi^{51}$	溪
亲(戚)	$h\epsilon n^{44}$	清	空	$hu\eta^{44}$	溪
清(明)	$h\epsilon \eta^{44}$	清	口(粮)	$h\epsilon u^{22}$	溪

　　与擦音情况相似,因为军寮瑶语浊塞/塞擦音全部清化,所以从母与清母合流;又因为卷舌音并向齿音,所以初母与清母合流。自此,“初清从”三类声母合而为一。此外,上文讨论过广东连南,广东一些汉语方言中送气声母擦化现象非常普遍,不单溪母字擦化成 h-,透母与清母也是如此,如:台山“俏”(清母)$hiau^{33}$,汕尾“擦”(清母)$hua?^7$,台山“土”(透母)hu^{22},开平“态”(透母)hai^{33},江

门"秃"(透母)hɔk⁵⁵。可以推测军寮瑶语所借入的汉语方言也发生了送气塞/塞擦音擦化成 h-的音变,或者是军寮瑶语借入时仍是塞/塞擦音,后受周边汉语影响擦化成 h-。

以上分析的两类军寮瑶语汉借词中 h-在其他藻敏瑶语中也是 h-:

	军 寮	大 坪	油 岭	盘 石
鞋	hai²⁴²	hai²⁴²	hai²⁴²	hai²⁴²
海	hɔi²⁴	hɔi²⁴	hɔi²⁴	hɔi²⁴
西	hɛ⁴⁴	hɛ⁴⁴	hɛ⁴⁴	hɛ⁴⁴
千	hun⁴⁴	hun⁴⁴	hun⁴⁴	hun⁴⁴

再次,军寮瑶语里还有一类 h-,在其他藻敏瑶语中与之对应的声母不是 h-,而是 ŋ-,如:

语 义	军 寮	大 坪	油 岭	南 岗
(二)月	hɔu⁵¹	ŋɔu⁵¹	ŋɔ²²	ŋɔ²²
硬	hɛŋ²⁴	ɠɛŋ²⁴²	ŋaŋ⁴⁴	ŋaŋ²²

军寮瑶语该类 h-会使其前一音节的塞音韵尾变成鼻音韵尾,可比较:

十一月 siap² jɐŋ⁴⁴ hɔu⁵¹	第一 ti²⁴² iɔt⁴
二月 niŋ²⁴² hɔu⁵¹	第二 ti²⁴² ɲi²²
四月 hɛn⁴⁴ hɔu⁵¹	第四 ti²⁴² hɛ⁵¹
六月 liaŋ²² hɔu²⁴²	第六 ti²⁴² lia²²
七月 hɔŋ⁴⁴ hɔu⁵¹	第七 ti²⁴² hut⁴
八月 ɓɛŋ⁴⁴ hɔu⁵¹	第八 ti²⁴² ɓɛt⁴
十月 siam⁵¹ hɔu⁵¹	第十 ti²⁴² siap²

可见这类 h- 的来源与上述两类 h- 迥异,也是本书讨论的要点。

军寮瑶语的"一、二、四、六、七、八、十"在"第"ti 之后都没有鼻韵尾,但在"月"hou 之前都有鼻韵尾,并有规律可循。"十"是 -p 韵尾,在 hou 前变成了 -m 韵尾,"八"是 -t 韵尾,变成了 -n 韵尾,都是由塞韵尾变成其同部位的鼻韵尾。但是,军寮瑶语的序数词"六"不含韵尾,它在"第六"ti⁴⁴ lia²²、"十六" siap² lia⁴⁴、"六十"lia²² siap²、"初六"hɛn⁴⁴ lia²² 中都读作 lia,看似不符合上述规律。但是,因为中古汉语"六"带有 -k 韵尾,军寮话的汉借词但凡古汉语中以 -k 收尾的入声字,其声调是 22 调,汉借词中 22 调和 -k 韵尾呈现系统对应。这说明,军寮瑶语的"六" lia²² 原有 -k 韵尾(后来失落),正是这个 -k 在后接的"月 hou"同化下才变成 -ŋ。

毒	白	雹	薄	读	独	核	麦	墨
tu²²	pa²²	pou²²	pia²²	tu²²	tu²²	ha²²	ma²²	ma²²

可见,军寮瑶语数词的塞韵尾变鼻韵尾遵循规律:

-p＞-m   -t＞-n   -k＞-ŋ

那么,"月 həu"为什么会导致位于它之前的数词韵尾鼻化呢?我们知道,"月"义在苗瑶语中有固有词和汉借词两种形式,其固有词是近似为 la 的音(王辅世、毛宗武 1995):

吉卫	先进	瑶里	文界	长垌	长坪	三江	大坪
ɬha⁴⁴	li⁴⁴	lou³²	ɬa⁵⁵	le³⁵	la³⁵	lu⁴⁴	ləu⁴²

"大坪"是《苗瑶语古音构拟》(王辅世 毛宗武 1995)中藻敏瑶语的代表点,根据笔者调查,大坪瑶语的"月"义有两种语音形式:"几月、大月、月底"中的"月"为 ləu⁵¹,"二月、三月、四月"中的"月"为 ŋuɛ⁵¹。显然,ləu⁵¹ 是苗瑶语的固有词,ŋuɛ⁵¹ 是汉语借词。根据潘

悟云(2000)的构拟,"月"的汉语中古音为 ŋʷiat,上古音为 * ŋod。藻敏几个瑶语点的"月"均不带 i 介音,且主元音是 ɔ,与汉语中古音相差甚远,与上古音 * ŋod 较近。而且,军寮瑶语的"月"hɔu²² 在其他瑶语中都带声母 ŋ-。由此推测,"月 * ŋod"借到瑶语后,大体经过以下变化: * ŋod>ŋɔ>nɛu。可见,军寮瑶语的"月"hɔu 很可能来自 ŋɔu 之类的音,其声母的鼻音成分把前面的塞音韵尾同化为鼻音韵尾。我们知道,两个音节相邻会产生协同发音现象。鼻音的发音特点是软腭/小舌下垂,咽-鼻通道开通,气流从鼻腔流出。在语流中,由于发音的时间错位可能导致第二个音节的鼻音声母尚未开始、第一个音节正要结束的时候(韵尾阶段),软腭的下垂动作提前发生。由于瑶语的塞音韵尾都是唯闭音,当前一个音节是塞韵尾-p、-t、-k 的时候,舌头正好摆出 p、t、k 的舌位但却没有爆破,恰在此时软腭下垂,咽-鼻通道开通,气流从鼻腔流出,-p、-t、-k 就会变成相应舌位的鼻音-m、-n、-ŋ,这就是为什么"月"ŋɔu 会使前面音节的塞音韵尾变成鼻音韵尾。军寮瑶语的"月"hɔu²² 因为原本就带有鼻音成分,所以也使其前一音节中的塞音韵尾变为鼻音韵尾。而前文论述的两类来源为汉语擦音的 h-,因为没有鼻音成分,就不会使前接音节的塞韵尾发生鼻化,例如:"第一次"在军寮瑶语中是 ti²⁴²iɔt⁴⁴huŋ²²,在油岭瑶语中是 ti⁴⁴iɔt⁴huŋ²²,两个语言点中第二个音节的声母 h 都没有使前一个音节的韵尾-t 变成-n。这也能说明,军寮瑶语的 hou²² 中的 h-,与前两类来自擦音的 h-有着截然不同的来源,它原来并不是擦音 h-,而是带有鼻音成分。

但是,基于以下两点,我们不能简单认为军寮瑶语的 h-就是 ŋ-:

(1)在现代军寮瑶语音系中,同时有 h-和 ŋ-两个音位,读作 ŋ-的词很多,如"鹅"ŋɛ²⁴²,"饿"ŋou²²,"发麻"ŋau⁴⁴,"钩子"ŋɛu⁴⁴,等等。如果军寮瑶语的"月"hɔu²² 原来是 ŋou²²,那么"鹅"ŋɛ²⁴²,"饿"ŋou²²,

"发麻"ŋau⁴⁴，"钩子"ŋɛu⁴⁴等词中的ŋ-也应该变成h-，但事实上这些词声母仍是ŋ-。

（2）ŋ->h-不符合音变的普遍原理。

为探求这类h-的具体来源，先把军寮瑶语中的ŋ-、h-和其他藻敏瑶语点作以下比较：

军寮瑶语	油岭瑶语	大坪瑶语	盘石瑶语	南岗瑶语
ŋ-（鹅 ŋɛ²⁴²）	ŋ-（鹅 ŋɔ²⁴²）	ŋ-（鹅 ŋɛ²⁴²）	ŋ-（鹅 ŋɛ²⁴²）	ŋ-（鹅 ŋɔ²⁴²）
h-（盒 hap⁴）	h-（盒 hɔp²）	h-（盒 hap⁴）	h-（盒 hɔp²）	h-（盒 hɔp²）
h-（月 hɔu⁵¹）	ŋ-（月 ŋɔ²²）	ŋ-（月 ŋɔu⁵¹）	ŋ-（月 ŋɔ⁵¹）	ŋ-（月 ŋɔ²²）

第一种情况，军寮瑶语和其他藻敏瑶语都读ŋ-，其共同的来源只能拟作*ŋ-，而且"鹅"ŋɛ²⁴²为汉语借词，在古汉语中就是疑母ŋ-。第二种情况，军寮瑶语读h-，这里又分两类：一类在其他藻敏瑶语中也是h-，如"盒"hap⁴，这一类前文已有论述，它在某个历史阶段有共同的来源h-。另一类是"月"类的词，在军寮瑶语中是h-，在油岭、大坪、盘石、南岗藻敏瑶语中却是ŋ-，用历史比较法先简单把它们的共同来源暂拟作*ŋh-，在军寮瑶语中发生了*ŋhou>hou的音变，在油岭瑶语中发生了*ŋhou>ŋou的音变。在苗语的声母系统中，鼻冠塞音NC-是常见的复辅音声母，其中C是塞音，N是同部位的鼻冠音，但不存在鼻冠音和擦音组成的声母。目前瑶语虽然还没有鼻冠音的记录，但是如果我们认为ŋh-中的ŋ是一个鼻冠音，那么基于瑶语和苗语的同源关系，可以认为鼻冠音ŋ后的辅音应该是与之同部位的塞音k-或g-。通过下列"硬"义词语的比较，我们可以推测这类h-来自*g-。"硬"义的词在瑶语中有g-、ɠ-、h-、ŋ-、kʰ几种读音：

① 带声母 ŋ-：牙南 ŋɛŋ⁵³（硬）、油岭 ŋaŋ⁴⁴（硬）、大坪

ŋaŋ³¹ fɔ⁴⁴ɓuɐ²⁴（硬壳果）、龙岭 ŋaŋ⁴⁴（硬），金秀长垌 ŋɛ:ŋ⁶（硬）

② 带声母 h-：油岭 hɛŋ³¹ ɗip⁴ɓɛu²⁴（硬壳果），大坪 hɛŋ²⁴（硬），军寮 hɛŋ²⁴（硬、硬壳果）、hɛŋ³¹ siaŋ²⁴²（坚硬），龙岭 heŋ²⁴（硬），莽山 heŋ³¹（硬）

③ 带声母 ɠ-、ɠ⁻-：大坪 ɠɛŋ242jaŋ⁵¹（坚硬）、龙岭 geŋ⁵³（硬，硬朗）

④ 带声母 tʰ：全州东山标敏瑶语 kʰiɛŋ³（硬）

其中，①说明"硬"义早期语音形式声母有鼻音 ⁎ŋ，③和④说明其声母还带有塞音，根据类型学理论，通常都是浊音清化，而非清音浊化，所以这个塞音来源当是 ⁎ɠ-。"硬"在以上瑶语各方言中的声母正反映以下音变过程：

音变 2

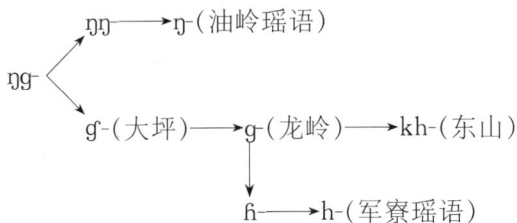

朱晓农、寸熙（2006）提出，内爆音与鼻冠塞音听感方面的相似性会导致音变：ɓ->mb-，ɗ->nd-。我们通过瑶语材料得出一个与之相反的音变历程：ŋg> ɠ-。

上古汉语的"硬"是 ⁎ŋgraŋs，藏文中"硬"是 Nkʰraŋ，藏语的 N-是小阿，来源于鼻冠音（潘悟云 2000）。苗瑶语中的"硬"到底是借词还是同源词，我们不得而知，但是古瑶语、上古汉语、藏语里该词的鼻冠音似乎有着同样的来源。

至此，藻敏瑶语中"月"的音变过程已经可以勾勒。"月"与"硬"很相似，它在军寮瑶语中读作 hou，在油岭瑶语中读作 ŋou，"月"与"硬"字在瑶语中有着相同的音变路程：

$$\eta\eta\text{ot} \longrightarrow \eta\text{ot} \longrightarrow \eta\text{o} \longrightarrow \eta\text{ou（油岭瑶语）}$$
$$^{*}\eta\text{got}$$
$$\text{ɠot} \longrightarrow \text{ɠo} \longrightarrow \text{ɠou} \longrightarrow \text{ɦou} \longrightarrow \text{hou（军寮瑶语）}$$

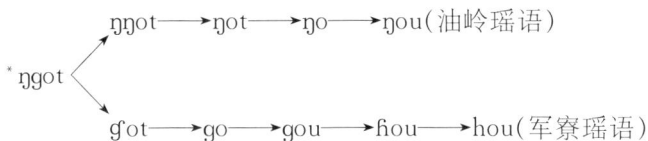

最后，军寮瑶语 h- 还有其他一些来源，如流音等，不再赘述。

用内部拟测的方法对军寮瑶语 h- 的来源的讨论，可以得到瑶语的内爆音来于鼻冠塞音的结论。用历史比较的方法，我们也得到同样的结论。所以，我们认为：

1. 古瑶语也与苗语一样存在鼻冠闭塞复辅音声母。史书记载和民间传说表明，广东连南的八排瑶人来自湖南湘江、沅江的中下游和洞庭地区，大致在隋唐时期经过辰州、道州等地迁徙到广东连南山区定居下来，此后分化为军寮、油岭、南岗、大坪等八个排。所以，油岭瑶民与军寮瑶民的分化时间应该不会很久远，从"月"这一类词的声母在这两个排的分化可以推测：在中古时代，藻敏瑶语还存在鼻冠塞音声母。

2. 古瑶语中的鼻冠塞音在一些现代瑶语中变成了内爆音。不仅军寮瑶语的 h- 有鼻冠塞音的来源，其他瑶语也可能如此。例如：大坪瑶语"蓝" $h\vartheta\eta^{24}$，与苗语中的"蓝靛"对应：青岩 $\eta k\vartheta\eta^{54}$，高坡 $\eta k\vartheta\eta^{55}$，石门 $\eta g\hbar\text{ɯɯ}^{35}$（王辅世、毛宗武 1995），很显然 $h\vartheta\eta^{24} < {}^{*}\eta g\vartheta\eta^{24}$，青岩、高坡虽然是 ηk，但其偶数调说明它们都有鼻冠音加浊塞音的来源 ηg-。

参 考 文 献

蔡晓云　2009　《Y 染色体揭示的早期人类进入东亚和东亚人群特征形成过程》,复旦大学生命科学院博士论文

巢宗祺、余伟文　1989　《连南八排瑶语》,中山大学出版社

巢宗祺　1990　《广东连南油岭八排瑶语言概要》,华东师大出版社

陈其光　1979　《苗瑶语入声的发展》,《民族语文》,01 期

陈其光、李永燧　1981　《汉语苗瑶语同源例证》,《民族语文》,02 期

陈其光　1984　《古苗瑶语鼻冠闭塞音声母在现代方言中反映形式的类型》,《民族语文》,05 期

陈其光　1985　《苗瑶语浊声母的演变》,《语言研究》,02 期

陈其光　1988　《苗瑶语鼻音韵尾的演变》,《民族语文》,06 期

陈其光　1989　《苗瑶语族语言的几种调变》,《民族语文》,05 期

陈其光　1991　《汉藏语概论・苗瑶语篇》,北京大学出版社

陈其光　1998　《苗瑶语鼻闭塞音声母的构拟问题》,《民族语文》,03 期

陈其光　2000　《苗瑶语词汇发展的一种方式》,《民族语文》,03 期

陈其光　2002　《语言间的深层影响》,《民族语文》,01 期

陈其光　2002　《汉语声母在八排瑶语里的反映形式》,《纪念王力先生百年诞辰学术论文集》,商务印书馆

陈忠敏　1995　《作为古百越语底层形式的先喉塞音在今汉语南方方言里的表现和分布》,《民族语文》,03 期

邓方贵　1983　《现代瑶语浊声母的来源》,《民族语文研究》,四川
　　民族出版社

邓方贵、盘承乾　1984　《从瑶语论证上古汉语复辅音问题》,《民
　　族语文论丛》,第 1 集

邓晓华　1999　《客家话跟苗瑶壮侗语的关系问题》,《民族语文》,
　　03 期

丁邦新、孙宏开　2001　《汉藏语同源词研究(二)汉藏、苗瑶同源
　　词专题研究》,广西民族出版社

范俊军　2006　《清代〈连阳八排风土记〉瑶语词表研究》,《广东社
　　会科学》,03 期

房亚水　1988　《浅谈八排瑶语变调问题》,《广西民族学院学报》
　　(哲学社会科学版),01 期

房颖菲　2010　《八排瑶语的中定词序探究》,《清远职业技术学院
　　学报》,02 期

冯　蒸　1987　《北宋邵雍方言次浊上声归清类现象试释》,《北京
　　师院学报(社会科学版)》,01 期

冯　蒸　2007　《论〈尔雅音图〉的音系基础》,《汉字文化》,03 期

高本汉　2003　《中国音韵学研究》,商务印书馆

郭锡全、苏桂　2006　《阳山秤架太平洞瑶族同胞的传统社会》,
　　《阳山文史》,第十一辑

国际语音学会编、江荻等译　2008　《国际语音学会手册》,上海教
　　育出版社

侯兴泉　2006　《广东封开罗董话的浊内爆音》,《民族语文》,05 期

胡耐安　1966　《说瑶》,《边境论文集》,台北华冈书局

胡晓东　2008　《上古汉语部分"来"母字在苗瑶语中的对应》,《贵
　　州民族学院学报(哲学社会科学版)》,03 期

黄行、胡鸿雁　2004　《区分借词层次的语音系联方法》,《民族语

文》,05 期

黄行　2005　《汉藏民族语言声调的分合类型》,《语言教学与研究》,05 期

黄行　2007　《瑶语中的粤方言借词》,《第 11 届国际粤方言研讨会论文集》,林亦、余瑾主编,广西人民出版社

黄行　2007　《汉藏语系少数民族语言中的汉语借词》,《汉藏语学报》,01 期

黄行　2012　《内爆音声母探源》,《民族语文》,02 期

黄行　2013　《瑶—汉关系词的历史分层》,《中国少数民族语言汉语借词的历史层次》,向柏霖、蓝庆元主编,商务印书馆

黄钰、黄方平　1993　《国际瑶族概述》,广西人民出版社

金理新　2007　《苗瑶语的阴声韵母系统》,《语言研究》,03 期

坎贝尔(Lyle Campbell)　2008　《历史语言学导论》,世界图书出版公司,爱丁堡大学出版社

李方桂　1940　《龙州土语》,商务印书馆

李方桂　1971　《上古音研究》,《清华学报》新 9 卷 1、2 期合刊。本书参用商务印书馆 1980 年再版本

李辉等　2003　《客家人起源的遗传学分析》,《遗传学报》,09 期

李敬忠　1988　《八排瑶语的数词》,《贵州民族研究》,04 期

李来章　1708　《连阳八排风土记》

李默　1994　《八排瑶"挨搪堂"及其瑶经探讨》,《新亚学术集刊》,第 12 期

李默、房先清　1995　《八排瑶古籍汇编》,广东人民出版社

李荣　1956　《切韵音系》,科学出版社

李少梅　2008　《中国广东乳源瑶族与瑶语》,民族出版社

李永燧　1983　《关于苗瑶族的自称——兼说"蛮"》,《民族语文》,06 期

李云兵　1997　《现代畲语有鼻冠音声母》,《民族语文》,01 期

李云兵　2000　《苗瑶语语音的基本理论和现实研究》,《贵州民族研究》,01 期

李云兵　2001　《苗语方言比较中的几个语音问题》,《贵州民族研究》,01 期

李云兵　2007　《论苗瑶语名词范畴化手段的类型》,《民族语文》,01 期

李云兵　2009　《苗瑶语比较研究》上海师范大学博士后出站报告

李云兵　2011　《20 世纪以来的苗瑶语调查》,《民族翻译》,01 期

连山壮族瑶族自治县志编纂委员会　1997　《连山壮族瑶族自治县志》,三联书店

练铭志、马建钊　1994　《有关排瑶宗教的若干问题》,《新亚学术集刊》,第 12 期

练铭志、马建钊、李筱文　1992　《排瑶历史文化》,广东人民出版社

廖炯然　1943　《连阳瑶民概况》,新亚细亚学会

刘保元　1994　《瑶族称谓管探》,《中央民族大学学报》,02 期

刘叔新　1998　《连山壮语述要》,高等教育出版社

龙国贻　2009　《瑶语中的内爆音》,《民族语文》,05 期

龙国贻　2010　《军寮瑶语 h-及其历史来源》,《民族语文》,05 期

龙国贻　2011　《藻敏瑶语语音研究》,中央民族大学博士论文

龙国贻　2011　《瑶语中鼻冠塞音的历史演变》,《现代人类学通讯》,06 期

龙国贻　2012　《藻敏瑶语汉借词主体层次年代考》,《民族语文》,02 期

龙国贻　2012　《藻敏瑶语的上古层次》,《语言研究集刊》第九辑

龙国贻、唐红英　2014　《论民族语的连调规则分析——以藻敏瑶

语油岭土话为例》,《民族语文》,02 期

龙国贻 2015 《历史比较中历史层次分析法的作用——以瑶语为例》,《语言研究》,04 期

龙国贻 《藻敏瑶语汉借词主借层借源考》,待刊

龙国贻 《藻敏瑶语的 j-声母》,未刊稿

龙国贻 《藻敏瑶语的清鼻音》,未刊稿

卢冶常 1985 《瑶族勉语标敏方言构词变调与构形变调》,《民族语文》,06 期

毛宗武、周祖瑶 1962 《瑶族语言概况》,《中国语文》,03 期

毛宗武、蒙朝吉、郑宗泽 1982 《瑶语语言简志》,民族出版社

毛宗武 1985 《我国苗瑶语族语言研究概况》,《民族研究动态》,03 期

毛宗武、李云兵 1997 《巴哼语研究》,上海远东出版社

毛宗武 2004 《瑶族勉语方言研究》,民族出版社

梅耶著、岑麟祥译 2008 《历史语言学中的比较方法》,世界图书出版公司

蒙朝吉 1997 《瑶语"努"字解》,《广西民族研究》,02 期

蒙朝吉 1999 《五十年代的瑶语大普查》,《广西民族研究》,01 期

潘悟云 1995 《对华澳语系假说的若干支持材料》,《中国语言学报》,08 期

潘悟云 2000 《汉语历史音韵学》,上海教育出版社

潘悟云 2006 《汉语的音节描写》,《语言科学》,02 期

潘悟云 2006 《竞争性音变与历史层次》,《东方语言学》,上海教育出版社

潘悟云 2008 《吴语韵母的主借层》,《东方语言学》第三辑,上海教育出版社

潘悟云 2010 《历史层次分析的若干理论问题》,《语言研究》,

02 期

潘悟云　《第三代音韵学》,未刊稿

盘承乾　1984　《论苗瑶语辅音韵尾的演变问题》,《民族语文研究》,四川民族出版社

盘承乾、邓方贵　1985　《瑶语构词中的几个特点》,《广西民族学院学报　哲学社会科学版》,01 期

盘承乾　1988　《论瑶语方言》,乔健等编,《瑶族研究论文集》,民族出版社

清远市连南瑶族自治县政协文史委员会　1995　《清远文史资料第 9 辑·连南瑶族文史专辑》

沙加尔、徐世璇　2002　《哈尼语中汉语借词的历史层次》,《中国语文》,01 期

施向东　2007　《汉藏比较中的历史层次与借词问题》,《语言科学》,06 期

舒肖　1982　《也谈瑶语的"勉"》,《民族语文》,01 期

谭其骧　1991　《中国历史地图集第五册　隋·唐·五代十国时期》,中国地图出版社

谭晓平　2007　《湘南庙子源勉语汉语借词历史层次之推测》,《湖南大学学报(社会科学版)》,第 21 卷 01 期

谭晓平　2008　《江永勉语与汉语的接触与演变》,华中科技大学博士论文

田口善久　1997　《勉语边音的来源及演变》,广西瑶学会编《瑶学研究》,广西民族出版社

王辅世、毛宗武　1995　《苗瑶语古音构拟》,中国社会科学出版社

王辅世　1986　《苗瑶语的系属问题初探》,《民族语文》,01 期

王敬骝、陈相木　1983　《傣语声调考》,云南省民族研究所语文研究室,《民族语文研究丛刊》

王　力　1948　《汉越语研究》,《岭南学报》,第 1 期

王　力　1982　《朱翱反切考》,《龙虫并雕斋文集(三)》中华书局

韦树关　2004　《汉越语关系词声母系统研究》,广西民族出版社

吴安其　2002　《汉藏语同源研究》,中央民族大学出版社

徐云扬　1986　《排瑶与过山瑶方言比较》,香港中文大学博士论文,第一届瑶族研究国际研讨会会议论文

雅洪托夫　1964　《语言起源年代学和汉藏语系》,第七届国际人类学和民族学会议

杨耐思　1981　《中原音韵音系》,中国社会科学出版社

严学宭　1983　《苗瑶汉语关系词的层次》,第十六届国际汉藏语言学会议论文

杨鹤书、李安民、陈淑濂　1990　《八排文化——八排瑶的文化人类学考察》,中山大学出版社

宜章县志编纂委员会　1995　《宜章县志》,黄山书社

余伟文、巢宗祺　1984　《油岭瑶话概述》,《中山大学学报(哲学社会科学版)》,03 期

余伟文　1986　《广东连南瑶语中的汉语借词》,《人类学论文选集》,中山大学出版社

余伟文　1990　《八排瑶语若干语法问题初探》,《语言文字论集》,广东人民出版社

曾晓渝　2003　《水语里汉语借词历史层次分析方法例释》,《南开语言学刊》,02 期

詹伯慧、张日昇　1987　《珠江三角洲方言字音对照》,广东人民出版社

张惠英　2002　《汉藏系语言和汉语方言比较研究》,民族出版社

张惠英　2005　《语言现象的观察与思考》,民族出版社

张琨　1947　《苗瑶语声调问题》,《中央研究院历史语言所集刊》,

第 16 本

张琨　1975　《苗瑶语比较语言学》,《书目杂志》,第 9 卷,第 3 期

张琨、张谢蓓蒂　1976　《苗瑶语、藏缅语和汉语的鼻冠音声母——是扩散结果呢还是同系证据呢?》,《中央研究院历史语言所集刊》,第 47 本

张琨　1975　《苗瑶语声母研究》(Proto-Miao Initials),《中央研究院历史语言所集刊》,第 47 本

张琨著、贺美嘉译　1983　《原始苗瑶语声调构拟》,《中央研究院历史语言所集刊》,第 44 本

张琨　1992　《瑶语入声字》,《民族语文》,03 期

张琨　1995　《古苗瑶语鼻音声母字在现代苗语方言中的演变》,《民族语文》,04 期

张梅静　2009　《海盐方言语音研究》,上海大学硕士论文

张梦翰　2011　《民族语中清鼻音的判定方法》,《民族语文》,02 期

照那斯图、杨耐思　1987　《蒙古字韵校本》,民族出版社

赵春金　1994　《瑶语与汉语的底层关系》,《新亚学术集刊》,第十二期

赵家旺　1987　《综谈八排瑶过山瑶之异同》,《瑶族研究论文集》,民族出版社

赵敏兰　2004　《柘山勉话概况》,《民族语文》,01 期

赵敏兰　2008　《瑶语早期汉语借词的声母》,《民族语文》,01 期

赵元任　1928　《现代吴语的研究》,清华学校研究院丛书

赵元任　1935　《中国方言当中爆发音的种类》,《中央研究院历史语言所集刊》,五本四分

郑张尚芳　1984　《上古音构拟小议》《语言学论丛》,14 期

郑张尚芳　1988　《浙南和上海方言中的紧喉浊塞音声母 ʔb、ʔd 初探》,《吴语论丛》,上海教育出版社

郑张尚芳　2003　《上古音系》,上海教育出版社

郑宗泽　1987　《勉语的全浊声母与阴调》,《瑶族研究论文集》,广西民族出版社

中国科学院语言研究所瑶语调查组　1959　《瑶族的语言情况和文字问题》,讨论手稿

中国社会科学院、澳大利亚人文科学院　1987　《中国语言地图集》,朗文出版(远东)有限公司

周祖谟　1943　《宋代汴洛语音考》,《辅仁学志》,12 卷第一、二合期

周祖瑶　1986　《瑶族勉语的复辅音 pl、kl》,《广西民族研究》,01 期

中国科学院少数民族语言研究组瑶语小组　1961　《汉语在瑶族语言丰富发展中的作用》,《中国语文》,第 10—11 期

中央民族学院苗瑶语教研室　1987　《苗瑶语方言词汇集》,中央民族学院出版社

朱晓农　2004　《基频归一化——如何处理声调的随机差异?》《语言科学》,02 期

朱晓农　2006　《内爆音》,《方言》,第 1 期

朱晓农、寸熙　2006　《试论清浊音变圈——兼论吴、闽语内爆音不出于侗台底层》,《民族语文》,03 期

朱晓农　2010　《语音学》,商务印书馆

朱晓农　2010　《全浊驰声论——兼论全浊清化(消驰)低送高不送》,《语言研究》,03 期

Barbara Blankenship, Peter Ladefoged 1993. Phonetic Structures of Thonoma Angami, UCLA Working Papers in Phonetics. Vol. 84

Cun Xi 2009. A Phonetic Study on Implosives in China, Thesis (Ph.

D.) — Hong Kong University of Science and Technology

D. Silverman 1996. Voiceless Nasals in auditory phonology, Proceedings of the Berkeley Linguistic Society

Denlinger Paul 1972. Miao-Yao Manuscript, Journal of the Tunghai University 13

Downer, Gordon 1971. The Further Relationships of the Miao-Yao Languages . (Presented to Fourth Conference on Sino-Tibetan Languages and Linguistic Studies, Indiana University)

Downer, Gordon. 1973. Strata of Chinese Loanwords in the Mien Dialect of Yao. Asia Major a British Journal of Far Eastern Studies, V, XVIII

H. R. Davies 1909. Yun nan, the Link between India and the Yangtze

Haudricourt, A. G. 1954. De l'origine des Tons en Vietnamien, Journal Asiatique 242. 辛世彪中译文"越南语声调的起源"载《境外汉语音韵学论文选》,上海教育出版社,2011 年

John J. Ohala 1975. Phonetic Explanations for Nasal Sound Patterns. Stanford, Language Universals Project

Ladefoged, Peter & Ian Maddieson 1996. The Sounds of the World's Languages. Blackwell

Laver, John 1980. The Phonetic Description of Voice Quality. Cambridge University Press

Laver, John 1994. Principles of Phonetics. Cambridge University Press

Maddieson, Ian 1984. Patterns of Sounds, Cambridge University Press

Masatake Dantsuji, 1984. A Study on Voiceless Nasals in Burmese, Studia Phonologica Vol. 18

P. K. Benedict 1966. Austro-Thai, Behavior Science Notes 1

P. K. Benedict 1973. Austro-Thai and aud Austroasiatic, a paper presented at the 1st International Conference on Austroasiatic Linguistics

P. W. Schmidt 1926. Die Sprachfamilien und Sprachenkreise der Erde, Heidelberg

Peter Ladefoged 2005. A Course in Phonetics, Heinle, Division of Thomson Learning, 5th edition

Peter Ladefoged 2003. Phonetic Data Analysis: An Introduction to Fieldwork and Instrumental Techniques, Blackwell Publishing

Purnell, Herbert 1965. Phonology of a Yao Dialect Spoken in the Province of Chiengrai. -Hartford Studies in Linguistics, No. 15. (Data gathered from April 1963 to May. 1964)

S. Konow 1909. Linguistic Survey of India vol. I, Culcutta

William H. Baxter (1992), A Handbook of Old Chinese Phonology, Trends in Linguistics, Studies and Monographs 64. Berlin & New York : Mouton de Gruyter

Wong, Sik-ling. 1939. Phonetics and Phonology of the Yao Language: Description of the Yauling Dialect. Lingnan Science Journal 18

附录：油岭瑶语汉借词语素表

（词例括号中为该词的语素义）

字	词　　　例	音	声	韵	调	摄	等	开合
挨	"挨"饿	ʔai⁴⁴	影	皆	平	蟹	2	开
捱	捱	ŋai²⁴	疑	佳	平	蟹	2	开
矮	降低（放-矮），低矮的房子（矮-屋）	ʔɛi²⁴	影	佳	上	蟹	2	开
安	"架"锅，"寄"存，"安"门窗	ʔɔn⁴⁴	影	寒	平	山	1	开
岸	河岸（河-岸），岸	hɛn²⁴²	疑	寒	去	山	1	开
案	神台（香-案）	ʔɔŋ⁵¹	影	寒	去	山	1	开
拗	折弯（折-弯），比手劲（拗-扳），"拗"断	ʔau²⁴	影	肴	上	效	2	开
八	第八（第-八），初八（先-八），八十（八-十）	pɛt⁴	帮	黠	入	山	2	开
八	八	jat²	帮	黠	入	山	2	开
叭	喇叭（喇-叭）	pa⁴⁴	滂	黠	入	山	2	开
扒	扒	pa²⁴²	并	麻	平	假	2	开
芭	芭蕉（蕉-芭）	ɓɛ²²	帮	麻	平	假	2	开
把	一"绺"胡须，一"打"铅笔，一"把"花	ɓa²⁴	帮	麻	上	假	2	开
把	有次"把"，一"把"扫帚，一"把"锄头	ɓa⁵¹	帮	麻	上	假	2	开

字	词　例	音	声	韵	调	摄	等	开合
把	一"把"茶壶,把握(把-着)	ɓɔ²²	帮	麻	上	假	2	开
掰	掰	ɓai⁵¹	帮	麦	入	梗	2	开
白	雪白(冰-白),空手(白-手),鸽子(白-鸽),蛋清(蛋-白),大白菜(菜-白)	pa²²	并	陌	入	梗	2	开
百	一百(一-百)	ɓa⁴⁴	帮	陌	入	梗	2	开
摆	"摆"阔气,"摆"故事	ɓai²⁴	帮	佳	上	蟹	2	开
摆	"摆"酒席,"摆"饭	ɓai⁵¹	帮	佳	上	蟹	2	开
拜	"拜"菩萨	ɓai²⁴	帮	皆	去	蟹	2	开
败	败家(败-家)	pai²²	并	夬	去	蟹	2	开
稗	红稗(红-稗),稗子(词头-稗)	pui²²	并	佳	去	蟹	2	开
扳	比手劲(拗-扳)	ɓan⁵¹	帮	删	平	山	2	开
扳	"扳"苞谷	ɓian⁴⁴	帮	删	平	山	2	开
班	一"班"学生,班	pan⁴⁴	帮	删	平	山	2	开
斑	眼睛"花",花牛(牛-斑),花猫(猫-斑),花布(布-斑)	pɛn⁴⁴	帮	删	平	山	2	开
搬	搬家(搬-屋),搬,"搬"石头	ɓian⁴⁴	帮	寒	平	山	1	合
板	铜板(铜-板),拼板(合-板),木箱(板-柜),门牙(牙-板),钢板(钢-板),"板"壁	ɓɛŋ²⁴	帮	删	上	山	2	开
板	"板"着脸	ɓɛŋ⁵¹	帮	删	上	山	2	开
半	半天(半-日),"半"生,十五(月-半)	ɓian²²	帮	寒	去	山	1	合

字	词　　例	音	声	韵	调	摄	等	开合
半	"半"升，"半"年	ɓian⁴⁴	帮	寒	去	山	1	合
伴	伴	pian⁴⁴	并	寒	上	山	1	合
拌	"拌"饭，拌药(拌-药)	fan⁵¹	并	寒	上	山	1	合
绊	绊倒(绊-着)	fan⁵¹	帮	寒	去	山	1	合
办	办事(办-事)	pan²⁴	并	山	去	山	2	开
瓣	一"瓣"花，毛栗(果-瓣)	ɓian²²	并	山	去	山	2	开
帮	帮	ɓoŋ⁴⁴	帮	唐	平	宕	1	开
包	一"匣"火柴	ɓɔ²⁴	帮	肴	平	效		开
包	一"包"药，一"包"糖，胎盘(孩子-包)，伞套(伞-包)，钱包(银-包)，"包"糖	ɓɔ²²	帮	肴	平	效	2	开
包	麦包(面-包)	pau⁴⁴	帮	肴	平	效	2	开
饱	饱	ɓɛu²⁴	帮	肴	上	效	2	开
报	交待(告-话)，乖(孙-告)，告诉(告-话)，告，吩咐(告-出)，叮嘱(讲-告)，禀报(告-话)，报信(报-话)	ɓau⁵¹	帮	豪	去	效	1	开
爆	爆牙(爆-牙)	ɓau⁵¹	帮	肴	去	效	2	开
爆	"爆"苞谷花	hau²⁴	帮	肴	去	效	2	开
杯	酒杯(酒-杯)，杯子(杯-子)	pui⁴⁴	帮	灰	平	蟹	1	合
北	东北(东-北)，北京(北-京)，北边(北-边)	ɓia⁴⁴	帮	德	入	曾	1	开
背	刀背(刀-背)	ɓɛi⁵¹	帮	灰	去	蟹	1	合

267

字	词　　　例	音	声	韵	调	摄	等	开合
背	一"背"柴	hɔi²²	帮	灰	去	蟹	1	合
背	背诵(背-讲),背书(背-书)	pui²⁴²	并	灰	去	蟹	1	合
倍	倍(一-倍)	pui²⁴	并	灰	上	蟹	1	合
本	一"本"书,亏本(亏-本),本来(本-来)	ɓun²⁴	帮	魂	上	臻	1	合
崩	山的塌裂处(崩-处),倒(塌)	ɓaŋ⁴⁴	帮	登	平	曾	1	开
逼	逼迫(逼-着)	pit²	帮	职	入	曾	3	开
鼻	塌鼻子(鼻-塌),酒糟鼻(鼻-红),鼻血(鼻-血),鼻尖(鼻-刺)	ɓi²²	并	脂	去	止	3a	开
鼻	鼻涕直淌(鼻-流),鼻涕(词头-鼻)	ɓit²	并	质	入	臻	3a	开
比	比赛(比-赢)	ɓi²²	帮	脂	上	止	3a	开
笔	铁笔(铁-笔),毛笔(毛-笔),笔直(笔-伸),笔筒(笔-被),笔尖(笔-头),笔杆(笔-梗)	ɓit⁴	帮	质	入	臻	3b	开
坒	一"层"皮,一"层"布,双层(二-层)	pi²⁴²	并	脂	去	止	3a	开
闭	盗汗(闭-汗),闭嘴	ɓɛi⁵¹	帮	齐	去	蟹	4	开
痹	麻木,发麻,手麻(手-麻)	ɓi⁵¹	帮	脂	去	止	3a	开
编	编歌(编-歌)	pian⁴⁴	帮	仙	平	山	3a	开
编	"编"辫子	pin⁴⁴	帮	仙	平	山	3a	开

字	词　　例	音	声	韵	调	摄	等	开合
边	衣服上的"花边"(花-边)，外面(外-边)，四周(四-边)，前边(先-边)门旁(门-边)，对岸(对-边)	ɓian²²	帮	先	平	山	4	开
边	田岸(田-边)，塘坝(塘-边)，坛筵(坛-边)，水坝(河-边)，河边(河-边)	hɛn²⁴²	帮	先	平	山	4	开
边	外人(外-人)，外科(外-边)，外边(外-边)，附近(边-边)	hɛn⁴⁴	帮	先	平	山	4	开
鞭	鞭打(鞭-打)，鞭把儿(鞭-柄)	pian⁴⁴	帮	仙	平	山	3a	开
扁	扁	ɓɛn²⁴	帮	先	上	山	4	开
扁	饿"瘪"，瘪谷(谷子-瘪)	ɓian²⁴	帮	先	上	山	4	开
便	大方(随-便)	pian²⁴²	并	仙	平	山	3a	开
辫	辫子(词头-辫)	pin⁴⁴	并	先	上	山	4	开
变	改变(改-变)，变烂(变-坏)，变	ɓɛn⁵¹	帮	仙	去	山	3b	开
鳖	鳖	ɓiat⁴	帮	薛	入	山	3a	开
冰	雪白(冰-白)，雪，下雪(下-雪)，结冰(做-冰)，冰糖(冰-糖)	ɓan⁵¹	帮	蒸	平	曾	3	开
兵	当兵(当-兵)	ɓiaŋ⁴⁴	帮	庚	平	梗	3	开
丙	丙	ɓɛn⁵¹	帮	庚	上	梗	3	开

字	词 例	音	声	韵	调	摄	等	开合
柄	伞把(伞-柄),磨柄(磨-柄),刀把儿(刀-柄),锄头"柄",鞭把儿(鞭-柄)	ɓaŋ⁵¹	帮	庚	去	梗	3	开
饼	酒饼(酒-饼)	ɓiaŋ²⁴	帮	清	上	梗	3	开
伯	大伯(大-伯),伯母(伯-婆),伯伯,伯父(大-伯)	ɓa⁴⁴	帮	陌	入	梗	2	开
薄	穿的"薄",薄膜(皮-薄),薄锅(锅-薄)	pia²²	并	铎	入	宕	1	开
跛	跛子(脚-跛)	hai²²	帮	歌	上	果	1	合
卜	萝卜(萝-卜)	pɔ²²	帮	屋	入	通	1	合
猜	猜拳(猜-马)	sɛi²²	清	咍	平	蟹	1	开
才	口才(吵-才)	sɔi²⁴²	从	咍	平	蟹	1	开
材	棺材(棺-材)	sɔi²⁴²	从	咍	平	蟹	1	开
财	招财(招-财),发财(发-财)	sɔi²⁴²	从	咍	平	蟹	1	开
蚕	蚕儿(词头-蚕)	tsaŋ⁴⁴	从	覃	平	咸	1	开
层	一"层"楼,活结(层-绊),层,双层(二-层)	taŋ²⁴	从	登	平	曾	1	开
插	上插羽毛(插-芳),刀"插"鞘,戴花(插-芳),"插"棍子	hɛp⁴	初	洽	入	咸	2	开
茶	茶籽(茶-药)	ta²⁴²	澄	麻	平	假	2	开
缠	缠绕	tɛn²⁴²	澄	仙	平	山	3	开
铲	"铲"锅	han²⁴	初	山	上	山	2	开

字	词　　　例	音	声	韵	调	摄	等	开合
长	瑶长（瑶－长）	tsɔŋ⁵¹	知	阳	上	宕	3	开
常	非常（非－常）	sɔŋ²⁴	禅	阳	平	宕	3	开
常	常常（常－常）	tsaŋ²⁴²	禅	阳	平	宕	3	开
肠	猪肠（猪－肠），直肠子（直－肠），小肠（肠－子），香肠（肠－酿），大肠（大－肠）	kiaŋ²⁴²	澄	阳	平	宕	3	开
尝	"尝"菜味	siaŋ⁵¹	禅	阳	平	宕	3	开
场	赶场（赶－场）	tsɔŋ²⁴	澄	阳	平	宕	3	开
抄	抄	tsiu⁵¹	初	肴	平	效	2	开
吵	口才（吵－才），很"吵"，赌咒（吵－鬼）	hɛu²⁴	初	肴	上	效	2	开
炒	翻炒（翻－炒），"炒"菜	hau²⁴	初	肴	上	效	2	开
车	水车（水－车），汽车（气－车），车票（车－票）	tsa⁴⁴	昌	麻	平	假	3	开
彻	彻底（彻－底）	tsat²	彻	薛	入	山	3	开
沉	沉没，"沉"底	tum²⁴²	澄	侵	平	深	3	开
辰	辰	sian²⁴²	禅	真	平	臻	3	开
陈	姓"陈"	sɛŋ²⁴²	澄	真	平	臻	3	开
撑	支撑（撑－着），"撑"墙，"撑"船	haŋ⁵¹	彻	庚	平	梗	2	开
成	一成（一－成）	sɛŋ²⁴²	禅	清	平	梗	3	开
承	奉承（奉－承）	sɛŋ²⁴²	禅	蒸	平	曾	3	开
城	县城（县－城），城市（城－市）	saŋ²⁴	禅	清	平	梗	3	开

字	词 例	音	声	韵	调	摄	等	开合
持	扶持(扶-持)	si²⁴	澄	之	平	止	3	开
尺	尺	sia⁴⁴	昌	昔	入	梗	3	开
春	春米(春-米),春	sun²²	书	钟	平	通	3	合
冲	"冲淡"酒(冲-淡),"冲"天干劲	tsuŋ⁴⁴	昌	钟	平	通	3	合
铳	子弹(枪-弹),竹枪(竹-铳),鸟枪(鸟-铳),火药(铳-药),大炮(大-铳),打枪(放-铳)	tsuŋ²⁴	昌	东	去	通	3	合
出	小孩"出"牙,逃脱(跑-出),树木"发"芽,伸出(伸-出),吩咐(告-出)出芽(出-芽),出苗(出-苗),长出(生-出)	sɔt⁴	昌	质	入	臻	3	合
初	初小(初-小)	tsɔ⁴⁴	初	鱼	平	遇	3	合
除	除	tsu²⁴	澄	鱼	平	遇	3	合
船	一"船"货,轮船(词头-船),船底(船-底),船,船桨(船-排)	ɗoŋɓ²⁴	船	仙	平	山	3	合
传	宣传(宣-传)	tsɔn²⁴	澄	仙	平	山	3	合
疮	麻疹(麻-疮),疥疮(词头-疮),冻疮(冷-疮)	hɔɓ⁴⁴	初	阳	平	宕	3	开
闯	"闯"见鬼	tsɔŋ²²	初	阳	上	宕	3	开
吹	口哨(吹-哨),刮风(吹-风),吹唢呐(吹-唢呐),吹灭(吹-死),吹火(吹-火)	sui⁵¹	昌	支	平	止	3	合

字	词　　例	音	声	韵	调	摄	等	开合
春	交春(交-春)，春季(春-季)，春耕(春-耕)	sun⁴⁴	昌	真	平	臻	3	合
椿	香椿(椿-树)	tsun⁵¹	彻	真	平	臻	3	合
戳	树枝"扎"手，"戳"破纸，毛衣"刺"人	tsu⁵¹	彻	觉	入	江	2	开
刺	"刺"骨	si⁴⁴	清	支	去	止	3	开
葱	葱(词头-葱)	huŋ⁴⁴	清	东	平	通	1	合
聪	聪明(聪-人)	huŋ²²	清	东	平	通	1	合
丛	同一根上生出的一丛	dⁱum²⁴²	从	东	平	通	1	合
粗	粗糙，布"粗"	fu⁴⁴	清	模	平	遇	1	合
催	催	tsui²²	清	灰	平	蟹	1	合
脆	干脆(干-脆)	tsui²⁴²	清	祭	去	蟹	3	合
寸	寸	hun⁵¹	清	魂	去	臻	1	合
错	错	sɔ²⁴	清	铎	入	宕	1	开
搭	"搭"棚	tap²	端	合	入	咸	1	开
荅	青豆(豆-青)，绿豆(豆-青)，豇豆(菜-豆)，饭豆(饭-豆)，豆子(豆-米)	tup²	端	合	入	咸	1	开
打	打砖(打-砖)，打拳(打-拳)"打"铁，"打"水，"打"官司，"打"鼓	dⁱa²⁴	端	庚	上	梗	2	开
大	大年(大-年)	ta²²	定	歌	去	果	1	开
大	大雨(大-水)，大暑(大-暑)，大话(大-话)	tai²²	定	泰	去	蟹	1	开

字	词　　例	音	声	韵	调	摄	等	开合
大	大象(大-象),大寒(大-寒)	tai⁵¹	定	泰	去	蟹	1	开
带	带领(带-头)	ɗɔi⁵¹	端	泰	去	蟹	1	开
袋	书包(书-袋),尿布(尿-袋),麻袋(麻-袋),裤袋(裤-袋),袋子(词头-袋),大袋子(大-袋),抽屉(柜-袋),布袋(布-袋),包袱(词头-袋)	tɔi²²	定	咍	去	蟹	1	开
单	账目(账-单),简单(简-单)	ɗan⁴⁴	端	寒	平	山	1	开
单	单衣(单-衣)	ɗnɔ⁴⁴	端	寒	平	山	1	开
担	为首(担-头),扁担(担-柴),"挑"水	ɗmɔ⁴⁴	端	谈	平	咸	1	开
担	一"担"柴	ɗmɔ⁵¹	端	谈	去	咸	1	开
胆	胆小(胆-细),胆大(胆-大)	ɗmɔ²⁴	端	谈	上	咸	1	开
但	但是(但-是)	tan²⁴	定	寒	去	山	1	开
淡	酒"淡",菜"淡","冲淡"酒(冲-淡)	tmɔ²⁴	定	谈	上	咸	1	开
弹	"弹"开	ɗan²²	定	寒	去	山	1	开
弹	"弹"琴	tan²⁴	定	寒	平	山	1	开
当	当家(当-家)	ɗmɔ⁴⁴	端	唐	平	宕	1	开
当	当中(当-中),当兵(当-兵)	ɗŋɔ⁴⁴	端	唐	平	宕	1	开
挡	挡风(挡-风),"挡"路,"拦"水	ɗaŋ²⁴	端	唐	上	宕	1	开
倒	妨碍(撞-倒),"倒"米	ɗɔ⁵¹	端	豪	去	效	1	开

字	词　　例	音	声	韵	调	摄	等	开合
倒	瘫子(瘫-倒),瘫倒(瘫-倒)	ɗɔu²⁴	端	豪	上	效	1	开
道	道理(道-理)	tɔ⁴⁴	定	豪	上	效	1	开
登	登记(登-记)	ɗaŋ⁴⁴	端	登	平	曾	1	开
灯	灯芯(灯-心),灯花(灯-芳)	ɗaŋ⁴⁴	端	登	平	曾	1	开
蹬	马镫(马-镫)	ɗaŋ²²						
等	等人(等-人)	ɗaŋ²⁴	端	登	上	曾	1	开
凳	竹凳(竹-凳),小椅子(凳-子),长板凳(长-凳)	ɗaŋ⁵¹	端	登	去	曾	1	开
滴	一"滴"水,眼泪"汪汪"(滴-滴),眼泪"汪汪"(滴-滴),蓑衣(做-蓑衣),"滴"下来	ɗɛp⁴	端	锡	入	梗	4	开
底	彻底(彻-底)	ɗɛ⁵¹	端	齐	上	蟹	4	开
底	月底(月-底),鞋底(鞋-底),水底下(水-底),坡下面(坡-底),年底(年-底),脚底(脚-底)	ɗi²⁴	端	齐	上	蟹	4	开
地	寨地(寨-地),山地(山-地),垦地(耕-地)花园(花-地),地面(地-面),地洞(地-坑),心地(心-地)	ti²²	定	脂	去	止	3	开
地	地窖(地仓)(地-窖)	ti⁵¹	定	脂	去	止	3	开
帝	皇帝(王-帝)	ɗi⁵¹	端	齐	去	蟹	4	开
第	排行"第五"(第-五),顶呱呱(第--),第十(第-十),第七(第-七),第六(第-六)	ti⁴⁴	定	齐	去	蟹	4	开

字	词　　例	音	声	韵	调	摄	等	开合
蒂	花"蒂"	di⁵¹	端	齐	去	蟹	4	开
点	优点(好-点),缺点(争-点),点火(点-火),	diam²⁴	端	添	上	咸	4	开
店	粮站(米-店),粮店(粮-店),店铺(商-店)	tiam²⁴²	端	添	去	咸	4	开
殿	皇殿(王-殿)	tian²²	定	先	去	山	4	开
电	电影(电-影),电灯(电-灯)	tian²⁴²	定	先	去	山	4	开
垫	马鞍(马-垫),衬垫(衣-垫),霸占(垫-着),"铺"被子,"垫"桌腿,"垫"鞋垫	tiam²²	定	先	去	山	4	开
垫	垫付(垫-付)	tian²²	定	先	去	山	4	开
雕	"雕"章	hiu²²	端	萧	平	效	4	开
吊	吊水(吊-水),"吊"脖子,"吊"苞谷	diu⁵¹	端	萧	去	效	4	开
调	"调"好,"调"遣,"调"动	diu⁵¹	定	萧	去	效	4	开
调	调羹(口-匙)	tau²⁴²	定	萧	平	效	4	开
调	调节(调-节)	tiau²⁴	定	萧	平	效	4	开
调	调解(调-解)	tiau⁵¹	定	萧	去	效	4	开
跌	淹没(淹-跌)	diap²	端	帖	入	咸	4	开
跌	推倒(推-跌),树叶"落"了,跌跤(跌-着)	diat⁴	端	帖	入	咸	4	开
碟	一"碟"菠菜	tiap⁴	定	帖	入	咸	4	开
迭	"堆"垒堆,"堆"包谷杆	tap²	定	帖	入	咸	4	开

字	词　　例	音	声	韵	调	摄	等	开合
丁	人丁（人-丁）	ɗiaŋ⁴¹	端	青	平	梗	4	开
钉	铜钉（铜-钉），钉针（铁-钉），钉鞋（钉-鞋），"钉"钉子	ɗiaŋ⁴¹	端	青	平	梗	4	开
顶	一"顶"帽子	ɗiaŋ²⁴	端	青	上	梗	4	开
顶	鞋面（鞋-顶），屋脊（屋-顶），屋顶（屋-顶），天上（天-顶），树上（树-顶），房子上面（屋-顶）	ɗiŋ⁵¹	端	青	上	梗	4	开
顶	抵住（顶-着），"顶"嘴，"顶"住，"顶"名字，"顶"包袱	tin⁵¹	端	青	上	梗	4	开
定	决定（捶-定）	ɗiaŋ²²	定	青	去	梗	4	开
定	注定	tiaŋ²²	定	青	去	梗	4	开
冬	香菇（冬-菇），冬至（冬-至），"冬"瓜	ɗuŋ⁴⁴	端	冬	平	通	1	合
东	向东（向-东），东南（东-南），东风（东-风），东方（东-方），东边（东-边）	ɗuŋ⁴⁴	端	东	平	通	1	合
懂	懂事（懂-事）	tuŋ²⁴²	端	东	上	通	1	合
洞	坑	tuŋ⁴⁴	定	东	去	通	1	合
都	"都"来了	ɗu²²	端	模	平	遇	1	合
都	"都"是	tu²⁴²	端	模	平	遇	1	合
豆	花生（番-豆），豆渣（豆-头），豆芽菜（豆-芽），豆腐（豆-腐）	tau²⁴	定	侯	去	流	1	开

字	词　　例	音	声	韵	调	摄	等	开合
斗	斗	tɛu²⁴²	端	侯	去	流	1	开
毒	"毒"耗子,草"毒"	tu²²	定	豪	去	效	1	开
毒	毒蛇(毒-蛇),毒辣(毒-辣)	tup⁴	定	沃	入	通	1	合
读	读书(读-书)	tu²²	定	屋	入	通	1	合
断	阻止(拦-断),阻挡(拦-断),止住(液体流动)(阻-断),扁担"断","断"奶	ɗaŋ⁵¹	端	寒	去	山	1	合
队	排队(排-队),"队"长	tui²⁴²	定	灰	去	蟹	1	合
对	一"对"手镯,对面(对-面),对岸(对-边),对,不对(无-对),"对"号码	ɗui⁵¹	端	灰	去	蟹	1	合
墩	山峰(山-墩)	ɗui²⁴	端	魂	平	臻	1	合
墩	砖砌的"柱子",柱子(大-柱子),铁墩(铁-墩),桥墩(桥-墩),木墩子(树-墩)	ɗun²⁴	端	魂	平	臻	1	合
骟	已阉动物(骟-公),阉鸡(骟-鸡),"阉"牛	ɗun⁴⁴	端	魂	平	臻	1	合
炖	"炖"肉	tun⁴⁴	定	魂	上	臻	1	合
钝	钝	tun²⁴²	定	魂	去	臻	1	合
顿	一"顿"饭	ɗun⁵¹	端	魂	去	臻	1	合
剁	"剁"肉	tau²⁴	端	歌	去	果	1	合
鹅	鹅	ŋɔ²⁴²	疑	歌	平	果	1	开
恶	噩梦(恶-梦)	ʔɔ⁴⁴	影	铎	入	宕	1	开

续　表

字	词　例	音	声	韵	调	摄	等	开合
饿	饿，饿极（饿－很），饿鬼(饿-鬼)	ŋɔ²²	疑	歌	去	果	1	开
恩	恩人(恩-人)	ʔɛn⁴⁴	影	痕	平	臻	1	开
二	晚稻(二苴-禾)，排列"二"，二胡（二－胡），二、第二(第-二)，后妻(二-婆)	n̩ i²²	日	脂	去	止	3	开
发	发芽(发-芽),发酵(发-酵)	fa⁴⁴	非	月	入	山	3	合
发	起霉(发-霉)，发气(发-气)，"发"工资，发展(发-展)，发糕(发-糕)，发财(发-财)	fat²	非	月	入	山	3	合
罚	"罚"款	fat⁴	奉	月	入	山	3	合
法	办法(法-个)	fat⁴	非	乏	入	咸	3	合
番	花生(番-豆)，肥皂(番-碱)	fan²²	滂	元	平	山	3	合
翻	回来(翻-来)，翻炒(翻-炒)，"回"头看，"翻"猪肠子，"翻"脸	fan⁴⁴	敷	元	平	山	3	合
烦	麻烦(烦-人)，烦	fan²⁴	奉	元	平	山	3	合
反	转身(翻-转)，衣服"反"，睡觉"翻身"(翻-身)，"翻"耙耙	ɓian²⁴	非	元	上	山	3	合
反	造反(反-事)，写"倒"了，反问(反-问)，"翻"眼睛	fan⁵¹	非	元	上	山	3	合
反	呕吐	fɔn⁴⁴	非	元	上	山	3	合
反	溢	fɛn²⁴	非	元	上	山	3	合

字	词　　例	音	声	韵	调	摄	等	开合
犯	犯	fan²⁴²	奉	凡	上	咸	3	合
贩	贩卖	fan⁵¹	非	元	去	山	3	合
饭	拌桶(饭-桶)	fan⁵¹	奉	元	去	山	3	合
方	南方(南-方),方向(方-向)、方便(方-便)	ɓɔŋ⁴⁴	非	阳	平	宕	3	合
方	一"方"柴	fɔŋ⁴⁴	非	阳	平	宕	3	合
芳	蒜苔(蒜-芳),上插羽毛(插-芳),山花(野-芳),花衣服(花-衣),花粉(芳-粉),花、灯花(灯-芳),戴花(插-芳),菜花(菜-芳)	piaŋ²⁴²	敷	阳	平	宕	3	合
防	"防"火	fɔŋ²⁴	奉	阳	平	宕	3	合
房	房间(房-间)	fɔŋ²⁴	奉	阳	平	宕	3	合
放	委婉"大便"(放-松),宽大(放-大),浇灌(放-水),降低(放-矮),放手(放-手)	ɓɔŋ⁵¹	非	阳	去	宕	3	合
放	打中(放-中),打枪(放-铳),打鸟(放-鸟),打靶(放-铳),"射"箭	ɓun²⁴	非	阳	去	宕	3	合
非	非常(非-常)	fui⁴⁴	非	微	平	止	3	合
飞	飞机(飞-机)	fui⁴⁴	非	微	平	止	3	合
沸	沸腾	ɓui⁵¹	非	微	去	止	3	合
肺	肺	fi²⁴	敷	废	去	蟹	3	合
分	春分(春-分)	fɔn⁴⁴	非	文	平	臻	3	合

续　表

字	词　例	音	声	韵	调	摄	等	开合
分	一"分"钟，一"分"钱，"分"路，"分"家，"分"工，"分"成	fun⁴¹	非	文	平	臻	3	合
坟	坟墓	pun²⁴²	奉	文	平	臻	3	合
粉	毛毛雨(雨-粉)	fun⁴⁴	非	文	上	臻	3	合
粉	药末(药-粉)，切粉(割-粉)，凉粉(凉-粉)，花粉(芳-粉)，靛粉(生-粉)	fun⁵¹	非	文	上	臻	3	合
份	一"份"股，一"份"财产	pan²²	奉	文	去	臻	3	合
粪	追肥(下-粪)，土"肥"，施肥(下-粪)，绿肥(草-粪)，粪肥(屎-粪)，肥土(泥-粪)，撮箕(畚-箕)，畚箕(畚-箕)	ɓun⁵¹	非	文	去	臻	3	合
封	一"封"信	foŋ⁴⁴	非	钟	平	通	3	合
风	风筝(风-筝)，风箱(风-箱)，风车(风-车)	fuŋ⁴⁴	非	东	平	通	3	合
疯	麻疯(麻-疯)	fuŋ²²	非	东	平	通	3	合
奉	奉承(奉-承)	puŋ³¹	奉	钟	上	通	3	合
孵	孵蛋(孵-蛋)	pu²²	敷	虞	平	遇	3	合
扶	扶持(扶-持)	fu²⁴	奉	虞	平	遇	3	合
浮	"浮"漂	ɓɛu²⁴²	奉	尤	平	流	3	开
福	福	fu²⁴	非	屋	入	通	3	合
府	政府(政-府)	fu⁵¹	非	虞	上	遇	3	合
斧	斧头(词头-斧)	ɓu²⁴	非	虞	上	遇	3	合

字	词　　　例	音	声	韵	调	摄	等	开合
腐	豆腐(豆-腐)	fu²²	奉	虞	上	遇	3	合
父	师傅(师-父)	fu⁴⁴	奉	虞	上	遇	3	合
付	垫付(垫-付)	fu²⁴²	非	虞	去	遇	3	合
负	欺负(欺-负)	fu⁴⁴	奉	尤	上	流	3	开
副	副业(副-业)	fu⁴⁴	敷	尤	去	流	3	开
傅	匠人(师-傅)	fu⁴⁴	非	虞	去	遇	3	合
富	富	fu²⁴	非	尤	去	流	3	开
改	整修(改-好),改成(改-成),改变(改-变)	koi²⁴	见	哈	上	蟹	1	开
盖	天下(天-盖)	g'up⁴	见	泰	去	蟹	1	开
盖	"罩"衣服,"盖"瓦	hum²⁴	见	泰	去	蟹	1	开
盖	"套"衣服	kam⁴⁴	见	泰	去	蟹	1	开
盖	瓶盖(瓶-盖),盖子(词头-盖),"盖"章,罩	kɔi⁵¹	见	泰	去	蟹	1	开
盖	盖印(盖-印),盖上(盖-起)	ʔɔp⁴	见	泰	去	蟹	1	开
干	干脆(干-脆)	kɔn⁴⁴	见	寒	平	山	1	开
肝	肝病(肝-病)	hɔŋ²²	见	寒	平	山	1	开
竿	竿子	kɔn⁴⁴	见	寒	平	山	1	开
敢	敢,"敢"说	kam²⁴	见	谈	上	咸	1	开
赶	赶快(赶-快),赶,"赶"先进	kɔn²⁴	见	寒	上	山	1	开
赶	赶场(赶-场)	kɔn³¹	见	寒	上	山	1	开
钢	钢铁(钢-铁),钢笔(钢-笔),钢板(钢-板)	kɔŋ⁵¹	见	唐	去	宕	1	开

字	词　例	音	声	韵	调	摄	等	开合
杠	杠杆,杠子	kɔŋ⁵¹	见	江	去	江	2	开
膏	牙膏(牙-膏)	kau⁴⁴	见	豪	平	效	1	开
糕	发糕(发-糕)	kau⁴⁴	见	豪	平	效	1	开
告	告状(告-状)	kau⁵¹	见	豪	去	效	1	开
哥	外孙(外-哥),外甥(外-哥)	kɔ⁴⁴	见	歌	平	果	1	开
割	切粉(割-粉),刻章(割-印),割肉(割-肉),铡刀(割-刀)	kɔt⁴	见	曷	入	山	1	开
歌	歌仔(歌-子)	kɔ⁴⁴	见	歌	平	果	1	开
鸽	白鸽(白-鸽)	kɔ²²	见	合	入	咸	1	开
蛤	蛙(蛤-鸭)	kup⁴	见	合	入	咸	1	开
隔	间隔(间-隔)	kat²	见	麦	入	梗	2	开
阁	阁楼(阁-梁)	kap⁴	见	铎	入	宕	1	开
各	各自(各-各)	kɔ²⁴²	见	铎	入	宕	1	开
跟	紧随(跟-爬行),紧密(跟-稳),跟住(跟-着),跟从(跟-爬行),"依"他的	kan²²	见	痕	平	臻	1	开
更	更加(更-加),"更"好	kɛŋ²⁴²	见	庚	去	梗	2	开
庚	庚	kɛŋ⁴⁴	见	庚	平	梗	2	开
耕	春耕(春 耕)	kaŋ²²	见	耕	平	梗	2	开
耕	垦地(耕-地),"锄"地	kɛŋ⁴⁴	见	耕	平	梗	2	开
羹	一"匙"汤,调羹(口-匙)	kaŋ²⁴²	见	庚	平	梗	2	开
梗	阴茎(阴茎-杆),伞骨(伞-竿),男生殖器(阴-梗),芒草杆(芒-梗),秤杆(秤-梗),菜梗(菜-梗)	kaŋ²⁴	见	庚	上	梗	2	开

字	词　　例	音	声	韵	调	摄	等	开合
鲠	"鲠"喉咙	kaŋ²⁴	见	庚	上	梗	2	开
工	停工(停-工),施工(做-工),互相轮流做帮工(连-工),工钱(工-银),短工(工-子)	kuŋ⁴⁴	见	东	平	通	1	合
弓	树,木板等"压弯",扭曲(拧-弓),弓	kuŋ⁵¹	见	东	平	通	3	合
弓	犁弯(犁-弓)	kuŋ⁴⁴	见	东	平	通	3	合
公	姨父(姨-公),虾子(虾-公),亲家公(家-公),篾匠(竹-公),鳏夫(寡-公),姑父(姑-公),公猪(猪-公)	kuŋ⁴⁴	见	东	平	通	1	合
公	老翁	kuŋ⁵¹	见	东	平	通	1	合
供	"供"神	huŋ⁵¹	见	钟	去	通	3	合
拱	"驼"背	kuŋ⁵¹	见	钟	上	通	3	合
共	相像(同-像),相等(同-样),同辈(共-辈)	kuŋ²²	群	钟	去	通	3	合
勾	勾,"扣"扳机	ŋɛu⁴⁴	见	侯	平	流	1	开
钩	帐钩(帐-钩)	ŋɛu⁴⁴	见	侯	平	流	1	开
钩	秤钩(秤-钩)	ku⁴⁴	见	侯	平	流	1	开
沟	挖沟(挖-沟),水沟(水-沟)	ku⁴⁴	见	侯	平	流	1	开
狗	野狗(野-狗),犬齿(狗-牙),狼狗(野-狗),狼(野-狗),狗绳(狗-绳),疯狗(狗-子)	ku²⁴	见	侯	上	流	1	开
够	够	ku⁵¹	见	侯	去	流	1	开

字	词　　例	音	声	韵	调	摄	等	开合
估	估计（估-计）	ku⁴⁴	见	模	上	遇	1	合
沽	"打"酒	ku²⁴	见	模	上	遇	1	合
菇	香菇（冬-菇），蘑菇（词头-菇）	ku⁴⁴	见	模	平	遇	1	合
箍	篾箍（竹-箍），锅圈（锅-箍），箍儿（链-箍）	ku⁴⁴	见	模	平	遇	1	合
古	故事，猜谜（猜-古）	ku⁵¹	见	模	上	遇	1	合
谷	谷雨（谷-雨）	ku⁴⁴	见	屋	入	通	1	合
瓜	水瓢（瓜-勺），南瓜（菜-瓜），黄瓜（黄-瓜），瓜子儿（瓜-米），瓜藤（瓜-藤）	ka⁴⁴	见	麻	平	假	2	合
寡	鳏夫（寡-公），寡妇（寡-婆）	ka²⁴	见	麻	上	假	2	合
挂	挂肉（挂-肉），钉子"挂"衣服，"挂"帽子	ka²⁴	见	佳	去	蟹	2	合
怪	事情"怪"，奇怪（奇-怪），怪话（怪-话），"怪"人家	kai²⁴	见	皆	去	蟹	2	合
官	公公（词头-公）	kɔn⁴⁴	见	寒	平	山	1	合
冠	鸡"冠"	vɔn⁴⁴	见	寒	平	山	1	合
棺	棺材（棺-材）	kɔn²²	见	寒	平	山	1	合
关	开关（开-关），关系（关-系）	kan⁴⁴	见	删	平	山	2	合
关	关住（关-着），关门（关-门）	kɔn²⁴	见	删	平	山	2	合
关	"关"牲口	vɔn⁵¹	见	删	平	山	2	合
管	照顾（管-好），管子（词头-管），管理（管-理），"管"孩子	kɔn²⁴	见	寒	上	山	1	合

字	词　　例	音	声	韵	调	摄	等	开合
管	水管(水-管)	kɔn⁵¹	见	寒	上	山	1	合
惯	习惯	kɛn⁵¹	见	删	去	山	2	合
灌	"灌"药	kɔn⁵¹	见	寒	去	山	1	合
罐	用以舀米的竹器或(米-罐)	kɔi⁵¹	见	寒	去	山	1	合
癸	癸	kui²⁴	见	脂	上	止	3a	合
贵	贵	kui⁵¹	见	微	去	止	3	合
柜	一"箱"书,木箱(板-柜),家具"耳子"(柜-耳),大箱子(大-柜),抽屉(柜-袋)	kui⁴⁴	群	脂	去	止	3b	合
滚	用滚子"滚"平,小孩撒娇时在地上(滚-尘),打滚(滚-滚),车轮(车-滚)	kun⁴⁴	见	魂	上	臻	1	合
国	国家(国-家),中国(中-国)	kɔt²	见	德	入	曾	1	合
果	结果(结-果)	kɔ²²	见	歌	上	果	1	合
过	去世(过-世),难过(难-过),过来(过-来),过坑(过-坑),"滤"饭,"过"日子,"渡"河	kɛ⁵¹	见	歌	去	果	1	合
海	海	ɗɔi²⁴²	晓	咍	上	蟹	1	开
亥	亥	hɔi⁴⁴	匣	咍	上	蟹	1	开
害	害人(害-人)	hɔi²²	匣	泰	去	蟹	1	开
含	"含"一口水	ham²⁴²	匣	覃	平	咸	1	开
寒	小寒(小-寒),寒露(寒-露)	hɔn²⁴	匣	寒	平	山	1	开
汗	盗汗(闭-汗),出汗(出-汗)	hɔn²²	匣	寒	去	山	1	开

字	词　　例	音	声	韵	调	摄	等	开合
旱	天旱(天-旱)，旱田(旱-岭)，旱地(旱-地)	hɔn⁴⁴	匣	寒	上	山	1	开
焊	焊	hɔn²²	匣	寒	去	山	1	开
汉	汉文(汉-字)	kian⁴⁴	晓	寒	去	山	1	开
欱	"饮"酒，"喝"酒	hup⁴						
合	"合"拢	hɔp²	匣	合	入	咸	1	开
合	山岔路(汇合-路)，拼板(合-板)，两河、溪等交汇处(合-河)，"搭"伙食，"凑"钱，"合"得来，"对"我说	kap⁴	见	合	入	咸	1	开
和	和气(和-气)	vɔ²²	匣	歌	去	果	1	合
核	眼珠(眼睛-核)，瞳仁(眼-核)，果核(果-核)	ha²²	匣	没	入	臻	1	合
荷	驮	ka⁴⁴	匣	歌	平	果	1	开
盒	盒子(词头-盒)	hɔp²	匣	合	入	咸	1	开
盒	烟盒(烟-合)	kɔ²⁴²	匣	合	入	咸	1	开
鹤	鹭鸶(白-鹤)，白鹤(白-鹤)	hɔ²²	匣	铎	入	宕	1	开
很	很	haŋ²⁴	匣	痕	上	臻	1	开
很	冷得"很"，很多(很-多)，"最"大	hɛŋ²⁴	匣	痕	上	臻	1	开
横	"横"着放	vaŋ²⁴²	匣	庚	平	梗	2	合
烘	烘衣(烘-衣)，烘房(烘-屋)，"烤"谷子	hɔn⁵¹	晓	东	平	通	1	合
红	红布(红-布)，红稗(红-稗)	huŋ²⁴²	匣	东	平	通	1	合

字	词　例	音	声	韵	调	摄	等	开合
厚	头发太"厚"	hu⁴⁴	匣	侯	上	流	1	开
鲎	虹	kau⁴⁴	匣	侯	去	流	1	开
胡	二胡(二-胡)	vu²⁴	匣	模	平	遇	1	合
胡	胡椒(胡-焦)	vu²⁴²	匣	模	平	遇	1	合
湖	湖	ʔu²⁴²	匣	模	平	遇	1	合
糊	浆糊(浆-糊)	vu²⁴	匣	模	平	遇	1	合
花	衣服上的"花边"(花-边),花轿(花-轿),花椒(花-椒),桂花(放-花)	fa⁴⁴	晓	麻	平	假	2	合
滑	鱼"滑",路"滑",光滑(光-滑)	ɡˈut²	匣	黠	入	山	2	合
画	涂改,描,画,"划"线	va²²	匣	佳	去	蟹	2	合
话	大话(大-话)	va⁴⁴	匣	夬	去	蟹	2	合
坏	衣服"破",心"毒",稀屎(屎-坏),损害(做-坏),人"坏",瘸子(脚-坏),犯人(坏-人),敌人(坏-人),变烂(变-坏),"破"损	vai²²	匣	皆	去	蟹	2	合
还	退还(归-还),归还(还-还)	fan⁴⁴	匣	删	平	山	2	合
还	"还"有,"还"没	han²⁴	匣	删	平	山	2	合
还	关鸡(还-鸡),"还"账	van²⁴	匣	删	平	山	2	合
换	游泳时"换气"(换-气),换,化装(换-成),颠倒(换-转),"换"钱,"换"工	vian²²	匣	寒	去	山	1	合

字	词　　　例	音	声	韵	调	摄	等	开合
荒	荒山（荒-山），"荒"地	foŋ⁴⁴	晓	唐	平	宕	1	合
荒	"莽"（荒芜）	fiaŋ⁴⁴	晓	唐	平	宕	1	合
慌	心慌（心-慌），慌，发慌	foŋ²²	晓	唐	平	宕	1	合
黄	蜡黄（蜡-黄），黄牛（黄-牛），黄麻（黄-麻），黄酒（酒-黄）	viaŋ²⁴²	匣	唐	平	宕	1	合
灰	石灰（词头-灰）	fui⁴⁴	晓	灰	平	蟹	1	合
会	散会（散-会），开会（开-会）	vui⁵¹	匣	泰	去	蟹	1	合
婚	结婚（结-婚）	fun⁴⁴	晓	魂	平	臻	1	合
魂	魂	vɔn²⁴²	匣	魂	平	臻	1	合
混	混	kun⁵¹	匣	魂	上	臻	1	合
活	生活（生-活）	tɛv⁴	匣	曷	入	山	1	合
火	炉子（火-炉），火镰（火-镰），火车（火-车）	fɔ⁵¹	晓	歌	上	果	1	合
伙	一"支"游击队，一"群"羊，一"群"牛，一"队"人，散伙（散-伙），老同（伙-计）	fɔ⁵¹	晓	歌	上	果	1	合
货	销售（卖-货）	fɔ²⁴	晓	歌	去	果	1	合
机	设备（机-械），飞机（飞-机）	ki⁴⁴	见	微	平	止	3	开
鸡	疙瘩（鸡-皮）	kui⁴⁴	见	齐	平	蟹	4	开
急	性子（性-急）	kit²	见	缉	入	深	3b	开
己	己	ki⁵¹	见	之	上	止	3	开
季	夏季（夏-季），四季（四-季）	kui²⁴	见	脂	去	止	3a	合
纪	年龄（年-纪）	ki²⁴	见	之	上	止	3	开

字	词　　例	音	声	韵	调	摄	等	开合
计	估计(估-计)	kɛ⁵¹	见	齐	去	蟹	4	开
计	老同(伙-计),伙计(伙-计)	ki²⁴	见	齐	去	蟹	4	开
记	登记(登-记)	ki²⁴²	见	之	去	止	3	开
寄	"寄"信	ki²⁴²	见	支	去	止	3b	开
鲫	鲫鱼(鲫-鱼)	tsit²	精	职	入	曾	3	开
加	添加(加-多),更加(更-加),"添"饭	ka⁴⁴	见	麻	平	假	2	开
夹	钳子(夹-夹),夹衣(衣-钳)	ŋɛp²	见	洽	入	咸	2	开
家	以父亲为代表的"家"(家-堂),人家(人-家),亲家母(家-婆),家具(家-具),当家(当-家),别人(人-家),败家(败-家)	ka⁴⁴	见	麻	平	假	2	开
甲	甲	kap⁴	见	狎	入	咸	2	开
架	架桥(架-桥),刀桶(刀-架),床架子(铺-架)	ka⁵¹	见	麻	去	假	2	开
假	虚的(假-的),冒充(假-起),假装(假-装)	ka²⁴	见	麻	上	假	2	开
假	放假(放-假)	ka⁵¹	见	麻	去	假	2	开
嫁	嫁人(嫁-人),改嫁(嫁-更),出嫁(出-嫁)	ka⁵¹	见	麻	去	假	2	开
价	价钱(词头-价)	ka⁵¹	见	麻	去	假	2	开
肩	肩膀(肩-头)	kɛn²⁴²	见	先	平	山	4	开
间	间苗(苗-间)	kɛn⁴⁴	见	山	平	山	2	开

字	词　例	音	声	韵	调	摄	等	开合
间	中等(中-间),腋窝(腋-间),间隔(间-隔)	kan⁴⁴	见	山	平	山	2	开
间	一"间"房,房间(房-间)	kɛn⁴⁴	见	山	平	山	2	开
搛	"夹"菜	hɛm²⁴²	见	添	平	咸	4	开
煎	油"煎"	tɛn⁴⁴	精	仙	平	山	3	开
减	减	kam²⁴	见	咸	上	咸	2	开
笕	笕	kɛn²⁴	见	先	上	山	4	开
件	条件(条-件),件(一一件)	kian²⁴²	群	仙	上	山	3b	开
箭	箭	tɛn⁵¹	精	仙	去	山	3	开
槛	门槛(门-槛)	kan⁴⁴	匣	衔	去	咸	2	开
姜	姜	kɔŋ⁴⁴	见	阳	平	宕	3	开
浆	浆糊(浆-糊)	tsiaŋ⁴⁴	精	阳	平	宕	3	开
奖	赏赐(奖-励)	tsiaŋ⁵¹	精	阳	上	宕	3	开
讲	造谣(讲-混),贪吃(讲-吃),说服(讲-松),申冤(讲-明),罗嗦(多-讲),后来(再-讲),叮嘱(讲-告),澄清(讲-清),"约"定	kɔŋ²⁴	见	江	上	江	2	开
降	投降(投-降)	hɔŋ²⁴	匣	江	平	江	2	开
降	霜降(霜-降)	kɔŋ⁵¹	见	江	去	江	2	开
交	交流(交-话),"交"代问题	kau⁴⁴	见	肴	平	效	2	开
交	交春(交-春)	kɛu²²	见	肴	平	效	2	开
焦	着急(心-焦)	ɗɛu⁴⁴	精	宵	平	效	3	开

字	词　例	音	声	韵	调	摄	等	开合
焦	慌张(心-焦),胡椒(胡-焦)	tɛu⁴⁴	精	宵	平	效	3	开
胶	橡皮筋(胶-线),橡皮(胶-皮),胶	kau⁴⁴	见	肴	平	效	2	开
蕉	芭蕉(蕉-芭)	tɛu⁴⁴	精	宵	平	效	3	开
角	羊角(羊-角),屋角(屋-角)	kɔ⁴⁴	见	觉	入	江	2	开
铰	剪刀(词头-剪刀)	ɡʲɛu²⁴	见	肴	上	效	2	开
缴	"纳"税,"缴"公粮	kiau²⁴	见	萧	上	效	4	开
搅	搅拌,捣蛋(搞-鬼),"搅"稀饭	kɛu²⁴	见	肴	上	效	2	开
叫	名"叫"什么,"叫"门,"叫"魂,"喊"他来	ʔɛu⁴⁴	见	萧	去	效	4	开
叫	水牛"叫",马"嘶",喊人(叫-人)	ʔɛu⁴⁴	见	萧	去	效	4	开
珓	阴珓(阴-珓)	kau⁵¹	见	肴	去	效	2	开
教	驯服(教-会),素养(教-道理),耳语(教-话)	kau²⁴	见	肴	去	效	2	开
教	"教"书,"教"牛犁地	kau⁴⁴	见	肴	平	效	2	开
窖	"埋"东西,"窖"白菜,地窖(地仓)(地-窖)	kau⁵¹	见	肴	去	效	2	开
酵	发酵(发-酵)	hau²⁴²	见	肴	去	效	2	开
轿	花轿(花-轿)	kiau²⁴²	群	宵	去	效	3b	开
接	用芒草打的"结"(接-结),"接"绳子	tɛp⁴	精	叶	入	咸	3	开
阶	一"行"字,级	kai⁴⁴	见	皆	平	蟹	2	开

字	词　　例	音	声	韵	调	摄	等	开合
阶	一"级"台阶	kai⁴⁴	见	皆	平	蟹	2	开
街	走廊(廊-街)，街(词头-街)	kai⁴⁴	见	佳	平	蟹	2	开
结	结束(结-束)，结婚(结-婚)，结果(结-果)	kɛt²	见	屑	入	山	4	开
节	节气(节-令)	tɛ⁴⁴	精	屑	入	山	4	开
节	竹节(竹-节)，腕关节(节-结)，过节（做－节），骨节(骨-节)	tɜt⁴	精	屑	入	山	4	开
节	调节(调-节)	tsɛt²	精	屑	入	山	4	开
截	半"截"绳子	tɛp⁴	从	屑	入	山	4	开
解	解释(解-释)，调解(调-解)	kai⁵¹	见	佳	去	蟹	2	开
戒	"戒"酒	kai⁵¹	见	皆	去	蟹	2	开
巾	毛巾(手-巾)	tsan⁴⁴	见	真	平	臻	3b	开
斤	十斤(十-斤)	tsan⁴⁴	见	殷	平	臻	3	开
金	金	kɛm⁴⁴	见	侵	平	深	3b	开
筋	捏痧(捏-筋)，抽筋(牵-筋)	tsan⁴⁴	见	殷	平	臻	3	开
仅	仅仅	tsan²⁴	群	真	去	臻	3b	开
紧	紧急	kin⁵¹	见	真	上	臻	3a	开
近	最近(最-近)，接近(挨-近)	tsan²²	群	殷	上	臻	3	开
京	北京(北-京)	kɛŋ²²	见	庚	平	梗	3	开
经	经验(经-验)	kin⁴⁴	见	青	平	梗	4	开
精	酒精(酒-精)	tsin⁴⁴	精	清	平	梗	3	开
井	填坑(填-坑)，天井(天-坑)，枯井(干-坑)	tɛŋ²⁴²	精	清	上	梗	3	开

字	词 例	音	声	韵	调	摄	等	开合
竟	"到底"去不去(究-竟)	tsin⁵¹	见	庚	去	梗	3	开
敬	"敬"酒,"敬"鬼	kin²⁴²	见	庚	去	梗	3	开
究	"到底"去不去(究-竟)	tsiu²⁴²	见	尤	去	流	3	开
纠	"编"篮子,"编"草鞋,"编"簸箕	kɛu²⁴	见	幽	上	流	3	开
九	九十(九-十),第九(第-九),初九(先-九)	ku²⁴	见	尤	上	流	3	开
酒	甜酒(甜-酒),酒提(酒-弓),酒缸(酒-鬃),黄酒(酒-黄),倒酒(斟-酒),熬酒(熬-酒)	ɗiu²⁴	精	尤	上	流	3	开
酒	酒精(酒-精)	tsiu²⁴	精	尤	上	流	3	开
救	"饶"命,"救"命	gʲɛu⁵¹	见	尤	去	流	3	开
就	就是(就-是),"就"是他	tsiu²⁴²	从	尤	去	流	3	开
就	"就"菜下饭	tsiu⁵¹	从	尤	去	流	3	开
旧	旧屋(旧-屋),旧地(旧-地)	ku⁴⁴	群	尤	去	流	3	开
跔	蹲着(跔-着),蹲下(跔-下)	ku⁴⁴	见	虞	平	遇	3	合
举	举	tsi²⁴	见	鱼	上	遇	3	合
具	家具(家-具)	ki²⁴²	群	虞	去	遇	3	合
卷	叶子"卷"了,莲花白(菜-卷),"卷"袖子,"缠"线,"叠"被子	kun²⁴	见	仙	上	山	3b	合
决	决定(捶-定)	kɛt²	见	屑	入	山	4	合
蕨	蕨菜(菜-割)	kɔt⁴	见	月	入	山	3	合
嚼	嚼,"嚼"饭	ɗɛu²²	从	药	入	宕	3	开

字	词　　例	音	声	韵	调	摄	等	开合
开	掀开(掀-开)，推开(推-开)，松脱(松-开)，散开(散-开)，让开(让-开)，剖开(破-开)，抛弃(脱-开)，开会(开-会)，开花(开-芳)	g̒ai⁴⁴	溪	咍	平	蟹	1	开
开	开头(开-头)，开口(开-口)，开关(开-关)	hɔi⁴⁴	溪	咍	平	蟹	1	开
扛	两个人"扛"	kaŋ⁴⁴	见	江	平	江	2	开
考	考试(考-试)	kau²⁴	溪	豪	上	效	1	开
靠	"靠"他	kau²⁴²	溪	豪	去	效	1	开
科	内科(内-科)	kɔ⁴⁴	溪	歌	平	果	1	合
渴	口渴(水-渴)	g̒ɔ⁴	溪	曷	入	山	1	开
肯	肯	kam²⁴	溪	登	上	曾	1	开
啃	"啃"骨头	kin⁴⁴	溪	痕	上	臻	1	开
坑	山沟(坑-窝)，过坑(过-坑)	hɛŋ⁴⁴	溪	庚	平	梗	2	开
空	闲(得-空)	huŋ⁴⁴	溪	东	平	通	1	合
空	空气(空-气)	kuŋ⁴⁴	溪	东	平	通	1	合
口	口粮(口-粮)	hɛu⁵¹	溪	侯	上	流	1	开
口	门口(口-门)	kɔ⁴⁴	溪	侯	上	流	1	开
扣	门闩(门-扣)，"扣"扣子	kau²⁴	溪	侯	去	流	1	开
扣	"扣"钱	kɛu²⁴²	溪	侯	去	流	1	开
枯	油枯(油-枯)	ku⁴⁴	溪	模	平	遇	1	合
苦	艰苦(困-苦)	fu²⁴	溪	模	上	遇	1	合

字	词 例	音	声	韵	调	摄	等	开合
苦	生活"苦"	ku²⁴²	溪	模	上	遇	1	合
跨	走一"步"（一-跨），"跨"门坎	ka²⁴²	溪	麻	上	假	2	合
块	一"元"钱，一"片"叶子，一"片"瓦，一"片"草地，一"片"布，一"块"西瓜，一"块"田，一"块"肉，一"幅"画，一"块"土	fai²⁴	溪	皆	去	蟹	2	合
宽	宽阔，宽敞（宽-很）	kiaŋ²⁴	溪	寒	平	山	1	合
框	门框（门-框）	kɔŋ⁴⁴	溪	阳	平	宕	3	合
矿	矿	kɔŋ⁵¹	见	庚	上	梗	2	合
亏	亏本（亏-本）	kui²⁴²	溪	支	平	止	3b	合
困	困难	kɔŋ⁴⁴	溪	魂	去	臻	1	合
喇	喇叭（喇-叭）	la⁴⁴	来	曷	入	山	1	开
辣	毒辣（毒-辣）	lap⁴	来	曷	入	山	1	开
腊	腊肉（肉-腊），黄蜡（黄-腊），"腊"肉	lap²	来	盍	入	咸	1	开
蜡	蜡烛（蜡-烛），蜡纸（蜡-纸），蜡黄（蜡-黄）	lap²	来	盍	入	咸	1	开
赖	"依赖"别人，"赖"账	lai²²	来	泰	去	蟹	1	开
癞	钱癣（癞-皮），癞	lai²²	来	泰	去	蟹	1	开
拦	"拦"水	lan²⁴²	来	寒	平	山	1	开
篮	一"篮"草，篮子，筷篓（箸-篮）	lam²⁴²	来	谈	平	咸	1	开

续　表

字	词　　例	音	声	韵	调	摄	等	开合
懒	偷懒(偷-懒)，懒人(懒-人)	lan⁴⁴	来	寒	上	山	1	开
滥	潮湿	dan⁴⁴	来	谈	去	咸	1	开
廊	走廊(廊-街)	loŋ⁴⁴	来	唐	平	宕	1	开
老	衰老，干妈(老-母)，老翁(老-人)，夫妻俩(二-老)，长辈(老-辈)	ku⁵¹	来	豪	上	效	1	开
老	老师(老-书)	lau²⁴	来	豪	上	效	1	开
老	老实(老-实)，诚实(老-实)	lou⁴⁴	来	豪	上	效	1	开
累	拖累(害-累)，疲劳(累-很)	lai²⁴²	来	灰	去	蟹	1	合
厘	厘	li⁴⁴	来	之	平	止	3	开
犁	犁弯(犁-弓)，犁头(犁-头)，犁，铧口(犁-头)	hɛ²⁴²	来	齐	平	蟹	4	开
犁	"犁"田	hɛ⁴⁴	来	齐	平	蟹	4	开
理	讲理(讲-理)，管理(管-理)，道理(道-理)	li⁴⁴	来	之	上	止	3	开
鲤	鲤鱼(鱼-鲤)	li⁴⁴	来	之	上	止	3	开
立	立夏(粒-夏)，立冬(粒-冬)	lɛp²	来	缉	入	深	3	开
笠	斗笠(词头-笠)，草帽(词头-笠)	jup²	来	缉	入	深	3	开
粒	一"粒"米，药丸(药-粒)，"一个"梨(一-粒)	lɛt²	来	缉	入	深	3	开
励	赏赐(奖-励)	li²⁴²	来	祭	去	蟹		开
连	"连"着，一"连"人，连接(连-起)	lian²⁴²	来	仙	平	山	3	开

字	词　　例	音	声	韵	调	摄	等	开合
镰	火镰(火-镰)	lian²⁴²	来	盐	平	咸	3	开
炼	"炼"铁	lian²⁴²	来	先	去	山	4	开
练	瑶练(瑶-练)	lian²²	来	先	去	山	4	开
链	铁链(铁-链),上闩(门-链)	lian²²	来	先	去	山	4	开
凉	凉粉(凉-粉)	liŋ²⁴²	来	阳	平	宕	3	开
凉	凉快	liŋ²⁴²	来	阳	平	宕	3	开
梁	阁楼(阁-梁)	liŋ²⁴²	来	阳	平	宕	3	开
粮	粮店(粮-店),口粮(口-粮)	lian²⁴	来	阳	平	宕	3	开
两	一"两","两"酒(一-两)	liŋ⁴⁴	来	阳	上	宕	3	开
寮	瓦窑(瓦-寮),棚,草房	liu²⁴²	来	萧	平	效	4	开
了	知道(知-了)	lei⁴⁴	来	萧	上	效	4	开
了	做完(做-了),消灭(杀-了),灭绝(死-了)	leu⁴⁴	来	萧	上	效	4	开
瞭	看中(瞭-着)	jau⁵¹	来	萧	上	效	4	开
瞭	小心(瞭-清楚),"探"亲,"盯"着他,偷看(藏-看)	liau⁵¹	来	萧	上	效	4	开
铃	巫师铃(铃-丸),庙里的"钟"(庙-灵)	leŋ²⁴²	来	青	平	梗	4	开
零	零	leŋ²⁴²	来	青	平	梗	4	开
灵	灵验	leŋ²⁴²	来	青	平	梗	4	开
领	衣领(衣-领),裤腰(裤-领),"领"东西	lian⁴⁴	来	清	上	梗	3	开

字	词　　例	音	声	韵	调	摄	等	开合
岭	岭	liaŋ⁴⁴	来	清	上	梗	3	开
令	节气(节-令)	liaŋ²²	来	清	去	梗	3	开
溜	溜	liu²²	来	尤	去	流	3	开
流	水"流"	liu²²	来	尤	平	流	3	开
留	留	liu²⁴²	来	尤	平	流	3	开
六	六十(六-十)，第六(第-六)，初六(先-六)	lia²²	来	屋	入	通	3	合
龙	龙王(龙-王)，风水(龙-路)，打闪(龙-闪)	luŋ²⁴²	来	钟	平	通	3	合
笼	猪笼(猪-笼)，一"笼"鸟笼，(词头-笼)	luŋ²⁴²	来	东	平	通	1	合
露	寒露(寒-露)	lu⁴⁴	来	模	去	遇	1	合
芦	葫芦(葫-芦)	lu²⁴²	来	模	平	遇	1	合
炉	一"炉"火，香炉(香-炉)，炉子(火-炉)	lu²⁴²	来	模	平	遇	1	合
乱	乱打(乱-打)，乱吃(乱-吃)，胡说(乱-讲)	lɔn²⁴²	来	寒	去	山	1	合
轮	"轮"到	lun²⁴²	来	真	平	臻	3	合
捋	抚摸	lɔt²	来	曷	入	山	1	合
萝	萝卜(萝-卜)	lɔ²⁴²	来	歌	平	果	1	开
箩	一"箩筐"米，箩筐(词头-箩)，篓子(词头-箩)	lɔ²⁴²	来	歌	平	果	1	开
筥	大箩筐(大-箩)	lɔ²⁴²	来	歌	平	果	1	开
锣	小锣(锣-子)，铜鼓(铜-锣)，锣声(锣-声)，打锣(打-锣)	lɔ²⁴²	来	歌	平	果	1	开

字	词　例	音	声	韵	调	摄	等	开合
麻	麻子(词头-麻),麻线(麻-线),麻疹(麻-疮),麻疯(麻-疯),黄麻(黄-麻)	ma²²	明	麻	平	假	2	开
马	自行车(铁-马),木马(树-马),母马(马-婆),马料(马-草),马鞍(马-垫),划拳(猜-马)	ma⁴⁴	明	麻	上	假	2	开
骂	咒骂(骂-人)	ma²⁴	明	麻	去	假	2	开
买	买	mai⁴⁴	明	佳	上	蟹	2	开
脉	手脉(手-脉)	ma²²	明	麦	入	梗	2	开
麦	高粱(麦-米)	ma²²	明	麦	入	梗	2	开
卖	销售(卖-货),过秤论重量"卖"	mai⁴⁴	明	佳	去	蟹	2	开
馒	馒头(馒-头)	man²⁴²	明	寒	平	山	1	合
蛮	发狠(蛮-发狠)	maŋ²⁴²	明	删	平	山	2	开
满	颗粒"饱满",孩子"满"月,"涌"出来	ɓaŋ²⁴	明	寒	上	山	1	合
慢	慢,迟,"慢慢"地走(慢-慢)	man²²	明	删	去	山	2	开
芒	芒种(芒-种),芒草杆(芒-梗),蛋黄(蛋-芒)	mɔŋ²⁴²	明	唐	平	宕	1	开
猫	野兽(野-猫),母猫(猫-婆)	mɛu²⁴²	明	肴	平	效	2	开
卯	卯,卯时(卯-辰)	mau²²	明	肴	上	效	2	开
煤	煤	mui²⁴	明	灰	平	蟹	1	合
妹	五妹(五-妹),少女(妹-子),姐妹(姐-妹)	mɔi⁴⁴	明	灰	去	蟹	1	合

字	词 例	音	声	韵	调	摄	等	开合
门	竹门(竹-门)，衙门(衙-门)，关门(关-门)	man^{242}	明	魂	平	臻	1	合
蠓	蝇子，牛虻(牛-蠓)，粪蝇(屎-蠓)	mɔŋ^{41}	明	东	上	通	1	合
米	庄稼(饭-米)，淘米(洗-米)，红米(米-红)，瓜子儿(瓜-米)，豆子(豆-米)，	me^{24}	明	齐	上	蟹	4	开
眯	"闭"眼睛	mi^{22}	明	齐	上	蟹	4	开
棉	棉桃(木-棉)	mian^{22}	明	仙	平	山	3a	开
棉	棉纸(棉-纸)，棉衣(棉-衣)	mian^{242}	明	仙	平	山	3a	开
绵	软绵绵，绵羊(绵-羊)	mian^{242}	明	仙	平	山	3a	开
面	面子(面-头儿)，会面(会-面)，"脸"皮厚	mɛn^{44}	明	仙	去	山	3a	开
面	下面(下-面)	mi^{242}	明	仙	去	山	3a	开
面	水"表面"(上-面)，麦包(面-包)，酒面(酒-面)，对面(对-面)，布"面子"，被面(被子-面)	mian^{22}	明	仙	去	山	3a	开
苗	蒜苗(蒜-苗)，间苗(苗-间)	ɓiau^{242}	明	宵	平	效	3b	开
秒	一"秒"钟	miau^{24}	明	宵	上	效	3a	开
庙	庙神(庙-鬼)，庙里的"钟"(庙-灵)	miu^{22}	明	宵	去	效	3b	开
篾	篾条	miat^{2}	明	屑	入	山	4	开
民	民族(民-族)	min^{31}	明	真	平	臻	3a	开

字	词　例	音	声	韵	调	摄	等	开合
名	名字(名-本)	miaŋ²⁴²	明	清	平	梗	3	开
明	阳浩(明-玟),坦白(明-白),申冤(讲-明),清明(清-明),明白(明-白),澄清(讲-清)	mɛŋ²⁴²	明	庚	平	梗	3	开
命	占卦(算-命),幸运(命-好),算命(算-命)	mɛŋ²²	明	庚	去	梗	3	开
磨	水碾(水-磨),石磨(石-磨),磨眼(磨-孔),磨谷(磨-稻),磨柄(磨-柄),"磨"苞谷	mɔ²²	明	歌	去	果	1	合
抹	抹	mat²	明	黠	入	山	2	开
漠	沙漠(沙-漠)	mɔp⁴	明	铎	入	宕	1	开
墨	砚台(墨-盘),墨黑(墨-黑),墨斗(墨-杯)	ma²²	明	德	入	曾	1	开
亩	亩	mɛu⁴⁴	明	侯	上	流	1	开
木	棉花(木-棉)	mu²²	明	屋	入	通	1	合
拿	捉贼(拿-贼),摸鱼(拿-鱼),老虎"扑"猪	na²²	娘	麻	平	假	2	开
哪	哪	na⁴⁴	泥	歌	上	果	1	开
内	内科(内-科)	nui⁴⁴	泥	灰	去	蟹	1	合
那	那边(那-边)	na²⁴²	泥	歌	去	果	1	开
耐	耐心(耐-心)	nɔi²²	泥	咍	去	蟹	1	开
南	南方(南-方)	nam²⁴²	泥	覃	平	咸	1	开
囊	胆囊(胆-囊)	nɔŋ²⁴²	泥	唐	平	宕	1	开

字	词　例	音	声	韵	调	摄	等	开合
泥	捧土(捧-泥)，培土(填-泥)，泥巴(屎-泥)，肥土(泥-粪)，踩泥(踩-泥)	nɛ⁴⁴	泥	齐	平	蟹	4	开
年	一周年(一-年)，年轮(年-趟)，大年(大-年)	ȵaŋ⁵¹	泥	先	平	山	4	开
年	年龄(年-纪)	ȵɛn⁴⁴	泥	先	平	山	4	开
黏	黏	ȵɛn⁴⁴	娘	盐	平	咸	3	开
捻	"捻"跳蚤，"挤"奶，"扼"死	nɛt²	泥	帖	入	咸	4	开
鸟	鸟枪(鸟-铳)，打鸟(放-鸟)，雏鸟(鸟-子)	nɔ²²	端	萧	上	效	4	开
蹑	"蹑手蹑脚地"走(夹-夹)，"夹"在书中	ȵiap²	娘	叶	入	咸	3	开
牛	窝火(牛-发狼)，牛肉(牛-肉)，牛虻(牛-蠓)	ŋŋ²⁴²	疑	尤	平	流	3	开
浓	滋味"浓"，茶"浓"	ȵuŋ²⁴²	娘	钟	平	通	3	合
脓	脓	ȵuŋ²⁴²	泥	冬	平	通	1	合
挪	挪	nɔ²⁴²	泥	歌	平	果	1	开
藕	藕	ŋau²⁴	疑	侯	上	流	1	开
沤	"沤"肥	ʔu⁵¹	影	侯	去	流	1	开
杷	枇杷(杷-枇)	pa²⁴²	并	麻	平	假	2	开
爬	"爬"上来，"爬"坡	ɓa⁴⁴	并	麻	平	假	2	开
耙	耙绳(耙-藤)，粪耙(屎-耙)，"耙"田	pa²⁴²	并	麻	去	假	2	开
排	一"排"椅子	ɓai²⁴	并	皆	平	蟹	2	开

字	词　　例	音	声	韵	调	摄	等	开合
排	排队(排-队),"排"列	pai²⁴	并	皆	平	蟹	2	开
排	木排(树-排),船桨(船-排)	pai²⁴²	并	皆	平	蟹	2	开
牌	扑克(纸-牌),石"牌"	pai²⁴²	并	佳	平	蟹	2	开
箄	排筏	pai²⁴²	并	佳	平	蟹	2	开
派	派遣	pai²⁴²	滂	佳	去	蟹	2	开
盘	算盘(算-盘)	pɔn²⁴	并	寒	平	山	1	合
盘	掌心(手-盆),砚台(墨-盘),石槽(石-盘),盘腿(盘-脚),木盆(树-盘),火盆(火-盘)	pian²⁴²	并	寒	平	山	1	合
判	"判"案	pan³¹	滂	寒	去	山	1	合
抛	抛	fɛu⁴⁴	滂	肴	平	效	2	开
刨	"刨"土	pau²⁴²	并	肴	平	效	2	开
泡	一"泡"尿	ɓɔ³¹	滂	肴	去	效	2	开
泡	汤"泡"饭	pau²⁴	滂	肴	去	效	2	开
培	培养(培-养)	pui²⁴	并	灰	平	蟹	1	合
配	"配"药方	pui²⁴²	滂	灰	去	蟹	1	合
喷	喷水(喷-水)	fun⁵¹	滂	魂	去	臻	1	合
鹏	架棚(架-鹏)	paŋ²⁴²	并	登	平	曾	1	开
捧	捧	fuŋ⁵¹	敷	钟	上	通	3	合
批	一"批"货,一"批"	pɛ⁴⁴	滂	齐	平	蟹	4	开
皮	橡皮(胶-皮),钱癣(癞-皮),皮箱(皮-箱)	pi²⁴²	并	支	平	止	3b	开

续　表

字	词　　例	音	声	韵	调	摄	等	开合
脾	脾气(脾-气)	pi⁵¹	并	支	平	止	3a	开
偏	偏心(偏-心),偏	ɓian⁴⁴	滂	仙	平	山	3a	开
漂	漂	ɓɛu²⁴²	滂	宵	去	效	3a	开
票	车票(车-票)	ɓiau²²	滂	宵	去	效	3a	开
拼	"拼"命	pin²⁴²	非	文	去	臻	3	合
平	崎岖(无-平),平路(平-路),平地(平-地),价钱"贱","平"屋基	pɛŋ²⁴²	并	庚	平	梗	3	开
坪	沙滩(沙-坪)	pɛŋ²⁴²	并	庚	平	梗	3	开
瓶	油壶(油-瓶),一"瓶"醋,酒瓶(酒-瓶),壶"嘴"(瓶-口)	pɛŋ²⁴²	并	青	平	梗	4	开
萍	浮萍(词头-萍)	piŋ²⁴²	并	青	平	梗	4	开
评	"评"工分	pin²⁴	并	庚	平	梗	3	开
婆	瑶女(瑶-婆),五婆(五-婆),伯母(伯-婆)	pɔ²⁴²	并	歌	平	果	1	合
婆	小老婆(细-婆),亲家母(家-婆),母牛(牛-婆),母猫(猫-婆),母马(马-婆),母鸡(鸡-婆),寡妇(寡-婆),后妻(二-婆)	pia²⁴²	并	歌	平	果	1	合
破	碗裂(碗-裂),皮肤"破",罐子"破"	ɓai⁵¹	滂	歌	去	果	1	合
破	剖开(破-开),"破"肚子	fai⁵¹	滂	歌	去	果	1	合
铺	铺板(铺-板),床铺(词头-铺),床架子(铺-架),床底(铺-底)	fu⁵¹	滂	模	去	遇	1	合

字	词　　例	音	声	韵	调	摄	等	开合
葡	葡萄(葡-萄)	pu²⁴	并	模	平	遇	1	合
七	十七(十-七),第七(第-七),初七(先-七)	hut⁴	清	质	入	臻	3	开
戚	亲戚(亲-戚)	si⁵¹	清	锡	入	梗	4	开
欺	欺负(欺-负)	hi²²	溪	之	平	止	3	开
奇	奇怪(奇-怪)	ki²⁴	群	支	平	止	3b	开
旗	白旗(旗-白),旗	ki²⁴²	群	之	平	止	3	开
骑	"骑"马,"骑"车	ki²⁴²	群	支	平	止	3b	开
气	游泳时"换气"(换-气),态度(性-气),汽车(气-车),和气(和-气)	hi⁵¹	溪	微	去	止	3	开
千	一千(一-千),千万(千-万)	hun⁴⁴	清	先	平	山	4	开
牵	握手(牵-手),牵牛(牵-牛),抽筋(牵-筋),"握"住,"握"手,"拉"手	hun⁴⁴	溪	先	平	山	4	开
铅	铅笔(圆-笔)	jian²⁴	以	仙	平	山	3	合
钳	铁钳(铁-钳),钳子(词头-钳)	kiam²⁴	群	盐	平	咸	3b	开
欠	"欠"钱	kian²⁴²	溪	严	去	咸	3	开
强	强壮	gʲɛŋ²⁴²	群	阳	平	宕	3	开
墙	砖墙(砖-墙),围墙(大-墙),木板墙(板-墙)	siaŋ²⁴²	从	阳	平	宕	3	开
抢	抢	hiŋ²⁴	清	阳	上	宕	3	开
敲	敲	hau⁴⁴	溪	肴	平	效	2	开

续　表

字	词　　例	音	声	韵	调	摄	等	开合
桥	桥墩(桥-墩)，架桥(架-桥)	ku²⁴²	群	宵	平	效	3b	开
壳	壳	hɔp²	溪	觉	入	江	2	开
撬	撬，"撬"石头	kiu²²	溪	萧	平	效	4	开
翘	翘	kiu⁴⁴	群	宵	平	效	3a	开
切	切菜(切-菜)，切粉(切-粉)	ki⁵¹	清	屑	入	山	4	开
茄	茄子(词头-茄)	kia²⁴²	群	歌	平	果	3	开
亲	亲戚(亲-戚)	hɛn⁴⁴	清	真	平	臻	3	开
亲	"亲"兄弟	tsian⁴⁴	清	真	平	臻	3	开
清	清明(清-明)	hɛŋ⁴⁴	清	清	平	梗	3	开
情	发情	hɛŋ⁴⁴	从	清	平	梗	3	开
请	邀请，申请(申-请)，请	hɛŋ²⁴	清	清	上	梗	3	开
穷	穷人(穷-人)	kɔŋ²⁴²	群	东	平	通	3	合
秋	秋季(秋-季)	hiu²²	清	尤	平	流	3	开
求	求人(求-人)	kiu²⁴	群	尤	平	流	3	开
球	地球(地-球)	kiu²⁴	群	尤	平	流	3	开
区	区	ki⁴⁴	溪	虞	平	遇	3	合
圈	项圈(银-圈)	kɔŋ⁴⁴	溪	仙	平	山	3b	合
拳	打拳(打-拳)	kian²⁴	群	仙	平	山	3b	合
缺	刀"缺"口，牙"崩掉"，豁嘴儿(碗-缺)	vɛt²	溪	屑	入	山	4	合
裙	围裙(新-裙)，裙褶(裙-磕)	kɔn²⁴²	群	文	平	臻	3	合
染	"染"蛋，染布(染-布)	ȵiam²²	日	盐	上	咸	3	开
让	推让，让开(让-开)	jaŋ²⁴²	日	阳	去	宕	3	开

字	词　例	音	声	韵	调	摄	等	开合
壬	壬	n̠iam²⁴²	日	侵	平	深	3	开
忍	"忍"尿	n̠iam²⁴²	日	真	上	臻	3	开
认	认字(认-字),谦虚(认-好),"认"干爹	n̠ɛn²²	日	真	去	臻	3	开
日	太阳"很亮"(日-清楚),晒太阳(晒-太阳)	n̠iat²	日	质	入	臻	3	开
揉	"揉"眼睛	nɔ²⁴²	日	尤	平	流	3	开
润	润湿	ʔin²²	日	真	去	臻	3	合
撒	"撒"酒疯	fat²	心	曷	入	山	1	开
洒	洒洒(洒-酒)	sia²⁴	生	麻	上	假	2	开
腮	鳃(鱼-腮)	sɛi⁴⁴	心	咍	平	蟹	1	开
三	十三(十-三),第三(第-三)	hɔm⁴⁴	心	谈	平	咸	1	开
伞	伞套(伞-包),伞把(伞-柄)	hɔn⁵¹	心	寒	上	山	1	开
散	云"散",心不在焉的样子(心-散),散开(散-开),吹散(吹-散),辫子"散"	san²⁴	心	寒	去	山	1	开
桑	桑叶(桑-叶),桑树(桑-树)	sɔŋ⁴⁴	心	唐	平	宕	1	开
扫	"扫"房子,"扫"地	sou²⁴	心	豪	去	效	1	开
色	紫(死-色),青色(青-色)	sɛt²	生	职	入	曾	3	开
沙	铁沙(铁-沙),沙子(沙-子),沙石(沙-石),沙漠(沙-漠),沙锅(沙-锅)	ha⁴⁴	生	麻	去	假	2	开
沙	沙眼(沙-眼)	sa⁴⁴	生	麻	去	假	2	开

字	词　　例	音	声	韵	调	摄	等	开合
纱	纱布(纱-布)	ha⁴⁴	生	麻	平	假	2	开
纱	棉纱(棉-纱)	sa⁴⁴	生	麻	平	假	2	开
痧	发痧	sa²⁴²	生	麻	平	假	2	开
筛	"筛"米	hɛ⁴⁴	生	佳	平	蟹	2	开
晒	"晒"谷子	fai⁴⁴	生	佳	去	蟹	2	开
山	树林(树-山)，山林(山-山)	san²²	生	山	平	山	2	开
商	店铺(商-店)	sɔŋ⁴⁴	书	阳	平	宕	3	开
上	上学(上-学)	sɔŋ⁴⁴	禅	阳	上	宕	3	开
勺	水瓢(瓜-勺)，勺子(菜-勺)，粪瓢(屎-勺)	siu²²	禅	药	入	宕	3	开
潲	潲水(潲-水)	hau⁵¹	生	肴	去	效	2	开
赊	赊账(赊-数)	sia⁴⁴	书	麻	平	假	3	开
舌	舌尖(舌-尖)，舌根(舌-头)，火焰(火-舌)，火苗(火-舌)	ɓɛt²	船	薛	入	山	3	开
舍	舍得(舍-得)	sia²⁴	书	麻	去	假	3	开
申	申	san⁴⁴	书	真	平	臻	3	开
申	申请(申-请)	sin²⁴	书	真	平	臻	3	开
伸	拉直(拉-伸)，笔直(笔-伸)，"伸"舌头	laŋ⁴⁴	书	真	平	臻	3	开
伸	伸腰(伸-腰)，"伸"手向里，"伸"懒腰	san²⁴²	书	真	平	臻	3	开
伸	伸出(伸-出)，"伸"手	sin²⁴	书	真	平	臻	3	开
身	准备(起-身)，一"身"衣服，围腰(围-身)，睡觉"翻身"(翻-身)，精巧(身-轻)	tan⁴⁴	书	真	平	臻	3	开

字	词　　例	音	声	韵	调	摄	等	开合
深	水"深",色"深"	siam⁴⁴	书	侵	平	深	3	开
肾	鸡肫(鸡-肾)	kin⁴⁴	禅	真	上	臻	3	开
生	新鲜(生-鲜),鲜鱼(生-鱼),未交配过的小公鸡(生-鸡),生瓜(生-瓜),家畜(众-生)	hɛŋ⁴⁴	生	庚	平	梗	2	开
生	医生(医-生),生育(生-孩),活人(生-人),繁殖(生-多),靛粉(生-粉),出生(生-世),长大(生-大),糙米(生-米),"生"锈,"生"食物	saŋ⁴⁴	生	庚	平	梗	2	开
省	节约,"省"事,"省"钱,"省"力	han²²	心	清	上	梗	3	开
省	"省"城	saŋ⁵¹	生	庚	上	梗	2	开
剩	剩(有-还)	siaŋ²⁴	船	蒸	去	曾	3	开
师	师傅(师-父),师父(师-父),匠人(师-傅)	si²²	生	脂	平	止	3	开
十		sɛ²²	禅	缉	入	深	3	开
十	十五(十-五),十三(十-三),十七(十-七),十四(十-四)	siap²	禅	缉	入	深	3	开
拾	梳理(拣-整齐),把所晒衣服"收","抓"药,"拣"起,"收"东西	sut²	禅	缉	入	深	3	开
实	扎实,土"紧",老实(老-实),结实,诚实(老-实),不正经(无-实)	siat²	船	质	入	臻	3	开

字	词　　例	音	声	韵	调	摄	等	开合
世	去世(过-世)，出生(生-世)	sɛi²⁴	书	祭	去	蟹	3	开
市	城市(城-市)	si²⁴²	禅	之	上	止	3	开
事	造反(反-事)，问题(有-事)，琐细(事-子)，事情，扰乱(找-事)，情况(有-事)，怀疑(有-事)，办事(办-事)	si²⁴	崇	之	去	止	3	开
是	总是(总-是)，反正(反-是)，"是"不是，硬是(硬-是)	sɛi⁴⁴	禅	支	上	止	3	开
试	考试(考-试)，"试"刀锋	si²⁴²	书	之	去	止	3	开
释	解释(解-释)	sit²	书	昔	入	梗	3	开
收	"收"信，"收"钱，"收"工，"收"稻谷	siu⁴⁴	书	尤	平	流	3	开
手	毛巾(手-巾)	tsiu²⁴²	书	尤	上	流	3	开
守	服侍(守-着)，把守(守-着)，"守"苞谷	tsiu²⁴	书	尤	上	流	3	开
叔	叔公(叔-公)	su⁴⁴	书	屋	入	通	3	合
书	竹简(竹-书)，条子(条-书)，书信(书-信)，书包(书-袋)，看书(瞭-书)	su⁴⁴	书	鱼	平	遇	3	合
输	"输"钱，"输"理	su⁴⁴	书	虞	平	遇	3	合
熟	熟悉，熟人(熟-人)，火砖(熟-砖)	sɔ²²	禅	屋	入	通	3	合
赎	赎	sɔ²²	船	烛	入	通	3	合
束	结束(结-束)	tsup²	书	烛	入	通	3	合

—311—

字	词　例	音	声	韵	调	摄	等	开合
数	总数(总-数)，算账(算-数)，赊账(赊-数)	hu⁵¹	生	虞	去	遇	3	合
衰	"衰"老	sɔi⁴⁴	生	脂	平	止	3	合
拴	乱拴(乱-拴)，"拴"马	hɔn⁴⁴	生	删	平	山	2	合
霜	下霜(下-霜)，霜降(霜-降)	sɔŋ⁴⁴	生	阳	平	宕	3	开
双	双	soŋ²²	生	江	平	江	2	开
爽	爽	soŋ⁵¹	生	阳	上	宕	3	开
水	患"水肿"(水-肿)，大雨(大-水)	sui⁵¹	书	脂	上	止	3	合
巳	巳	hi⁴⁴	邪	之	上	止	3	开
四	四季(四-季)	si²⁴	心	脂	去	止	3	开
松	松针(松-毛)，松香(松-脂)，松脱(松-开)，认真(放-松)，红糖(松-糖)	huŋ²⁴²	邪	钟	平	通	3	合
松	泥土"松"，委婉"大便"(放-松)，蓬松	huŋ⁴⁴	心	钟	平	通	3	合
蒜	蒜叶(蒜-叶)，蒜苔(蒜-芳)	hɔn²⁴	心	寒	去	山	1	合
算	算账(算-数)，算盘(算-盘)	sɔn²⁴	心	寒	去	山	1	合
随	大方(随-便)	sui²⁴	邪	支	平	止	3	合
孙	子孙(子-孙)，孙女(孙-妇)	hun⁴⁴	心	魂	平	臻	1	合
缩	缩小(缩-细)，缩短(缩-短)	sup²	生	屋	入	通	3	合
锁	锁头(锁-头)，"锁"箱子	hɔ²⁴	心	歌	上	果	1	合
苔	青苔	tɔi²⁴²	定	咍	平	蟹	1	开

字	词　　例	音	声	韵	调	摄	等	开合
贪	"贪"多	tan⁴⁴	透	覃	平	咸	1	开
摊	"摊"开	tɛn⁴⁴	透	寒	平	山	1	开
潭	池子	tum⁴⁴	定	覃	平	咸	1	开
谈	"谈"话	tam²⁴	定	谈	平	咸	1	开
坛	神坛(香-坛)	tan²⁴	定	寒	平	山	1	开
汤	汤圆(汤-圆)	tɔŋ⁴⁴	透	唐	平	宕	1	开
堂	以父亲为代表的"家"(家-堂)，学校(学-堂)，位置(处-堂)	tɔŋ²²	定	唐	平	宕	1	开
塘	一"池"水，塘坝(塘-边)，水塘	gɔŋ²⁴²	定	唐	平	宕	1	开
塘	一"坑"屎，火塘(火-坑)	tɔŋ²⁴²	定	唐	平	宕	1	开
糖	米糖(米-糖)，白糖(白-糖)	tɔŋ²⁴²	定	唐	平	宕	1	开
萄	葡萄(葡-萄)	tau²⁴	定	豪	平	效	1	开
剔	"剔"牙	dɛp⁴	透	锡	入	梗	4	开
梯	木梯(树-梯)，楼"梯"	hai⁴⁴	透	齐	平	蟹	4	开
提	"提"意见	ti²⁴	定	齐	平	蟹	4	开
蹄	猪蹄(猪-蹄)，脚趾(脚-蹄)	dɪ⁵¹	定	齐	平	蟹	4	开
剃	去毛(剃-头儿)，理发(剃-头)	hi⁵¹	透	齐	去	蟹	4	开
天	天井(天-坑)	hian²²	透	先	平	山	4	开
田	旱田(旱-岭)	lian²⁴²	定	先	平	山	4	开
田	挖田(挖-田)，田螺(田-螺)，田坝(田-崖)，田岸(田-边)，水田，耕田(做-田)	lian⁴⁴	定	先	平	山	4	开

字	词　　例	音	声	韵	调	摄	等	开合
填	填坑(填-坑),培土(填-泥),"填"表	tian²⁴²	定	先	平	山	4	开
挑	挑刺儿(挑-刺)	hiu⁴⁴	透	萧	平	效	4	开
条	面条(面-条),条件(条-件)	tiau²⁴	定	萧	平	效	4	开
条	一"座"桥,一"条"心,一"条"裙子,一"条"路,一"条"坑,一"条"黄瓜,一"条"河,一"条"草,一"根"腰带,一"根"线,一"根"头发,一"根"棍子,"一对"鱼(二-条),	tiu²⁴²	定	萧	平	效	4	开
跳	心跳(心-跳),写字"跳"格,跳动(跳-起),跳,双脚"跳",操心(心-跳),"跳"下去,"跳"芦笙舞,"跳"河,猫"蹿"上房	ɗɛu⁴⁴	定	萧	平	效	4	开
粜	"粜"米	ɗiu⁵¹	透	萧	去	效	4	开
铁	自行车(铁-马),笊篱(铁-箕),铁丝(铁-线),铁钳(铁-钳),钉针(铁-钉),大铁锹(铁-撬)	lia⁴⁴	透	屑	入	山	4	开
停	停	tiaŋ²²	定	青	平	梗	4	开
通	不"通"气,"通"煤火,"通"广州	tuŋ⁴⁴	透	东	平	通	1	合
同	同学(同-学)	tuŋ²²	定	东	平	通	1	合
桐	桐油(桐-油)	tuŋ⁴⁴	定	东	平	通	1	合
铜	铜鼓(铜-锣),镜子(铜-照),玻璃(铜-照)	tuŋ²⁴²	定	东	平	通	1	合

字	词　　　例	音	声	韵	调	摄	等	开合
桶	一"桶"水，桶底(桶-底)，米桶(米-桶)	tuŋ⁵¹	定	东	上	通	1	合
筒	竹筒(竹-筒)，针筒(针-筒)，酒筒(酒-筒)，烟管(烟-筒)	tuŋ⁵¹	定	东	平	通	1	合
偷	偷懒(偷-懒)	tɛu⁴⁴	透	侯	平	流	1	开
投	投降(投-降)，"投"票	tɛu²⁴	定	侯	平	流	1	开
头	馒头(馒-头)	tɛu²⁴	定	侯	平	流	1	开
吐	"吐"气	fun⁵¹	透	模	去	遇	1	合
团	圆形(圆-团)，一"块"圆石头，"团"煤球	tɔŋ²⁴²	定	寒	平	山	1	合
推	推算(推-算)	tui²²	透	灰	平	蟹	1	合
退	"退"钱	tui²⁴	透	灰	去	蟹	1	合
蜕	脱皮(蜕-皮)，蜕	hui⁵¹	透	泰	去	蟹	1	合
托	"托"起	tɔp⁴	透	铎	入	宕	1	开
拖	拖延(拖-久)，"拖"声唱，"拉"车	tɔ²²	透	歌	平	果	1	开
脱	脱离(脱-离)	hui⁵¹	透	曷	入	山	1	合
砣	秤砣(秤-砣)	tɔ²⁴²	定	歌	平	果	1	合
挖	用手指挖孔(挖-孔)，挖田(挖-田)，挖沟(挖-沟)，划破(挖-坏)，"剜"个洞，"挖"洋芋，"挖"土，"挖"耳朵	vɛu⁴	影	黠	入	山	2	合
瓦	瓦窑(瓦-寮)	ŋa⁴⁴	疑	麻	上	假	2	合
袜	袜子，手套(袜-手)，袜底(袜-底)	mat²	微	月	入	山	3	合

字	词　　例	音	声	韵	调	摄	等	开合
弯	转弯(转-弯),绕弯(跑-弯)	van⁴⁴	影	删	平	山	2	合
弯	折弯(折-弯)、木棍、树枝等"弯"	ʔuŋ²⁴²	影	删	平	山	2	合
晚	天黑(天-黑),太晚(太-晚)	mɔŋ⁵¹	微	元	上	山	3	合
碗	竹碗(竹-碗),一"碗"水	vian²⁴	影	寒	上	山	1	合
万	千万(千-万)	man²²	微	元	去	山	3	合
万	万	van²²	微	元	去	山	3	合
王	龙王(龙-王),皇殿(王-殿),蜂王(蜂-王)	vɔŋ²⁴²	云	阳	平	宕	3	合
网	一"网"鱼,捞网(拉-网)	mɔŋ⁴⁴	微	阳	上	宕	3	合
旺	旺盛(旺-很),使"兴旺"(兴-旺),健康(人-旺)	vɔŋ²²	云	阳	去	宕	3	合
围	围	vui²⁴²	云	微	平	止	3	合
瘟	人瘟(人-瘟),牛瘟(牛-瘟),鸡瘟(鸡-瘟)	vun⁴⁴	影	魂	平	臻	1	合
文	文章(文-章)	vun²⁴²	微	文	平	臻	3	合
蚊	蠓蚊(蠓-蚊)	maŋ²⁴²	微	文	平	臻	3	合
闻	难闻(难-闻)	maŋ⁵¹	微	文	平	臻	3	合
闻	偷听(偷-听),听话(听-话),听到(听-着),"听"说,"听"报告	maŋ⁵¹	微	文	平	臻	3	合
稳	稳,紧密(跟-稳)	vɔn²⁴	影	魂	上	臻	1	合
无	输(无-赢),崎岖(无-平),模糊(无-见),禁忌(无-准),还"没来"(无-来),不正经(无-实),不是(无-是),不久(无-久)	nn²⁴²	微	虞	平	遇	3	合

— 316 —

续　表

字	词　　例	音	声	韵	调	摄	等	开合
五	五十（五-十），排行"第五"（第-五），初五（先-五）	nŋ̩⁴⁴	疑	模	上	遇	1	合
午	午	nŋ̩⁴⁴	疑	模	上	遇	1	合
捂	"捂"嘴	ʔu⁴⁴	疑	模	去	遇	1	合
戊	戊	mɔ⁵¹	明	侯	去	流	1	开
务	任务（任-务）	mu²⁴²	微	虞	去	遇	3	合
雾	雾（云-雾）	mu²²	微	虞	去	遇	3	合
西	西	he⁴⁴	心	齐	平	蟹	4	开
吸	吸附，"巴"在墙上	kip⁴	晓	缉	入	深	3b	开
习	学习（学-习）	tsap²	邪	缉	入	深	3	开
系	关系（关-系）	hɛ²⁴²	匣	齐	去	蟹	4	开
细	小月（细-月），小老婆（细-婆），细长（细细-长），缩小（缩-细），胆小（胆-细）	hɛi⁵¹	心	齐	去	蟹	4	开
戏	演戏（做-戏）	hi²⁴	晓	支	去	止	3b	开
虾	虾子（虾-公）	ha²⁴²	晓	麻	平	假	2	开
狭	窄	hɛp²	匣	洽	入	咸	2	开
下	追肥（下-粪），下手（下-手），下山（下-山），决心（下-心），底儿（底-下），"陷落"下去（跌-下），"下"马	gʼa²²	匣	麻	去	假	2	开
夏	夏至（夏-至）	ha²²	匣	麻	去	假	2	开
吓	恐吓	ha⁴⁴	晓	麻	去	假	2	开

字	词　　例	音	声	韵	调	摄	等	开合
仙	仙人(仙-人)	sian²²	心	仙	平	山	3	开
先	前天(先-日)，初一(先-一)，"先"走	hen⁴⁴	心	先	平	山	4	开
先	先生(先-生)	sian²²	心	先	平	山	4	开
鲜	新鲜(生-鲜)	hian²²	心	仙	平	山	3	开
嫌	嫌	ɡʑem²⁴²	匣	添	平	咸	4	开
线	橡皮筋(胶-线)，铁丝(铁-线)，棉线(棉-丝)，麻线(麻-线)，穿线(穿-丝)	si⁵¹	心	仙	去	山	3	开
献	献	hiŋ⁵¹	晓	元	去	山	3	开
香	神位(香-坛)，神台(香-案)	hiaŋ⁴⁴	晓	阳	平	宕	3	开
箱	皮箱(皮-箱)，蜂箱(蜂-箱)，风箱(风-箱)	siaŋ⁴⁴	心	阳	平	宕	3	开
想	想着(想-着)，"想"家	siaŋ²⁴	心	阳	上	宕	3	开
想	"想"去	siaŋ³¹	心	阳	上	宕	3	开
向	向东(向-东)，"向"太阳	hiaŋ²⁴	晓	阳	去	宕	3	开
巷	巷	hɔŋ²²	匣	江	去	江	2	开
象	大象(大-象)	siaŋ⁵¹	邪	阳	上	宕	3	开
消	消肿	siau²²	心	宵	平	效	3	开
小	小雪(小-雪)，小暑(小-暑)，小寒(小-寒)，初小(初-小)	siau²²	心	宵	上	效	3	开
斜	篱笆"倾斜"，侧面(远)(斜-面)	sia⁵¹	邪	麻	平	假	3	开

字	词　　例	音	声	韵	调	摄	等	开合
鞋	雨鞋(雨-鞋)，鞋面(鞋-顶)，鞋底(鞋-底)，鞋带(鞋-带)，脱鞋(脱-鞋)，皮鞋(皮-鞋)，钉鞋(钉-鞋)，布鞋(布-鞋)	hai²⁴²	匣	佳	平	蟹	2	开
写	写	sia²⁴	心	麻	上	假	3	开
械	设备(机-械)	hai²⁴²	匣	皆	去	蟹	2	开
泻	泻	la²²	心	麻	去	假	3	开
心	着急(心-焦)，心脏(胸-心)，心跳(心-跳)，心里，心不在焉的样子(心-散)，贪心(心-大)，善良(心-好)，热心(有-心)，耐心(耐-心)	hum⁴⁴	心	侵	平	深	3	开
辛	辛	hɛn⁴⁴	心	真	平	臻	3	开
新	新娘(新-妇)，新郎(新-男)，新地(新-地)，新，围裙(新-裙)，生人(新-人)	sian⁴⁴	心	真	平	臻	3	开
信	相信，"信"他的	san²⁴	心	真	去	臻	3	开
信	信纸(信-纸)，写"信"，书信(书-信)	sin²⁴²	心	真	去	臻	3	开
星	秤星(秤-星)	hɛŋ⁴⁴	心	青	平	梗	4	开
擤	擤	haŋ⁵¹	晓	庚	上	梗	2	开
姓	姓	hɛŋ⁵¹	心	清	去	梗	3	开
性	性了(性-急)，态度(性-气)	hɛŋ⁵¹	心	清	去	梗	3	开
熊	熊	suŋ²⁴	云	东	平	通	3	合
修	修路(修-路)，修理(修-好)	siu⁴⁴	心	尤	平	流	3	开

字	词　例	音	声	韵	调	摄	等	开合
髹	"漆"桌子	jiu²⁴²	晓	尤	平	流	3	开
戌	戌	hut⁴	心	质	入	臻	3	合
续	连续(连-续)	sup⁴	邪	烛	入	通	3	合
宣	宣传(宣-传)	sian⁴⁴	心	仙	平	山	3	合
悬	悬	vɛn⁴⁴	匣	先	平	山	4	合
选	选举(选-头)	sɛn⁵¹	心	仙	上	山	3	合
学	学校(学-堂),学习(学-习),学生(学-子),学,上学(上-学),大学(大-学)	hɔ²²	匣	觉	入	江	2	开
学	同学(同-学)	hɔp⁴	匣	觉	入	江	2	开
雪	小雪(小-雪)	siat²	心	薛	入	山	3	合
丫	山坳口(山-丫)	ʔa⁴⁴	影	麻	平	假	2	开
丫	手丫(手-交)	ʔa⁵¹	影	麻	平	假	2	开
押	抵押(债-押)	ʔat²	影	狎	入	咸	2	开
桠	树叉(树-桠)	ʔa⁴⁴	影	麻	平	假	2	开
鸭	野鸭(野-鸭),鸭蛋(鸭-蛋),蛙(蛙-鸭)	ʔap⁴	影	狎	入	咸	2	开
压	压	ʔap²	影	狎	入	咸	2	开
牙	牙刷(牙-刷),门牙(牙-板),齿缝(牙-缝)	ŋia²⁴²	疑	麻	平	假	2	开
芽	嫩芽(嫩-芽),豆芽菜(豆-芽),出芽(出-芽)	ŋia²⁴²	疑	麻	平	假	2	开
衙	衙门(衙-门)	ŋia⁴⁴	疑	麻	平	假	2	开

字	词　例	音	声	韵	调	摄	等	开合
哑	沙嗓子(哑-嗓子)	ʔa²⁴	影	麻	上	假	2	开
淹	淹没(淹-跌)，"灌"田	ʔiam⁵¹	影	严	去	咸	3	开
烟	叶烟(烟-叶)，烟卷(烟-子)，炊烟(火-烟)	ʔɛn⁴⁴	影	先	平	山	4	开
盐	盐水(盐-水)	jiam²⁴²	以	盐	平	咸	3	开
眼	眼镜(扳-眼)，沙眼(沙-眼)	ŋan²⁴	疑	山	上	山	2	开
厌	吃"腻"了	ʔiam⁵¹	影	盐	去	咸	3a	开
验	经验(经-验)	ʔɛn²⁴²	疑	盐	去	咸	3b	开
羊	羊蹄(羊-蹄)，母羊(羊-母)，放羊(放-羊)	jiŋ²⁴²	以	阳	平	宕	3	开
烊	溶化	jiŋ²⁴²	以	阳	平	宕	3	开
养	培养(培-养)	joŋ⁴⁴	以	阳	上	宕	3	开
养	抚养，"养"一家人，"养"老	jiŋ⁴⁴	以	阳	上	宕	3	开
摇	"摇"尾，"晃"旗子	jiau²⁴	以	宵	平	效	3	开
瑶	瑶人(瑶-人)，瑶练(瑶-练)，瑶话(瑶-话)，瑶官(瑶-头)，瑶长(瑶-长)，姑娘(妇-瑶)	jau²⁴²	以	宵	平	效	3	开
咬	蚊子"咬"，老鼠"咬"衣服，"咬"核桃	ŋau⁴⁴	疑	肴	上	效	2	开
舀	捞鱼(舀-鱼)，"舀"饭	jau²⁴	以	宵	上	效	3	开
鹞	鹞鹰(词头-鹞)	jiu²²	以	宵	去	效	3	开
野	野猪(野-猪)，野鸡(野-鸡)	jia²⁴²	以	麻	上	假	3	开
腋	腋窝(腋-间)	kap⁴	以	昔	入	梗	3	开

字	词　例	音	声	韵	调	摄	等	开合
业	副业(副-业)	ŋap⁴	疑	业	入	咸	3	开
一	"一向"很好(一-久)	ʔi⁴⁴	影	质	入	臻	3a	开
衣	衣领(衣-领),夹衣(衣-钳),衬垫(衣-垫)	ʔi⁴⁴	影	微	平	止	3	开
医	医治(医-病),医院(医-院),医生(医-生)	ʔi⁴⁴	影	之	平	止	3	开
乙	乙	ʔiat⁴	影	质	入	臻	3b	开
已	已	ji⁴⁴	以	之	上	止	3	开
椅	椅轿(死人坐的)(词头-椅)	ji²⁴	影	支	上	止	3b	开
易	容易(容-易)	ji²²	以	支	去	止	3	开
亿	亿	jit⁴	影	职	入	曾	3	开
阴	阴玦(阴-玦)	jiŋ²⁴²	影	侵	平	深	3b	开
阴	阴影(阴-影)	ʔiam⁴⁴	影	侵	平	深	3b	开
寅	寅	jian²⁴²	以	真	平	臻	3	开
银	找钱(找-银),银纸(银-纸),人民币(银-纸),赔钱(赔-银),工钱(工-银)	ȵan²⁴²	疑	真	平	臻	3b	开
印	印记(-印),刻章(割-印),脚"印","印"书	jɔn⁵¹	影	真	去	臻	3a	开
樱	樱桃(樱-果)	jiŋ²⁴²	影	耕	平	梗	2	开
赢	"赢"钱	jiaŋ²⁴²	以	清	平	梗	3	开
影	影子(词头-影),阴影(阴-影)	ʔɔŋ²⁴	影	庚	上	梗	3	开
映	放映(放-映)	jaŋ⁵¹	影	庚	去	梗	3	开

续　表

字	词　　例	音	声	韵	调	摄	等	开合
硬	硬是(硬-是)	ŋan²²	疑	庚	去	梗	2	开
硬	坚硬	ŋaŋ²⁴	疑	庚	去	梗	2	开
用	有用(有-用)，用处(用-用)	juŋ²²	以	钟	去	通	3	合
悠	拖延(拖-久)，不久(无-久)	lu²⁴²	以	尤	平	流	3	开
油	猪油(猪-油)，油榨(油-榨)，油枯(油-枯)，油壶(油-瓶)，桐油(桐-油)，树胶(树-油)，煤油灯(油-火)，菜油(菜-油)，芝麻油(芝麻-油)	jiu²⁴²	以	尤	平	流	3	开
游	游泳(游-澡)	ɓeu²⁴²	以	尤	平	流	3	开
酉	酉	jiu⁴⁴	以	尤	上	流	3	开
又	"又"来了	jiu²⁴²	云	尤	去	流	3	开
雨	谷雨(谷-雨)	hu⁴⁴	云	虞	上	遇	3	合
园	菜园(菜-园)	vɔn⁴⁴	云	元	平	山	3	合
圆	汤圆(汤-圆)	jian²⁴	云	仙	平	山	3	合
圆	圆凿(圆-凿)，圆形(圆-团)，圆(绕-团)，圈(绕-团)，"绕"过来	vin²⁴²	云	仙	平	山	3	合
院	医院(医-院)	jian²⁴²	云	仙	去	山	3	合
愿	甘愿	nɛn²²	疑	元	去	山	3	合
约	"约"定	jɔp²	影	药	入	宕	3	开
匀	均匀	jun²⁴²	以	真	平	臻	3	合
云	雾(云-雾)，乌云	vɔn⁵¹	云	文	平	臻	3	合
晕	月晕(月-晕)	huŋ²²	云	文	去	臻	3	合

字	词 例	音	声	韵	调	摄	等	开合
咂	"咂"嘴	tsiap⁴	从	曷	入	山	1	开
杂	杂居(杂-屋)	tsap⁴	从	合	入	咸	1	开
葬	送葬(送-葬)	tɔŋ⁵¹	精	唐	去	宕	1	开
赠	赠送	hiŋ⁵¹	从	登	去	曾	1	开
轧	轧	ŋat²	影	黠	入	山	2	开
闸	闸门(闸-门)	kap⁴	崇	洽	入	咸	2	开
眨	"眨"眼睛	tsiap⁴	庄	洽	入	咸	2	开
榨	油榨(油-榨),"榨"油	ta⁵¹	庄	麻	去	假	2	开
债	债,还债(还-债),抵押(债-押)	tɛ⁴⁴	庄	佳	去	蟹	2	开
粘	"粘"邮票	nɛn²⁴²	娘	盐	平	咸	3	开
粘	粘米(粘-米),"沾"油垢	nɛn⁴⁴	娘	盐	平	咸	3	开
展	发展(发-展)	tsɔŋ⁴⁴	知	仙	上	山	3	开
占	"占"便宜	tsɔn²²	章	盐	去	咸	3	开
占	占	tsiam⁵¹	章	盐	去	咸	3	开
蘸	"蘸"墨,"蘸"辣椒	ɖiam²⁴	庄	咸	去	咸	2	开
张	姓"张"	tsɔŋ²²	知	阳	平	宕	3	开
章	文章(文-章)	tsɔŋ⁴⁴	章	阳	平	宕	3	开
丈	"拄"拐杖	tɔŋ²²	澄	阳	上	宕	3	开
杖	丈	tiŋ⁴⁴	澄	阳	上	宕	3	开
帐	帐子(词头-帐),帐钩(帐-钩)	tsaŋ²⁴	知	阳	去	宕	3	开
胀	发胀,"挺"起肚子,腮帮"鼓"起	tiŋ⁵¹	知	阳	去	宕	3	开

字	词　例	音	声	韵	调	摄	等	开合
账	账	tsɔŋ²⁴²	知	阳	去	宕	3	开
招	招手(招-手)，"招"手	jiau²⁴²	章	宵	平	效	3	开
招	招待(招-待)，招财(招-财)	tsau⁴⁴	章	宵	平	效	3	开
找	找钱(找-银)，扰乱(找-事)，"找"零钱	tsau²⁴	庄	肴	上	效	2	开
照	太阳"照"，镜子(铜-照)，玻璃(铜-照)	tsiu⁵¹	章	宵	去	效	3	开
真	"真"好	tsian⁴⁴	章	真	平	臻	3	开
针	针筒(针-筒)，一"支"线，蜂尾的针(蜂-针)，穿针(穿-针)	tsum⁴⁴	章	侵	平	深	3	开
针	蓑衣针(钻-铳)	tsuŋ⁴⁴	章	侵	平	深	3	开
斟	"斟"酒	tsuŋ²²	章	侵	平	深	3	开
振	"抖"麦草，"抖"灰	tsan⁵¹	章	真	去	臻	3	开
争	缺钱（用）（争-银），缺点(争-点)	tsaŋ²²	庄	耕	平	梗	2	开
挣	"挣"钱	tsən²²	庄	耕	去	梗	2	开
筝	风筝(风-筝)	tsa⁴⁴	庄	耕	平	梗	2	开
蒸	"蒸"饭	tsaŋ⁴⁴	章	蒸	平	曾	3	开
整	"整"人	tsiaŋ²⁴	章	清	上	梗	3	开
正	坐"正"	tsiaŋ⁵¹	章	清	去	梗	3	开
政	政府(政-府)	tsin²⁴²	章	清	去	梗	3	开
枝	树枝(树-枝)	ki⁴⁴	章	支	平	止	3	开

字	词　　例	音	声	韵	调	摄	等	开合
织	"编"毛衣	tsit²	章	职	入	曾	3	开
直	直	tsit⁴	澄	职	入	曾	3	开
止	止住(液体流动)(阻-断)	tsi²⁴	章	之	上	止	3	开
只	"只"买五斤	tsi²²	章	支	上	止	3	开
指	指责(指-你),指节(手-节)	tsi²⁴	章	脂	上	止	3	开
纸	纸扇(纸-扇),银纸(银-纸),信纸(信-纸),撕纸(撕-纸),人民币(银-纸),扑克(纸-牌),棉纸(棉-纸),蜡纸(蜡-纸)	tsi²⁴	章	支	上	止	3	开
至	夏至(夏-至),冬至(冬-至)	tsi²⁴	章	脂	去	止	3	开
中	中心(中-间),中国(中-国),中等(中-间),中稻(中-造),当中(当-中)	tsuŋ⁴⁴	知	东	平	通	3	合
钟	秤钟(秤-钟)	tsuŋ⁴⁴	章	钟	平	通	3	合
肿	患"水肿"(水-肿)	tsuŋ⁵¹	章	钟	上	通	3	合
种	芒种(芒-种),"种"苞谷,"栽"树	tsuŋ⁵¹	章	钟	去	通	3	合
众	家畜(众-生)	tsuŋ⁴⁴	章	东	去	通	3	合
州	州	tsiu⁴⁴	章	尤	平	流	3	开
周	姓"周"	hiu⁴⁴	章	尤	平	流	3	开
烛	蜡烛(蜡-烛)	tsup²	章	烛	入	通	3	合
主	地主(地-主)	tsu⁵¹	章	虞	上	遇	3	合
煮	"煮"肉,"炸"丸子,"烧"茶	tsu²⁴	章	鱼	上	遇	3	合

续　表

字	词　例	音	声	韵	调	摄	等	开合
柱	一"柱"香	tiu²⁴²	澄	虞	上	遇	3	合
蛀	虫蛀(虫-蛀)	tsu⁵¹	章	虞	去	遇	3	合
铸	"铸"钢	tsu²⁴	章	虞	去	遇	3	合
砖	砖墙(砖-墙),砖房(砖-屋),火砖(熟-砖),打砖(打-砖)	tsin⁴⁴	章	仙	平	山	3	合
转	转身(翻-转),筋斗(摔-转),回"转"头来,颠倒(换-转)	ɖun⁵¹	知	仙	去	山	3	合
转	转弯(转-弯),"拐"弯儿	tsən⁵¹	知	仙	去	山	3	合
赚	"赚"钱	tsən²²	澄	咸	去	咸	2	开
装	假装(假-装)	tsəŋ⁴⁴	庄	阳	平	宕	3	开
状	告状(告-状)	tsəŋ²⁴²	崇	阳	去	宕	3	开
幢	幢	təŋ²⁴²	澄	江	平	江	2	开
撞	牛"顶撞"(撞-角)	ɖəŋ²²	澄	江	去	江	2	开
撞	撞	ɖun⁵¹	澄	江	去	江	2	开
撞	恰巧"碰"上,"撞"在墙上	tsəŋ²²	澄	江	去	江	2	开
坠	坠子,脱肛(肛-坠),耳环(耳-坠)	tui²²	澄	脂	去	止	3	合
姊	未抱过窝的母鸡(鸡-姊),外孙女(外-姊),外甥女(外-姊),姐(引称)(词头-姊)	ti²⁴	精	脂	上	止	3	开
自	"自"古以来	tsi²⁴²	从	脂	去	止	3	开
椶	棕叶(棕-叶),棕树(棕-树)	tsuŋ⁴⁴	精	东	平	通	1	合
总	总数(总-数),总是(总-是)	tsuŋ⁵¹	精	东	上	通	1	合

字	词　　例	音	声	韵	调	摄	等	开合
族	民族(民-族)	tsup⁴	从	屋	入	通	1	合
钻	"钻"眼，"钻"洞	tsu⁵¹	精	寒	去	山	1	合
最	"最"慢,最近(最-近)	tsui²⁴²	精	泰	去	蟹	1	合

图书在版编目(CIP)数据

藻敏瑶语语音研究 / 龙国贻著.—上海：中西书局，2016.2
(比较语言学丛书/潘悟云主编)
ISBN 978 - 7 - 5475 - 1001 - 8

Ⅰ.①藻… Ⅱ.①龙… Ⅲ.①瑶语-语音-研究
Ⅳ.①H251.1

中国版本图书馆 CIP 数据核字(2016)第 016784 号

藻敏瑶语语音研究

龙国贻　著

责任编辑	刘寅春	
装帧设计	梁业礼	
出　版	上海世纪出版集团	
	中西書局(www.zxpress.com.cn)	
地　址	上海市打浦路 443 号荣科大厦 17F(200023)	
发　行	上海世纪出版股份有限公司发行中心	
经　销	各地 新华书店	
印　刷	上海天地海设计印刷有限公司	
开　本	890×1240 毫米　1/32	
印　张	10.625	
版　次	2016 年 2 月第 1 版　2016 年 2 月第 1 次印刷	
书　号	ISBN 978 - 7 - 5475 - 1001 - 8 / H·050	
定　价	36.00 元	